All
about
Love

All About Love
Copyright ⓒ 2000 by Gloria Watkins.
Published by arrangement with HarperCollins Publishers
All rights reserved.

Korean translation copyright ⓒ 2021 by HANALL M&C
Korean translation rights arranged with HarperCollins Publishers through EYA(Eric Yang Agency).

이 책의 한국어판 저작권은 EYA(Eric Yang Agency)를 통해 HarperCollins Publishers사와
독점계약한 (주)한올엠앤씨에 있습니다. 저작권법에 의하여 한국 내에서 보호를 받는 저작물이므로
무단전재와 복제를 금합니다.

All about Love

올
어바웃
러브

벨 훅스
이영기 옮김

책읽는수요일

내가 난생 처음 연애편지를 보낸 사람은 당신이었지요. 이 책 역시 당신에게 보내요. 당신에게 말을 걸기 위해서죠. 앤소니, 당신은 내가 아무 거리낌 없이 속마음을 털어놓을 수 있는 유일한 사람이에요. 당신은 나의 가장 충실한 청취자, 그리고 나의 영원한 사랑이에요.

「아가서 The Song of Solomon」에는 이런 구절이 나오지요. "그는 내가 영혼으로 사랑하는 남자. 나는 결코 그를 놓치지 않으리." 나 역시 그래요. 모든 기만과 가식덩어리 따위 벗어던지고, 실오라기 하나 걸치지 않은 벌거벗은 몸으로도 한 치의 부끄러움을 느끼지 않은 채 우리 자신을 있는 그대로 온전히 받아들이던 그 순간, 그 열락의 순간을 언제까지나 놓치고 싶지 않아요.

저자의 말

어릴 때 나는 사랑을 모르고 살아가는 것은 아무런 의미가 없다고 믿었다. 그렇다고 내가 사랑에 가득 찬 어린 시절을 보냈기 때문에 그런 생각을 한 것은 아니었다. 오히려 반대였다. 사랑을 받지 못했기 때문에 사랑이 얼마나 중요한지 절실히 깨달았던 것이다. 나는 집안의 첫째 딸이었다. 내가 태어나고 한동안은 많은 사람들이 날 다정하고 따뜻하게 대하고 귀여워해주었다. 그래서 내가 이 지상에서, 그리고 이 집안에서 매우 소중한 존재라고 믿어 의심치 않았다. 그런데 언제부터인가 더 이상 내가 사랑받는다는 느낌이 들지 않았다. 그게 정확히 언제인지는 지금 기억나지 않는다. 분명한 것은 어느 날 문득 내가 더 이상 소중한 존재가 아니게 되었다는 점이다. 그토록 날 사랑해주었던 사람들이 이제는 나를 거들떠보지도 않았다. 그들이 날 버렸다고 생각하자 가슴이 찢어지는 듯했다. 얼마나 마음이 아팠던지 내가 마녀의 주문에 걸렸다고 생각했을 정도였다.

비통함과 슬픔이 덮쳐왔다. 도대체 내가 뭘 잘못했단 말인가. 할 수 있는 건 다 해봤지만 사태를 돌이킬 수는 없었다. 태어나서 처음으로 버림받고, 사랑의 낙원에서 쫓겨났다고 느꼈을 때 내가 받은 마음의 상처는 그 무엇으로도 치유될 수 없었다. 그 몇 년 동안 내 삶은 과거에 사로잡힌 채 멈춰 있었고, 미래를 향해 나아가지 못했다. 상처 입은 아이들이 모두 그렇듯이 나는 시곗바늘을 되돌려서 과거의 낙원으로 돌아가고 싶었다. 사랑받는다는 느낌, 사람들과의 일체감으로 행복하기만 했던 그 시절로 돌아가기만을 꿈꿨다.

하지만 우리는 결코 돌아갈 수 없다. 이제 나는 그 사실을 잘 알고 있다. 그저 앞으로 나아가는 수밖에 달리 도리가 없는 것이다. 시간이 흐른 뒤 우리는 어린 시절에 그토록 갈구하던 사랑을 다시 찾아낼 수도 있다. 하지만 그것은 오래전에 사랑을 잃어버리고 겪어야 했던 그 비통함과 슬픔을 ― 그때 우리는 어렸고, 마음속의 갈망을 어떻게 털어놓아야 할지도 몰랐다 ― 제대로 떠나보내고 나서야 가능한 일이다. 성인이 되고 난 뒤 나는 줄곧 내가 새로운 사랑을 찾고 있다고 생각했다. 하지만 되돌아보면 그건 착각이었다. 내가 찾고 있었던 것은 새로운 사랑이 아니라, 어린 시절에 잃어버렸던 것을 되찾고, 난생 처음 사랑의 기쁨을 느꼈던 그 따뜻한 공간으로 되돌아가려는 몸부림에 지나지 않았다. 나는 과거에 묶인 나머지 지금 여기에서 사랑을 하고, 사랑을 받을 준비가 되어 있지 않았다. 여전히 어린 시절에 받은 마음의 상처를 부여잡고, 이미 깨져버린 관계에 집착하면서 속으로 울음을 삼키고 있었던 것이다. 그 깊은 슬픔에서 빠져나오고 나서야 비로소 다시 사랑할 수 있는 힘을 얻을 수 있었다.

그런데 과거의 황홀경에서 깨어나 현재의 세계와 마주했을 때 나는 아연실색하지 않을 수 없었다. 이 세계가 더 이상 사랑을 향해 팔을 벌리고 있지 않았던 것이다. 사람들은 사랑을 믿지 않고, 사랑하지 않는 것이 우리 시대의 유행이라고 공공연하게 말했다. 사람들이 사랑에 등을 돌리는 것을 보면서 나는 어린 시절에 사랑으로부터 버림받았을 때처럼 가슴이 찢어지게 쓰라리고 아팠다. 사랑을 외면하는 것은 영혼이 사막지대로 들어서는 것과 같다. 정도가 깊어지기 전에 손을 쓰지 않으면 사막에서 길을 잃고 다시는 고향으로 돌아가지 못하게 될지도 모른다. 내가 사랑에 관한 책을 쓰기로 결심한 것은 사랑의 부재 현상이 초래할 위험을 경고하고 다시 사랑으로 돌아가자고 호소하기 위해서다. 우리가 다시 사랑으로 부활할 수 있다면 영원한 삶을 약속받게 될 것이다. 우리, 마음을 활짝 열고 이야기를 나눠보자. 그게 바로 사랑의 힘이다.

차례

저자의 말   5

서문   사랑의 기쁨   11
　　　선언 / 냉소의 시대 / 회귀 / 사랑을 보는 두 가지 관점
　　　희망 / 다시 사랑을 회복하기 위하여

Chapter 1   명료함: 사랑을 정의하라   31
　　　　　정의 내리기 / 애정과 사랑의 차이 / 사랑이라는 이름의 폭력
　　　　　진정한 사랑이란 / 사랑은 감정이 아닌 행동이다

Chapter 2   공정함: 사랑의 교훈   47
　　　　　모순 / 오해 / 학대와 사랑 / 처벌과 존중

Chapter 3   정직함: 사랑에 진실하기   65
　　　　　거짓의 시작 / 만들어진 남성성과 거짓말 / 공평한 사랑
　　　　　가부장제와 여성의 거짓말 / 비밀주의 / 거짓말 멈추기

Chapter 4   전념: 사랑을 사랑으로   87
　　　　　자기애 / 책임감과 당당함 / 자기기만의 한계 / 일과 직업
　　　　　타인에게 바라는 사랑을 자기 안에서 찾아라

| Chapter 5 | 영성: 신성한 사랑 | 107 |

영혼의 허기 / 비밀스럽고 신비한 힘
일상의 가장 깊숙한 곳 / 영혼의 깨어남

| Chapter 6 | 가치: 사랑의 윤리 | 123 |

예외는 없다 / 누구의 말을 믿을 것인가 / 사랑의 윤리

| Chapter 7 | 탐욕: 단순하게 사랑하라 | 143 |

삶의 껍질 / 돈과 맞바꾼 비전 / 결핍의 다른 이름, 중독
물질화된 사랑 / 그럼에도 돈으로 살 수는 없다
무엇을 감수할 것인가 / 욕망을 끄는 법

| Chapter 8 | 공동체: 교감하는 사랑 | 169 |

사랑을 경험하는 최초의 공동체 / 우정: 관계의 기초
연민으로 공감하고 용서로 존중하라 / 혼자 있는 시간
봉사와 희생정신 / 지금 할 수 있는 일

| Chapter 9 | 존중: 사랑의 본질 | 189 |

사랑의 질서 vs 권력의 질서 / 여자, 그리고 남자
첫 번째 관문 / 고통 없는 사랑은 없다
감정의 영역을 넘어서

Chapter 10	로맨스: 달콤한 사랑	213

낭만적 사랑의 함정 / '의지'를 가지고 '선택'하라
섹스에 대한 갈망, 사랑에 대한 갈망 / 사랑의 언어를 바꿔라
완전한 열정과 진정한 사랑 / 진정한 사랑은 혁명과 같다

Chapter 11	상실: 삶과 죽음, 그리고 사랑	239

죽음에 대한 숭배 / 죽음은 삶의 일부 / 슬픔에서 얻는 위안
'지금 여기'에 살아 있다는 것의 의미

Chapter 12	치유: 사랑의 힘	259

스스로를 구원하는 일 / 서로를 구원하는 일
내면의 신에게 말 걸기 / 사랑은 어떤 두려움도 모른다

Chapter 13	운명: 천사들이 사랑을 말할 때	277

낙원에 대한 갈망 / 싸울 것인가, 도피할 것인가
어린 시절의 상처와 대면하기 / 사랑은 인간의 숙명이다

옮긴이의 말　　　　　　　　　　　　　　　　　　295

서문

사랑의 기쁨

우리는 자신의 마음과 직접 이야기를 나눌 수 있다. 대부분의 고대 문화는 이런 기법을 터득하고 있었다. 그들은 마치 친한 친구와 얘기하듯이 자신의 마음과 실제로 대화를 했다. 하지만 현대사회는 자잘한 일상과 잡념에 너무 많은 시간을 빼앗긴 나머지 짬을 내어 자신의 마음과 대화하는 이 중요한 기술을 잃어버리고 말았다.

_잭 콘필드 Jack Konrnfield

선언
\

내가 사는 집 부엌 벽에는 그라피티 아트(낙서 그림)를 찍은 스냅사진이 넉 장 붙어 있다. 그 그림은 예일대학에서 강의를 하던 몇 년 전, 학교 가는 길에 있던 공사장 벽에서 발견한 것이었다. 벽에는 밝은색 페인트로 "어떤 역경에 처하더라도 사랑을 구하는 일을 멈추어서는 안 된다"라는 문장이 마치 선언문처럼 쓰여 있었다. 당시 나는 15년 가까이 함께 살던 파트너와 막 헤어지고 난 뒤여서 극심한 슬픔에 잠겨 있었다. 거대한 고통의 파도가 내 심장과 영혼을 휩쓸고 가버릴 것만 같았다. 고통의 바다에서 허우적대며 금방이라도 익사할 것만 같은 상태에서 물속에서 나를 꺼내 안전하게 뭍으로 데려다줄 닻을 찾아 헤매고 있었다. 그러던 차에 공사장 벽에서 그 문장을 발견하고는 — 거기에는 이름을 알 수 없는 동물 그림이 천진한 화풍으로 함께 그려져 있었다 — 커다란 마음의 위로를 받았다.

학교를 오갈 때마다 그 문장을 바라보면 다시 사랑할 수 있을 것 같은 희망이 내 안에서 피어올랐다.

지역 화가로 추정되는 사람의 이름이 서명되어 있던 그 그림과 글은 마치 나에게 말을 걸어오는 듯했다. 나는 직감적으로 그 화가가 현재 인생의 위기를 겪고 있다고 확신했다. 인생에서 중요한 무엇인가를 이미 잃어버렸거나, 잃어버릴 위험에 처한 것처럼 느껴졌기 때문이다. 나는 미지의 화가와 사랑의 의미에 관해 상상의 대화를 나누기 시작했다. 그에게 당신의 유쾌한 그림 덕분에 방황하던 내 마음이 안정을 찾았고, 잃어버릴 뻔했던 사랑에 대한 믿음을 다시 되찾을 수 있었다고 말했다. 또한 사랑은 사라진 것이 아니라 어딘가에서 우리가 발견해주기를 기다리고 있다는 당신의 그 문장 덕분에 사랑에 대한 희망의 불씨를 되살릴 수 있었고, 내가 빠져 있던 깊은 수렁에서 헤어날 수 있었다고 털어놓았다. 당시 내 슬픔이 그토록 절망적이고 쓰라렸던 까닭은 오랫동안 함께했던 파트너와 헤어진 탓도 있지만, 사실은 이 세상에 사랑이란 아예 존재하지 않으며, 그래서 우리가 사랑을 발견하는 것은 불가능할지도 모른다는 두려움 때문이었다. 게다가 당시의 나로서는 설사 사랑이 어딘가에 숨어 있다 할지라도, 더 이상 내 삶에서 그것을 찾아내지는 못했을 것이다. 세상은 온통 권력에 매혹되어 있거나 그렇지 않으면 두려움과 공포에 질려 있었고, 그 어디에서도 사랑에 대한 의지를 찾아볼 수 없었다. 그런 상황에서는 나 역시도 사랑이 가능하다는 믿음을 계속 유지하기가 힘들었다.

그날도 나는 그 그림 앞에서 사랑에 관해 명상을 하리라는 기대를 안고 걸어가고 있었다. 그러나 공사장에 도착한 나는 내 눈을 의심했다. 건설 회사에서 그림 위에 하얀색 페인트로 덧칠을 해놓은 것이다. 워낙 밝은 하얀색이어서 원래 그림의 흔적이 희미하게 드러나 있었다. 사랑의 은총을 긍정하라며 늘 같은 자리에서 나를 반겨주던 글과 그림이 사라져버린 것에 낙담한 나는 주변 사람들에게 건설 회사의 만행을 퍼뜨리고 다녔다. 그러자 어떤 사람이 나에게 소문 하나를 전해주었다. 건설 회사가 페인트로 덧칠한 까닭은 벽에 쓰인 글이 에이즈 바이러스에 감염된 사람들에게 전하는 메시지이기 때문이며, 그 그림을 그린 화가도 게이일지 모른다는 것이었다. 물론 그는 게이일 수도 있다. 하지만 그게 무슨 상관이란 말인가. 아마 벽에 덧칠을 하라고 지시한 사람은 동성애 때문이 아니라, 사랑에 대한 갈망을 그토록 공개적으로 고백하는 것에 두려움을 느껴서 그랬을 것이다. 그 갈망은 매우 강하기 때문에 아무리 감추래야 감출 수가 없어 그런 식으로 표출될 수밖에 없는 것이다.

그 후 오랜 수소문 끝에 나는 그 화가를 찾아냈다. 그를 만나 사랑의 의미에 관해서 이야기를 나누었고, 삶을 긍정하는 사고방식을 퍼뜨리기 위해 공공 미술을 어떻게 활용할지에 대해서도 토론했다. 우리는 사랑에 관한 강렬한 메시지를 담고 있던 그 글과 그림을 무참하게 지워버린 건설 회사의 야만적인 행위에 대해 함께 슬퍼하고 분노했다. 그는 공사장 벽의 그림을 사진으로 찍어두었다며 내게 스냅사진을 주었다. 이후 나는 어디로 이사를 가든 항상 그 사진들을 부엌 싱크대 위에 붙여두었다. 그래서 물을 마시거나 찬장에서 접시를 꺼낼 때마다 사진을 보면서, 사랑에 아무런 희망을 품을 수 없는 상황에서도 사랑을 찾으려는 열망을 포기해서는 안 된다는 것을 상기하곤 한다.

냉소의 시대
\

　지금 우리 시대는 사랑에 관해 드러내놓고 토론하는 경우가 별로 없다. 기껏해야 대중문화 ― 영화, 대중음악, 잡지, 책 등 ― 분야에서만 사랑에 대한 우리의 갈망을 활발히 표현하고 있다. 하지만 지금의 대중문화는 1960년대나 1970년대처럼 사랑과 삶을 긍정하지 않는다. 그 시절에는 "우리에게 필요한 것은 사랑이다"라는 주장이 많은 사람들의 호응을 얻었다. 그러나 오늘날에는 사랑은 무의미하며, 삶에서 사랑은 별로 중요치 않다는 메시지가 더 설득력을 얻고 있다. 이런 사회 분위기를 가장 뚜렷하게 보여주는 예가 〈그게 사랑이랑 무슨 상관이야What's Love Got to Do with It〉라는 노골적인 제목을 단 티너 터너Tina Turner의 노래가 엄청난 인기를 얻고 있다는 점이다. 나는 어느 유명한 여성 랩 가수와 인터뷰를 한 적이 있다. "사랑에 대해 어떻게 생각하느냐?"는 나의 물음에 나보다 스무 살은 어린 그 여가수가 "사랑? 그게 뭔데요? 난 여태까지 사랑이라는 걸 해본 적도, 생각해본 적도 없어요"라고 빈정대듯이 답했을 때 정말 어처구니가 없었고 매우 슬펐다.
　오늘날 젊은이들의 문화는 사랑을 냉소하는 것이 대세다. 젊은 이들 사이에는 이 세상 어디에도 사랑 같은 건 없다는 생각이 널리 퍼져 있다. 해롤드 쿠쉬너Harold Kushner는 『원하는 것을 모두 얻지 못할 때When All You've Ever Wanted Isn't Enough』에서 이렇게 말했다. "나는 지금의 젊은 세대가 사랑하기를 두려워하고, 다른 사람에게 자신을 온전히 맡기는 것을 기피하는 인간으로 살아가게 될까 봐 몹시 걱정스럽다. 이들은 사랑을 얻는 과정이 매우 힘들다는 이유로, 또는 잘못되었을 때 입을 마음의 상처가 두려워서 사랑에서 점점 멀어져 가고 있다. 그들은 모험을 걸지 않아도 되는 사랑, 힘들게 감정을 투자하지 않아도 되는 사랑, 즉 쾌락만을 구하려고 한다. 사랑을 찾다가 실망과 고통만 안게 될까 봐 두려워한 나머지, 어려움을 이겨내고 사랑을 얻었을 때 얼마나 순수한 기쁨을 얻을 수 있는지에 대해서는 아예 생각하지 않는다." 젊은이들의 냉소주의는 사랑에 대한 실망과 배신감을 감추기 위한 거대한 가면인 것이다.

나는 미국 곳곳을 돌며 인종주의와 남녀 차별주의를 없애자는 강연을 자주 하는데, 그럴 때마다 사회정의를 위한 운동을 펼치는 데도 사랑이 아주 중요하다고 강조한다. 그러면 청중들 가운데 특히 젊은이들이 당황스럽다는 반응을 많이 보인다. 하지만 실제로 여태까지의 위대한 사회운동들은 항상 사랑의 윤리를 운동의 중심에 놓았다. 그런데도 젊은이들은 사랑에 사회를 바꾸는 힘이 있다는 말을 좀체 믿으려 하지 않는다. 그들은 사랑이란 순진하고 나약한 사람, 대책 없이 낭만적이기만 한 사람들이나 찾는 것이라고 생각한다. 이런 태도는 그들 세대의 대변자격인 엘리자베스 워첼Elizabeth Wurtzel 의 『비치: 음탕한 계집Bitch: In Praise of Difficult Women』에서도 찾아볼 수 있다. 그녀는 자기 세대가 환멸에 빠져 있다면서 이렇게 말한다. "우리는 갈수록 사랑을 하는 게 힘겹다. 점점 더 사랑이 두려워진다. 우리는 사랑을 어떻게 해야 하는지 배운 적도 없었다. 그래서 사랑을 위해 뭔가 해보려고 할수록 사랑이란 결국 헛되고 쓸모없는 것이라는 생각만 더 강해진다." 그런데 그녀가 하는 말은 그들보다 더 앞선 세대가 사랑에 대해 말하는 것과 별반 다르지 않다.

우리 세대들과 사랑에 대해 얘기를 해보면 그들도 뭔가 예민하고 두려워하는 반응을 보인다. 특히 내가 "난 좀더 사랑을 느끼고 싶어"라는 식으로 말하면 화들짝 놀라기도 한다. 나더러 심리치료사를 찾아가보라고 충고하는 친구도 있었다. 내가 병적으로 사랑에 집착한다고 생각했던 모양이다. 내가 만날 때마다 사랑에 관한 주제로 이야기를 끌어가니까 지겨워하는 이들도 있다. 이들을 보면서 느끼는 것은, 사람들은 사랑의 의미를 깊이 탐색하다 보면 자신들이 직면하고 싶지 않은 어떤 진실을 만나게 될까 봐 두려워한다는 것이다.

심지어 마흔이 넘어 독신으로 사는 여자가 걸핏하면 사랑을 입에 올리는 까닭은 남자를 '간절히' 원하기 때문이라고 지레짐작하기도 한다. 하지만 그거야말로 성차별적인 사고이다. 이들은 그녀가 일상생활에서 사랑이 갖는 의미를 철학적이고 형이상학적으로 따져보고 싶어 한다는 쪽으로는 전혀 생각하지 못한다. 단지 '치명적인 유혹'에 빠지고 싶어 안달하는 여자로만 바라보는 것이다.

회귀

내가 우리 문화에서 차지하는 사랑의 의미를 좀더 깊이 천착하게 된 것은 사랑에 대한 믿음을 잃고 절망하는 사람들이 너무나 많다는 사실을 깨달았기 때문이다. 당시 나는 개인적으로 열심히 사랑을 찾고 있었지만, 그렇다고 감정에 휩쓸려 있거나 들떠 있지만은 않았다. 오히려 더 이성적으로 사랑에 관해 생각하고 사람들과 대화하려고 했으며, 마침내 사랑을 주제로 대중적이면서도 진지한 책을 써봐야겠다고 마음먹게 되었다. 그런데 책을 쓰기 위해 관련 자료를 찾아보면서 놀랐던 것은 사랑에 관한 글들은 참고 서적이든 대중서든 대부분 남성이 썼다는 점이다. 나는 그동안 사랑이라는 주제는 여자들이 남자들보다 더 열심히 그리고 더 깊이 고민한다고 믿어왔다. 그 믿음은 지금도 변함이 없다. 그렇기 때문에 남성들의 저작물 못지않게 여성들이 제시하는 사랑에 관한 상상력과 전망 역시 매우 진지하게 받아들여져야 한다고 생각한다. 남자들은 사랑을 이론화하지만 여자들은 이론보다는 사랑을 직접 실천하는 데에 더 관심을 쏟는다. 또한 남자들은 현실에서 주로 사랑을 받는 편이기 때문에 사랑받는다는 것이 어떤 느낌인지 잘 알지만, 여성들은 대부분 사랑받는 경험을 하지 못해서 사랑의 갈증에 시달리는 경우가 많다. 철학자 제이콥 니들먼Jacob Needleman이 쓴 『사랑에 관한 소책자 A Little Book on Love』는 사랑에 관한 입문서인데, 이 책에 언급되는 주요 작품들은 모두 남성 작가들이 쓴 것이다. 책 말미의 참고 도서 목록에도 여성 작가의 작품은 하나도 없다. 내가 대학원에서 문학

박사 과정을 밟을 때도 사랑에 관한 글을 남긴 유명한 여성 작가로는 시인 엘리자베스 배럿 브라우닝Elizabeth Barrett Browning 단 한 사람밖에 배우지 못했다. 게다가 문학에 문외한인 사람도 그녀가 쓴 소네트의 첫 구절 "내가 그대를 얼마나 사랑하냐고요? 내 보여드리리다How do I love thee? Let me count the ways"라는 구절을 암송하고 있을 정도로 저명한 시인임에도 불구하고 그만한 평가를 받지 못했다. 내가 대학원에 다닐 당시는 아직 페미니즘 운동이 태동하기 전이었다. 나중에 페미니즘 운동이 활발해졌을 때는 고대 그리스 시인 사포Sappho가 사랑의 여신으로 받아들여졌다.

페미니즘 운동이 싹트기 전에는 문학창작 수업에서 사랑의 시를 배우는 학생도 모두 남자들 일색이었다. 심지어 나와 오랫동안 살았던 파트너도 사랑의 시를 지어 나에게 구애를 했다. 그는 감정이 풍부한 편도 아니었고, 평소에는 사랑에 대해 아무 관심도 없고 사랑을 주제로 이야기하는 것조차 싫어했는데도, 사랑에 관해 글을 쓴다면 할 말이 많다고 스스로 확신하고 있었다. 반면 나는 어른이 되고 난 뒤에 습작으로 써댄 내 사랑의 시들이 지나치게 감상적이라고 스스로 낮게 평가하고 있었다. 이상하게도 사랑에 관해 뭔가 쓰려고만 하면 어떻게 표현해야 내 느낌을 제대로 전달할 수 있을지 갈피를 잡지 못했다. 내 생각들이 너무 감상적이고 유치하며 피상적으로 느껴졌다. 하지만 소녀 시절에 시를 쓸 때는 그렇지 않았다. 어른이 되고 나서 남성 작가들에게서 느꼈던 그런 자신감을 소녀 시절의 나 역시 가지고 있었던 것이다. 그 무렵 내 시의 주제는 오직 사랑이었고, 사랑이 가장 중요한 열정의 대상이었다. 실제로 내가 열

두 살 때 처음 발표한 시의 제목도 「사랑의 단상 a look at love」이었다. 그러나 소녀 시절을 지나면서 언제부터인가 여성들은 사랑에 대해 이 세상에 진지하게 내놓을 만한 게 아무것도 없다고 믿게 되었다.

이후 나는 사랑 대신 죽음을 글의 주제로 삼았다. 내 주변 사람들은 학생이든 교수든 여자가 죽음에 관해 진지하게 숙고하고 글을 써낼 수 있다고 생각하지 않았다. 하지만 나는 죽음과 죽어가는 것을 주제로 한 첫 시집을 출간했다. 그 시집 첫머리에 소개된 시 「여성의 애가 The woman's mourning song」는 사랑하는 사람을 잃은 여자가 연인의 죽음에도 불구하고 사랑의 기억을 영원히 간직하겠다고 다짐하는 내용이었다. 나는 죽음을 다룬다고 생각했는데 돌아보면 다시 사랑으로 회귀하고 있었던 것이다. 특히 젊은 나이에 느닷없이 죽음을 맞이한 친구나 동료, 지인들을 보면서 사랑의 의미에 관해 이전보다 더 많이 생각하게 되었다. 여기에는 내 경험도 한몫했다. 마흔 살 즈음에 나는 암에 걸렸을지도 모른다는 진단을 받았다. 검사 결과를 기다리는 동안 나는 아직 죽을 준비가 되어 있지 않다는 사실을 깨달았다. 왜냐하면 내가 그토록 갈구하던 그 사랑을 아직 찾지 못했기 때문이다.

사랑을 보는 두 가지 관점
\

암의 공포는 지나갔지만 곧이어 나는 생명이 위태로울 정도의 중병에 걸렸다. 죽을지도 모른다는 사실에 직면하자 나는 더욱더 내 삶과 우리 시대에서 사랑이 가지는 의미에 천착하게 되었다. 나는 오랫동안 문화비평가로 활동하면서 매스미디어, 특히 영화와 잡지가 사랑을 다루는 방식에 주목해왔다. 이들이 던지는 메시지는 대개 이렇다. 즉 모든 사람이 사랑을 원하고 있지만, 살아가면서 사랑을 실천하는 데는 서툴다는 것이다. 대중문화에서는 사랑을 항상 판타지로만 취급한다. 이것은 아마도 사랑에 관한 담론을 남성들이 주도했기 때문일 것이다. 문화뿐 아니라 일상생활에서도 판타지는 늘 남성들의 영역이었다. 특히 남성의 판타지는 현실을 창조할 수 있는 힘이 있다고 보는 반면, 여성의 판타지는 현실 도피로 간주된다. 여성들이 연애소설을 독점하다시피 하는 것도 이 때문이다. 연애소설은 여성들이 사랑에 관해 가장 자신 있게 이야기할 수 있는 분야로 인정받고 있다. 그런데 연애소설도 남자가 쓰면 여성들이 쓴 것보다 훨씬 높게 평가해준다. 『매디슨 카운티의 다리The Bridges of Madison County』 같은 책이 대표적이다. 이것은 감상적이면서도 얄팍한 연애소설이지만(물론 나름대로 장점이 없는 것은 아니다), 만약 여성이 썼다면 소설뿐 아니라 (이 작품을 원작으로 한) 영화도 그렇게 대단한 성공을 거두지는 못했을 것이다.

  물론 사랑을 다룬 책을 소비하는 것은 주로 여성들이다. 그렇지만 사랑에 관한 여성 작가의 책이 적은 이유를 남성 우월주의로만 설명할 수는 없다. 사랑에 관해 남자들이 어떤 생각을 하는지, 여자들이 몹시 알고 싶어 하는 것은 사실이다. 다른 여성들이 하는 사랑 이야기는 이미 알고 있다고 생각하는 것이다. 그런 독자들은 남자들이 쓴 책을 읽으면 뭔가 건질 게 더 많다고 생각할 것이다.

나는 과거에 사랑에 관한 책을 읽을 때 저자의 성별에 대해서는 아무런 관심을 두지 않았다. 사람들이 사랑에 관해 어떤 생각을 하는지만 알고 싶었을 뿐, 저자가 남자냐 여자냐에 따라 사랑에 관한 관점이 달라질 수 있으리라고는 전혀 고려하지 않았다. 사랑을 주제로 진지하게 생각하고 글을 쓰겠다는 결심을 하고 나서야 여성과 남성이 사랑에 관해 서로 다른 관점을 가질 수도 있겠다는 생각을 하게 되었다.

그리고 사랑을 다룬 문헌들을 조사하면서 또 다른 점에 주목하게 되었다. 남성이든 여성이든 가부장제의 영향에 대해 언급한 저자들이 거의 없다는 점이었다. 여성과 아이들에 대한 남자들의 지배가 사랑을 얼마나 방해하고 있는지에 관심을 가진 이들이 별로 없었던 것이다. 이 주제로 쓰인 책 가운데 내가 가장 좋아하는 것은 존 브래드쇼John Bradshaw의 『사랑 창조하기: 성장을 위한 가장 중요한 단계 Creating Love: The Next Great Stage of Growth』이다. 그는 남성 지배(가부장제의 제도화)가 가족 사이에 사랑의 부재를 초래한다고 용감하게 주장하면서, 가부장제를 끝내는 것이야말로 진정한 사랑을 향한 첫걸음이라고 강조했다. 브래드쇼는 일찍이 어른들 마음속에 존재하는 아이 같은 마음, 즉 '내면아이inner child'에 주목하라고 촉구한 책을 써서 유명해졌다. 그러나 가부장제를 비판하는 이 책은 대단한 성과임에도 불구하고 그다지 주목받지 못하고 묻혔다. 사랑에 관한 책이랍시고 성차별주의를 강화하는 내용이나 퍼뜨리면서도 인기를 얻고 있는 작가들에 비하면 브래드쇼는 응당 받아야 할 찬사를 제대로 받지 못하고 있는 셈이다.

우리 사회가 사랑이 가득 찬 문화로 변화하려면 우리의 사고와 행동 방식부터 크게 바뀌어야 한다. 사랑에 관한 글을 쓰는 남성 작가들을 보면 늘 자신들은 사랑을 받아본 경험이 있다고 강조한다. 그것은 그 작가들이 쓴 글에 권위를 더해준다. 이와 반대로 여성 작가들은 그토록 갈구했지만 결국에는 사랑을 얻지 못했다는, 결핍의 관점에서 이야기를 풀어가는 경향이 있다.

여성들이 사랑에 관해 쓴 글은 곱지 않은 시선을 받는 경우가 많다. 왜냐하면 계몽된 여성들이 비전과 상상력을 가지고 쓴 사랑에 관한 글은 남성들이 구축해놓은 틀을 직접적으로 위협하는 경우가 많기 때문일 것이다. 하지만 나는 남자들이 쓴 사랑의 글도 즐겨 찾아 읽는다. 특히 언제나 내 마음을 흔들어놓는 두 남자 시인 루미Rumi(13세기 페르시아 시인 - 옮긴이)와 릴케Rainer Maria Rilke의 시는 대단히 소중하게 여긴다. 그런데 남자들은 대개 판타지를 통해 사랑에 대해 이야기한다. 그들이 구체적으로 알고 있는 것이 아니라, 가능하리라고 상상하는 것에 토대를 두고 글을 쓴다. 이제 우리는 릴케의 실제 삶이 그가 쓴 사랑의 시와는 많이 다르다는 것을 알고 있다. 그래서 위대하게 받들어지고 있는 남성 작가들이 쓴 그 많은 사랑의 글들이 여성들이 현실 문제에 부딪혔을 때는 아무런 도움이 되지 않는 것이다. 나는 존 그레이John Gray의 『화성에서 온 남자, 금성에서 온 여자Men Are from Mars, Women Are from Venus』를 읽으면 터무니없는 대목이 많아 몹시 불편하고 화가 나는데도, 솔직히 몇 번이고 다시 찾아서 읽었다. 그건 이 책이 판타지가 아니라 현실의 사랑 문제를 다루기 때문일 것이다. 나는 판타지의 영역, 상상의 세계를 벗어나서 제대로 된 사랑의 의미를 알고 싶다. 그건 많은 여성들과 남성들도 마찬가지일 것이다. 우리가 살아가는 모습을 있는 그대로 다룬 사랑의 진실을 찾고 싶다.

『화성에서 온 남자, 금성에서 온 여자』나 존 웰우드John Welwood의 『사랑과 깨달음Love and Awakening』같은 인기 있는 남성 작가들의 책들은 페미니즘적인 관점을 채택해 남녀의 역할에 대해 설명하고 있다. 물론 과거에 비해 진일보한 태도이다. 그러나 이들은 남성과 여성 사이에는 본질적인 차이가 있을 수밖에 없다는 믿음을 버리지 않는다. 남성과 여성의 관점이 다른 것은 태어나면서부터 가지고 있는 '자연스러운' 특성이라는 것이다. 그러나 그런 차이는 단지 후천적으로 학습된 것에 불과하다는 것이 많은 연구를 통해 밝혀지고 있다. 만약 위의 작가들이 주장하듯이 남성과 여성이 정반대의 특성을 가지고 있고 감정적으로도 전혀 다른 세계에 살고 있다면, 사랑에 관한 담론에서 남성들이 지금처럼 권위를 발휘할 수는 없을 것이다. 선천적으로 여성은 감정적이고 정서적인 존재이고 남성은 이성적이고 무뚝뚝한 존재라면, '진정한 남성'은 사랑에 관해 말하기를 꺼려할 것이기 때문이다.

희망

그런데 일부 남성 작가들이 사랑에 관한 주제에서 권위자로 인정받고 있기는 하지만, 대부분의 남성들은 사랑에 대한 자신들의 생각을 자유롭게 털어놓지 않는다. 남성이든 여성이든 일상생활에서는 사랑에 관해 말을 아끼는 편이다. 그렇게 침묵하는 까닭은 어떤 불확실성으로부터 자신을 보호하기 위해서다. 내심 사랑에 대해 잘 알기를 원하지만, 막상 그렇게 됐을 때 사랑이 존재하지 않는 현실의 어두운 심연을 들여다보게 될까 봐 두려운 것이다. 미국인들은 기독교의 영향으로 사랑에는 변화를 일으키는 힘이 있다는 걸 신앙적인 차원에서는 믿으면서, 정작 실생활에서는 어떻게 사랑을 해야 할지 모른다고 느끼는 경우가 많다. 나아가 자신의 신앙심이 부족해 삶에서 사랑을 발견하지 못하는 건 아닐까 자책하면서 신앙의 위기를 맞는 경우도 있다. 사실 대부분의 사람들은 일상생활에서 사랑의 존재에 대해서 말하기보다 사랑의 부재 내지는 상실에 대해 말하는 것을 더 편하게 여긴다. 살아가면서 마주친 사랑의 느낌과 의미에 대해서는 말할 거리가 별로 없지만 사랑받지 못해 생긴 고통에 대해서는 시시콜콜 할 말이 많은 것이다.

또한 우리는 가슴보다 머리를 중시하는 문화에 살고 있는 탓에, 감정에 들떠서 자신의 사랑에 대해 이야기하면 사람들이 자신을 덜떨어지고 나약한 사람으로 볼까 겁내기도 한다. 게다가 사랑을 제대로 경험하지 못한 사람이 대부분이고, 많은 사람들이 사랑을 입에 올리지만 실제로는 사랑이 무엇인지 제대로 모른다는 사실을 깨달으면서 더욱 사랑에 대해 말하는 것을 꺼리게 된다.

누구나 내심으로는 사랑에 대해 더 잘 알기를 바란다. 사랑한다는 것이 어떤 것인지, 일상생활에서 사랑하고 사랑받기 위해서는 무엇을 해야 하는지 몹시 알고 싶어 한다. 어떻게 해야 마음의 문을 꼭

닫고 사랑을 믿지 않는 사람들의 마음을 열 수 있을지 간절히 알고 싶어 한다. 그러나 이런 간절한 바람도 우리 문화에 팽배한 불확실성을 없애기에는 역부족이다. 우리는 가는 곳마다 사랑이 중요하다고 배우지만, 실제로 보고 듣는 것은 실패한 사랑 이야기뿐이다. 정치, 종교, 가족과 연인 관계에서도 사랑이 가진 힘 — 우리가 올바른 결정을 내릴 수 있게 도와주고 공동체를 더 깊이 이해하게 해주고, 서로를 하나로 묶어주는 그런 힘 — 을 제대로 경험하지 못하고 있다. 하지만 이런 어두운 그림자도 사랑을 향한 우리의 본질적인 갈망을 없애지는 못한다. 우리는 여전히 이 사회에 사랑이 넘쳐나기를 바라고, 사랑의 가능성을 믿고 있다.

공사장 벽에 쓰여 있던 것처럼, 아직도 많은 사람들이 사랑의 힘을 믿고 있다는 사실은 우리에게 희망을 준다. 우리는 사랑을 제대로 아는 것이 매우 중요하다고 믿는다. 사랑의 진실을 찾는 것이 중요하다고 믿는다. 내가 사적으로나 공적으로 만나 대화를 나누었던 많은 사람들은 하나같이 사랑의 부재 현상이 심한 우리 사회를 걱정했고, 그것이 사람들의 마음에 초래할 끔찍한 결과들을 두려워했다. 그러나 이런 절망적인 목소리의 다른 한편에는 차가운 냉소주의가 버티고 있다. 이 냉소주의자들은 사랑이 일이나 세속적인 성공 못지않게 중요하며, 국가 못지않게 우리의 생존을 위해서 긴요하다고 아무리 말해도 고개를 돌려버린다. 그나마 다행인 것은 미국은 세계 어느 나라에서도 찾아볼 수 없을 만큼 사랑을 추구하는 문화가 강하다는 사실이다(사랑을 주제로 한 영화와 음악, 문학이 얼마나 많은가). 물론 이들 문화가 아직은 사람들이 사랑의 의미를 이해하고, 말과 행동으로 사랑을 실천하도록 하는 데까지는 크게 기여하지 못하지만 말이다.

다시 사랑을 회복하기 위하여

다른 한편으로 미국은 성적 욕망에 강박적으로 매달리는 나라이기도 하다. 섹스에 대해서는 하나도 숨김없이 모든 것을 까발려서 말하고 보여주고 연구한다. 섹스에 관해서는 심지어 자위하는 방법에 이르기까지 온갖 노하우를 다룬 책과 수업이 난무하지만 정작 '사랑'을 가르쳐주는 학교는 단 한 곳도 없다. 사람들은 사랑하는 법 정도는 때가 되면 누구나 저절로 알게 된다고 생각하는 경향이 있다. 게다가 가정이야말로 사랑을 배우는 좋은 학교라고 믿는다. 그렇지 않다는 증거가 산더미처럼 있는데도 말이다. 또한 가정에서 사랑을 배우지 못한 사람은 로맨틱한 관계(연인 관계)에서 사랑을 깨우치게 된다고 믿는다. 그러나 이런 생각은 모두 틀렸다. 우리 가운데 많은 이들은 가족이나 연인에게 받은 무관심, 냉대, 난폭함 등등 사랑의 부재로 인한 행위 때문에 평생 아물지 않는 상처를 안고 살아간다.

지난날의 상처는 사랑으로만 치유될 수 있다. 하지만 상처가 너무 크면 마음의 문을 닫아걸기 때문에, 사랑을 줄 수도 받을 수도 없는 지경이 되어버린다. 우리가 마음의 문을 활짝 열고 사랑이 가진 힘과 은총을 받아들이기 위해서는 무엇보다 우리 자신이 사랑에 관해 이론적으로나 실천적으로 아는 게 거의 없다는 사실을 용기 있게 인정해야 한다. 비록 실망스럽고 혼란스럽겠지만, 여태까지 사랑에 대해 배운 것들은 실제 삶에 거의 도움이 되지 않는다는 사실을 받아들여야 한다. 나는 일상생활에서 사랑을 실천하는 방법에 대해, 삶 구석구석에 사랑의 신성함이 존재하는 문화를 만들기 위해 우리에게 필요한 것이 무엇인지 오랫동안 숙고해왔다. 이 책은 그 오랜 명상의 결과물이다. 『올 어바웃 러브All About Love: New Visions』라는 책 제목처럼, 나는 우리가 사랑이 꽃피는 문화 속에서 살기를 간절히 바란다. 그건 모두가 마찬가지일 것이다. 우리 사회에 만연한 사랑의 부재 현상을 이제 끝내고 싶다. 이 책은 우리가 다시 사랑을 회복하는 방법을 담고 있다. 이 책이 사랑의 기술에 관해, 사랑이 가진 힘에 대해 완전히 새롭게 생각하는 계기가 되고, 희망에 찬 비전을 제공해주리라고 자부한다. 우리가 사랑을 되찾기 위해 무엇을 해야 하는지도 깨닫게 되리라 믿는다. 사랑의 지혜가 쌓이면 사랑의 은총을 받는 법은 스스로 터득하게 되는 것이다.

Chapter 1

명료함
사랑을 정의하라

우리 사회는 사랑을 창피하게 여긴다. 사랑이 마치 외설이라도 되는 것처럼 대한다. 마지 못해서, 어쩔 수 없어서 사랑을 인정하는 것처럼 행동한다. 사랑이라는 말을 입에 올리는 것조차 난처해하고 부끄러워한다. 하지만 사랑은 우리 삶에서 가장 중요한 것이다. 사랑은 그것을 위해서 결투를 벌이고 죽을 수도 있는, 인간이 가진 가장 강렬한 열정이다. 그럼에도 우리는 사랑이라는 이름 앞에서 쭈뼛거린다. '사랑'을 대신할 말을 찾지 못하면 '사랑'에 대해 말하거나 생각하지도 못하는 지경이 되어버렸다.

_다이앤 애커먼 Diane Ackerman

정의 내리기

내가 살아오며 만난 모든 남자들은 '사랑'이라는 말을 매우 조심스럽게 사용했다. 그들은 여자들이 사랑이라는 말에 매우 민감하기 때문에 자칫 말을 잘못하면 문제를 일으킬 수 있다고 여기는 것 같았다. 남자들은 여자들이 믿는 사랑과 자신들이 믿는 사랑이 항상 같지는 않다는 걸 알고 있다. 우리가 사랑을 하는 데 어려움을 겪는 까닭은 이처럼 '사랑'의 의미를 우리 스스로 헷갈려하고 있기 때문이다. 우리 사회가 사랑의 행위를 신비화하는 것도 모두가 공유할 수 있는 사랑의 정의가 없기 때문이다. 사랑에 대한 사전적인 정의는 사랑의 낭만성을 강조하는 경향이 있다. 이에 따르면 사랑은 "다른 사람을 향한 대단히 부드러우면서도 동시에 뜨거운 애착이며, 무엇보다 성적인 매력에 기초하고 있다." 물론 성적인 관계가 없어도 사랑의 감정은 얼마든지 일어날 수 있다고 말하는 사전이 있기는 하다. 그러나 어느 경우든 사랑을 깊은 애정과 동일시하는 것은 사랑에 대한 묘사로 적절치 않다고 본다.

사랑을 다룬 방대한 책들은 거의 대부분 사랑에 대해 명확한 정의 내리기를 의식적으로 기피하는 것처럼 보인다.『천 개의 사랑 A Nature History of Love』을 쓴 다이앤 애커먼은 서문에서 "사랑은 거대한 불가사의"라고 단언했다. "사랑이 경이롭고 필연적이라는 것은 누구나 인정하지만, 정작 사랑이 무엇인지에 대해서는 누구나 인정하는 일치된 견해가 있을 수 없다"는 것이다. 이어서 그녀는 이렇게 덧붙인다. "우리는 사랑이라는 말을 워낙 애매하게 사용하기 때문에 사랑이란 거의 아무것도 뜻하지 않을 수도 있고, 반대로 거의 모든 것을 의미할 수도 있다." 결국 그녀의 책에는 사랑에 대한 어떤 정의도 등장하지 않으며, 따라서 사랑의 기술을 배우려는 사람에게 아무런 도움이 되지 않는다. 그녀만이 아니다. 사랑에 대해 글을 쓰는 저자들은 대부분 그녀처럼 흐리멍덩하게 사랑을 이야기한다. 이처럼 사랑의 정의가 신비에 싸여 있기 때문에, 많은 사람들이 '사랑'을 입에 올리면서도 그것이 정확히 무엇인지 말하지 못하는 것은 당연하다.

애정과 사랑의 차이

모두가 공유하는 사랑에 대한 정의가 있다면 우리는 지금보다 더 쉽게 사랑하는 법을 배울 수 있을 것이다. 우리는 흔히 '사랑'을 명

사로 정의한다. 하지만 사랑에 관한 탁월한 이론가들은 '사랑'을 동사로 사용해야 더 나은 사랑을 할 수 있다고 말한다. 나는 여러 해 동안 '사랑'에 대한 제대로 된 정의를 찾아왔다. 그러다 정신의학자인 스캇 펙M. Scot Peck이 1978년에 출간한 『아직도 가야 할 길The Road Less Traveled』에서 내 마음에 쏙 드는 정의를 발견했다. 에리히 프롬Erich Fromm에게서 영감을 받은 그는 사랑이란 "자기 자신과 다른 사람의 영적인 성장spiritual growth을 위해 자아를 확장하고자 하는 의지"라고 규정했다. 나아가 그는 이렇게 덧붙인다. "사랑은 실제로 행할 때 존재한다. 사랑은 사랑하려는 의지가 발현될 때 존재할 수 있다는 말이다. 따라서 사랑은 의도와 행동을 모두 필요로 한다. 여기서 의지를 갖는다는 것은 선택한다는 뜻이다. 아무나 다 사랑을 하는 것은 아니다. 사랑하려는 '의지'를 갖고서 사랑을 '선택'하는 사람만이 사랑을 할 수 있다." 사랑이란 자신과 다른 사람의 영적인 성장을 위해서 스스로 선택하는 것이라는 스캇 펙의 정의는, 사람이라면 누구나 본능적으로 사랑을 하게 되어 있다는 널리 퍼져 있는 생각과는 정면으로 배치된다.

 갓난아기 때부터 아이가 커가는 과정을 지켜본 사람이라면 아기가 말을 못 알아들어도, 또 자기를 보살펴주는 사람이 정확히 누구인지 몰라도 까르르 웃거나 옹알옹알 소리를 내면서 그 사람에게 기쁘게 반응한다는 것을 안다. 아기도 자신에게 애정을 쏟는 사람에게 자기 식으로 애정을 담아 답하는 것이다. 하지만 애정affection이 곧 사랑은 아니다. 애정이란 사랑을 이루는 한 요소일 뿐이다. 진정한 사랑을 하기 위해서는 애정 외에도 상대에 대한 관심과 보살핌,

상대를 인정하고 존경하는 태도, 상대에 대한 신뢰와 헌신, 솔직하고 개방된 커뮤니케이션 등을 모두 갖추어야 한다. 어릴 때부터 사랑이 무엇인지 제대로 배우지 못하면 나이 들어서도 제대로 된 사랑을 하기가 어렵다. 첫걸음을 잘못 떼면 엉뚱한 길로 접어들게 되는 것이다. 그럼에도 대부분은 사랑에 관해 잘못된 정의를 배우면서 자란다. 즉 사랑이란 하나의 특별한 감정이라고 믿는 것이다. 사람들은 누군가에게 감정적으로 깊이 빠지면 그 사람에게 몰두하게 된다. 모든 감정과 정서를 상대에게 쏟아붓는 것이다. 이처럼 사랑하는 사람을 향해 자신의 모든 감정을 투자하는 현상을 '카섹시스cathexis'라고 부른다. 스캇 펙은 자신의 책에서 많은 사람들이 카섹시스를 사랑으로 잘못 알고 있다고 지적한다. 실제로 자신이 어떤 사람과 강력한 감정의 끈으로 연결되어 있다고 믿는 사람이 상대에게 상처를 주거나 학대하는 행동을 하면서도, 자신은 그 사람을 "사랑하고 있다"고 말하는 경우를 주변에서 흔히 보게 된다. 이런 사람들은 자신이 카섹시스 상태에 있기 때문에 자신이 느끼는 것이 곧 사랑이라고 믿는다.

사랑이라는 이름의 폭력

하지만 스캇 펙의 정의에 따라 사랑을 "자기 자신과 다른 사람의 영적인 성장을 위해 자아를 확장하려는 의지"로 받아들인다면, 다른 사람에게 상처를 주고 학대하는 것은 결코 사랑이 될 수 없다. 사랑과 모욕은 양립할 수가 없고, 학대와 무시는 애정 어린 보살핌이나 관심과는 정반대되는 것이다. 우리는 자기 자식과 부인을 때리고 난 뒤 술집에 가서는 자기가 처자식을 얼마나 사랑하는지 아느냐고 떠벌리는 사내들 이야기를 자주 듣게 된다. 그런데 이상하게도 그 사내의 부인에게 힘들지 않느냐고 물으면, 남편이 폭력을 사용하긴 하지만 자기는 남편을 사랑한다고 말하는 경우도 있다. 미국에는 어릴 때부터 비정상적인 가정에서 자란 사람들이 많다. 부모들은 자식에게 언어폭력과 육체적인 폭력을 가하고, 자긍심 대신 자기비하와 열등감을 심어주고, 자식의 감정과 정서를 존중하는 대신 무시하고 조롱하면서도 그게 다 자식을 사랑하기 때문이라고 아이에게 주입한다. 이런 교육을 받고 자란 아이는 어른이 되어서도 자기 가정에 사랑이 존재하지 않았다고 믿기를 두려워한다. 이런 성장 과정을 거친 사람들은 스캇 펙이 정의한 사랑의 개념을 받아들이기를 두려워한다. 그 정의를 받아들이게 되면 우리 사회 대부분의 가정에 사랑이란 존재하지 않는 셈이기 때문에 그런 현실을 받아들이기가 무서운 것이다. 따라서 학대나 모욕을 좀 당하더라도 그것이 그다지 나쁜 것은 아니라고 믿게 만드는, 잘못된 사랑의 개념을 고수하는 쪽을 택하는 것이다.

　나도 한때는 그랬다. 내가 자란 가정은 한편으로는 아이들에게 모욕적이거나 굴욕감을 느낄 수 있는 말을 마구 내뱉으면서도 다른 한편으로는 애정과 배려, 보살핌도 충분히 주는 분위기였다. 그런 탓에 나는 우리 집이 '기능장애dysfunctional 가정'이었다는 사실을 인정하기가 좀처럼 쉽지 않았다. 예전이나 지금이나 나는 부모님뿐 아니라 내 형제자매들과도 감정적인 애착을 강하게 느끼고 있고 우리 가족이 가진 긍정적인 요소들에 대한 자부심도 높기 때문에, 내가 자란 가정이 온통 문제투성이였고 나쁜 가족인 것처럼 보이게 만드는 그런 단어를 사용하고 싶지 않았다. 또한 부모님이 내가 당신들을 비난한다고 여기는 것도 원하지 않았다. 나는 부모님이 우리 형제자매들에게 베풀어준 것들에 대해서 정말 고맙게 생각한다. 그러나 심리치료를 받으면서 '기능장애'라는 말이 모든 것을 부정하는 것은 아니며, 어떤 사실을 묘사하는 데 매우 유용한 단어라는 것을 알게 되었다. 내가 어린 시절을 보낸 가정은 확실히 '기능장애'적인 면이 있었고 지금도 그런 흔적이 남아 있다. 다시 말하지만, 그렇다고 해서 우리 가족이 애정과 기쁨, 서로에 대한 보살핌이 없는 가정이라고 말하는 것은 아니다.

실제로 나는 어릴 때 세심한 보살핌을 받으면서 자랐다. 부모님은 내가 똑똑한 소녀라는 것을 스스로 믿게 만들었고 격려해주었다. 그러나 그러고 나서 몇 시간도 지나지 않아 내가 똑똑하다고 너무 자만한다며 계속 그러다가는 미쳐서 정신병원에 갇히게 되고, 가족들 누구도 병문안을 가지 않을 거라며 협박 아닌 협박을 하곤 했다. 이처럼 따뜻한 보살핌과 잔인한 몰인정이 공존하는 이상한 분위기는 나의 영적인 성장에 좋지 않은 방향으로 작용할 수밖에 없었다. 사랑에 관한 펙의 정의를 내 어린 시절의 경험에 적용해보면, 솔직히 사랑이라고 부를 수는 없다.

심리치료를 받을 때 내가 자란 가정이 사랑이 가득한 가정이었는지 어떤지 말해보라는 질문을 받은 적이 있다. 그 질문을 받고서 나는 우리 가족으로부터 따뜻한 보살핌은 받았지만 사랑은 받지 못했다고 고통스럽게 인정할 수밖에 없었다. 하지만 핵가족의 울타리를 벗어나면 다른 친척들, 예컨대 할아버지 같은 분에게 진정으로 사랑을 받았다는 느낌이 든다. 그들의 진정한 사랑(즉 돌봄과 헌신, 상대에 대한 신뢰와 인정, 상대에 대한 책임감과 존중 등이 모두 결합된 것)은 상처받은 내 영혼을 어루만져주었고 사랑의 부재로부터 나를 구원해주었다. 나는 내가 따뜻한 보살핌이 있는 가정에서 자라날 수 있었던 것에 감사한다. 그러나 사랑을 받았다고는 할 수 없을 것 같다. 거듭 강조하건대, 보살핌은 사랑의 한 요소일 뿐이다. 단지 보살핌을 주는 것만으로는 상대를 사랑한다고 말할 수 없다.

　어린 시절에 언어폭력이나 육체적인 폭력을 당하며 자란 어른들이 흔히 그렇듯이 나도 성인이 되고 나서 내가 당했던 나쁜 일들을 애써 부정하고 좋은 기억과 달콤했던 보살핌의 기억만 되살리려고 무의식중에 노력했다. 그리고 그런 시도가 먹혀들수록 어린 시절의 진실에 대해서는 남한테 말하기를 꺼리게 되었다. 자기치료self-help에 관한 책이나 자기 회복self-recovery 프로그램을 비판하는 이들은 많은 사람들이 실제로는 그렇지 않은데도 자기가 나고 자란 가정, 그리고 지금 현재 살고 있는 가정에 사랑이 거의 혹은 전혀 없다고 과장해서 생각하는 경향이 있다고 주장한다. 그래서 자기치료 책자나 프로그램이 사람들에게 먹히고 있다는 것이다. 그러나 내가 볼 때는 그 반대이다. 즉 나를 포함해서 대부분의 사람들은 가정에서 언어적, 육체적 폭력이 빈발하든 뜸하든 간에, 자기가 자랐거나 현재 함께 살고 있는 가족에게 그런 문제가 있다는 사실을 애써 부인하려는 심리가 더 강하다. 그렇기 때문에 어린 시절의 경험을 비판적으로 돌아보고 그 경험이 어른이 되어서까지 미치는 부정적인 영향을 제대로 알려면 자기치료 책자나 심리치료를 통해서 눈을 뜰 필요가 있는 것이다.

진정한 사랑이란

그런데 많은 이들이 '학대와 무시가 있는 곳에서는 결코 사랑이 존재할 수 없다'고 하는 사랑의 정의를 받아들이기를 꺼린다. 왜냐하면 부모나 어른들에게 언어나 신체적인 폭력, 학대를 당해도 그것이 자신들에 대한 사랑 때문이라고 배우며 자라기 때문이다. 극단적인 경우에는 학대를 사랑의 표현이라고까지 생각하게 된다. 이런 잘못된 생각이 굳어서 어른이 되어서도 사랑에 대해 그릇된 인식을 갖게 되는 것이다. 어릴 때 자신에게 폭력을 휘두르고 학대를 한 어른들이 실제로는 자기를 사랑해서 그런 것이라고 믿게 되면, 어른이 되어 사랑이라는 이름으로 무시와 학대를 당해도 그 폭력을 합리화하게 된다. 내 경우에도 어린 시절에 겪었던 수치스럽고 모욕적인 경험이 어른이 되어 남자를 만났을 때 반복되곤 했다. 사실 사랑에 관한 스캇 펙의 정의를 처음 접했을 때 나는 그것을 받아들이고 싶지 않았다. 그 정의에 따르면 그동안 내가 만났던 남자들과의 관계가, 내 인생에서 그토록 중요했던 관계들이 진정한 사랑이 아니었고, 그런 결론은 받아들일 수 없었던 것이다. 그러나 몇 년에 걸쳐 심리치료를 받고 과거를 비판적으로 돌아보는 과정을 거치면서, 과거 내가 만났던 남자들과의 관계에서 사랑이 결핍되어 있었다는 걸 인정해도 전혀 부끄러운 일이 아니라는 것을 깨닫게 되었다. 진실된 자아를 되찾고 영혼을 건강하게 만들기 위해서는 과거의 인간관계에서 사랑이 부족했다는 점을 솔직하게 있는 그대로 받아들이는 과정이 필수적이다. 사랑이 없었다는 점을 인정한다고 해서 그 관계들에서 내가 아무런 관심과 보살핌, 애정과 기쁨을 맛보지 못했다는 말은 아니다. 사실은 내가 자란 가정에서처럼 나는 여러 연인 관계를 통해 아낌없이 보살핌을 받았으며, 오히려 그렇기 때문에 감정적인 기능장애, 즉 사랑의 결핍을 눈치채지 못하고 지나갔을 수 있다.

나는 더 이상 연인 관계에서 사랑의 결핍을 맛보지 않기 위해 사랑에 관한 새로운 정의와 의미를 받아들였고, 이를 통해 사랑하는 법도 다시 배우게 되었다. 사랑에 대한 분명한 정의를 받아들이는 것이야말로 진정한 사랑으로 나아가는 첫걸음이다. 나는 『아직도 가야 할 길』을 반복해서 읽으며 사랑의 정의를 터득하게 된 것에 감사하게 되었고, 이를 통해 그동안 내 인생의 어느 지점에서 사랑이 결핍되어 있었는지 똑똑히 알게 되었다. 내가 사랑이란 "자기 자신과 다른 사람의 영적인 성장을 위해 자아를 확장하려는 의지"라는 것을 처음 이해하게 된 것은 20대 중반이었다. 그러나 잘못된 사랑의 개념에 의해 형성된 내 낡은 행동 양식을 버리는 데는 그 후로도 몇 년이 더 걸렸다. 특히 내가 버리기 어려웠던 습성은 정서적으로 상처를 가진 남자들에게 계속해서 끌린다는 점이었다. 그들은 사랑을 받기만 바랄 뿐 사랑을 주는 데는 도통 관심이 없었다.

나는 진정한 사랑을 알고 싶어 하면서도 다른 사람에게 나 자신을 완전히 맡기고 신뢰하는 것이 두려웠다. 다른 사람과 깊은 관계로 들어가는 것이 불안했다. 사랑을 주는 데는 관심이 없는 남자를 선택하면 내가 일방적으로 사랑을 줄 수 있기 때문에 편했다. 하지만 그런 관계는 온전하고 충만할 수 없었다. 사랑받고 싶다는 내 욕망이 충족될 수 없었기 때문이다. 나는 사랑 대신 보살핌과 애정을 받는 것에 익숙해졌고, 거기에는 상대로부터의 약간의 냉대와 무시, 때로는 무자비함도 포함되어 있었다. 물론 나도 가끔은 상대에게 차갑게 대했다. 오랜 시간이 흐르고서야 나는 진정한 사랑을 간절히 알고 싶어 하면서도 실제로는 그런 관계에 들어가는 것을 두려워한다는 사실을 깨닫게 되었다. 많은 사람들이 나처럼 애정과 보살핌을 주는 관계에만 만족하는 경향이 있다. 애정과 보살핌은 결코 사랑이 아니지만, 그 속에서는 훨씬 안락함을 느낄 수 있기 때문에 거기에 안주하는 것이다. 애정과 보살핌은 사랑이 요구하는 것만큼 강렬하지 않을 뿐 아니라 위험하지도 않기 때문이다.

이처럼 우리는 사랑을 갈구하면서도 사랑을 얻기 위해 위험을 감수할 용기는 없다. 사랑하고 사랑받고 싶다고 강박적으로 매달리면서도 적당히 만족스럽고 편안한 생활을 영위하는 것이다. 그런 생활에는 사랑이 결핍되어 있다는 걸 알면서도 그럭저럭 살아간다. 사랑은 없지만 참된 애정과 보살핌만으로 충분하다고 자위하면서 말이다. 어릴 때 자랐던 가정에 비해 애정과 보살핌이 훨씬 충만해진 것만으로도 괜찮다고 느끼는 것이다. 사실 대부분의 사람들에게는 사랑이란 각자 느끼기에 따라 다르게 나타나는 것이라고 생각하는 편이 편하다. 왜냐하면 사랑을 정확하고 명료하게 정의하게 되면 자기가 처한 현실에는 '사랑'이 결핍되어 있고, 소외감이 팽배해 있다는 점을 인정해야 하기 때문에 곤혹스러운 것이다. 진실을 이야기하자면, 우리 문화에서는 사랑이 무엇인지 모르는 사람이 너무나 많다. 그런 무지가 만연해 있기 때문에 드러나면 안 될 비밀처럼 서로 묻어두려고 급급해하는 실정이다.

만약 내가 좀더 일찍 사랑의 분명한 정의를 알았더라면 사랑을 할 줄 아는 인간이 되기 위해 그토록 먼 길을 돌지 않아도 됐을 것이다. 좀더 일찍 다른 사람들과 사랑의 의미를 공유할 수 있었더라면 우리 사회에 사랑을 창조하는 데 좀더 많은 기여를 할 수 있었을 것이다. 나는 사랑을 주제로 쓰인 그 많은 책들이 아직도 사랑을 정의하는 것은 불필요하며 심지어 의미 없는 짓이라고 주장하는 것에 안타까움을 금할 수가 없다. 더 나쁜 것은 사랑이란 여성과 남성에게 서로 다른 의미를 띠고 있다고 주장하는 저자들이다. 이들은 남성과 여성이 사용하는 '사랑의 언어'가 전혀 다르기 때문에 사랑에 관해 서로 소통이 되지 않는 것은 당연하며, 그런 현실을 받아들여야 한다고 주장한다. 이런 주장을 펼치는 책들이 인기를 끄는 이유는 남녀의 성역할이나 남녀의 문화 차이, 그리고 사랑에 대한 기존의 고정관념을 힘들게 바꾸지 않아도 된다고 사람들을 안심시키기 때문이다. 이런 책들은 진정한 사랑을 찾도록 노력하라고 격려하기보다는 사랑이 결핍되어 있는 현실을 그냥 받아들이고 적응하도록 부추길 뿐이다.

그런데 이런 책은 남자들보다는 여자들이 더 많이 구입한다. 왜

나하면 여성들이 사랑의 부재 내지는 결핍 현상에 대해 더 관심이 많고 예민하기 때문이다. 사실 대부분의 여성들은 자신에게 완전하고 충만한 사랑을 할 기회는 오지 않을 거라고 생각하는 경향이 있다. 그래서 좀 부족하나마 현재의 연인 관계가 덜 고통스럽고, 더 편안하고 즐겁고 유쾌해질 수 있는 방법이 있다면 그 편을 선택하고자 하는 것이다. 이런 책들이 여성들에게 얼마나 큰 도움이 되었는지 확인할 길은 없다. 연인 관계가 더 편안하고 즐겁고 유쾌해졌는지 말이다. 여성들이 지불한 돈으로 베스트셀러 목록에 올라간 책들이 여성들의 삶을 얼마만큼이나 변화시켰을까. 나는 그다지 긍정적으로 평가하지 않는다. 사실 나도 그동안 자기치유용 책을 엄청 사들였지만 실제로 내 삶을 변화시키는 데 도움이 된 책은 극히 일부에 지나지 않았다. 다른 여성 독자들의 경우도 마찬가지일 거라고 생각한다.

사랑은 감정이 아닌 행동이다

우리 사회에는 진정한 사랑을 실천하는 문제에 대한 공개적인 논의나 정책이 거의 없기 때문에 앞의 예에서 보듯이 결국 주로 책에 의존하게 된다. 독자들 중에는 스캇 펙의 책에서 사랑의 정의를 배워서 실제 삶에 적용시켜 변화를 이끌어내는 경우도 많다. 사실 스캇 펙의 사랑의 정의는 널리 확산될 필요가 있다. 어른뿐 아니라 어린아이, 10대들과도 이를 주제로 대화를 나눈다면 사랑을 바라보는 많은 사람들의 관점이 바뀔 것이다. 사랑은 명확하게 정의될 수 없다며 사랑을 신비화하는 기존 관념에 저항하는 것만으로도 진정한 사랑이 꽃필 수 있는 환경을 조성하는 데 큰 힘이 된다.

어떤 사람들은 스캇 펙의 정의에 나오는 '영적인 성장'에서 '영적인spiritual'이라는 말의 의미를 제대로 이해하지 못하겠다며 어려움을 호소하기도 한다. 스캇 펙이 말한 '영적'은 우리의 정신과 육체, 영혼이 하나로 합쳐진 것, 즉 가장 깊은 차원에서의 인간의 본질을 가리킨다. 자기 안에 '영적인 것'이 있다는 사실을 받아들이기 위해서 종교인이 될 필요는 없다. 이 영적인 것은 모든 생명에 반드시 존재하는 하나의 힘 혹은 에너지이기 때문이다. 또한 이것은 생명을 가진 것들에게 자기를 온전히 실현하고 자신을 둘러싼 세계와 교류할 수 있는 힘을 준다.

그리고 스캇 펙의 정의대로 사랑이 느낌이나 감정이 아니라 '행동'이라는 사실을 인정하게 되면 사랑에는 책임이 따른다는 점도 자연히 받아들이게 된다. '감정'은 우리 의지대로 통제할 수 없다. 반면 행동은 우리가 자의적으로 선택할 수 있고, 목적과 의지만 있으면 어떠한 행동도 취할 수 있다. 또한 행동은 반드시 어떤 결과를 낳는다. 따라서 감정을 형성하는 것은 행동이라고 말할 수 있다. 다시 말해 사랑의 감정은 저절로 생기는 것이 아니라 우리가 사랑의 행위를 하는 데 따른 결과인 것이다. 이런 개념을 받아들이면 사랑에 대한 진부한 관념들 — 즉 부모는 자기 자식을 무조건 사랑한다든가, 남자와 여자는 자신의 의지나 선택과 상관없이 저절로 사랑에 '빠진다'든가, 이성을 너무 사랑하게 되면 '열정의 포로'가 된

나머지 상대를 죽일 수도 있다든가 하는 것들 — 이 얼마나 잘못된 것인지 깨닫게 된다. 사랑은 실제로 행할 때 존재한다는 사실을 잊지 않는다면 사랑이 갖는 의미와 가치를 깎아내리는 식으로 '사랑'이라는 말을 쓰지는 않게 될 것이다. 진정한 사랑이란 솔직하고 열린 마음으로 상대를 보살피고 애정을 표현하고, 상대에 대해 책임을 지고 상대를 존중하고, 상대에게 충실과 헌신을 다하고, 상대를 신뢰하는 것이다.

어떤 개념을 분명하게 정의하는 것은 상상력을 발휘하기 위한 출발점이다. 우리가 상상할 수 없는 것은 결코 현실에 존재할 수 없다. 올바르게 정의하는 것은 우리에게 출발점은 어디이고 목적지는 어디인지를 명료하게 제시해주는 역할을 한다. 여행을 할 때 원하는 목적지로 가기 위해서는 스케줄을 짜고 지나칠 곳을 지도에 표시해야 하듯이, 사랑을 향해 떠나는 여행에서도 우리를 안내해줄 지도가 필요하다. 그리고 그 출발점은 우리가 사랑을 이야기할 때 그것이 의미하는 바를 정확히 아는 것이다.

Chapter 2

공정함
사랑의 교훈

어린 시절에 (부모로부터) 분리를 경험하게 되면 마음의 상처가 뼛속 깊이 새겨진다. 가장 원초적인 유대감 — 자신이 부모와 연결되어 있다는 감정 — 이 파괴되기 때문이다. (부모와 자식 사이의) 유대감은 아이에게 자신이 사랑스러운 존재라는 느낌을 갖게 하고, 동시에 다른 사람을 사랑하도록 만든다. 따라서 이 최초의 애착 관계가 제대로 형성되지 않으면 자라서도 전인적인 인간이 될 수 없을 뿐 아니라, 어쩌면 인간의 삶 자체를 힘겨워하게 될지도 모른다.

_주디스 바이올스트 Judith Viorst

모순

우리는 어린 시절에 사랑을 배운다. 행복한 집이든 불행한 집이든, 화목한 가족이든 문제투성이 가족이든, 가정은 사랑을 배우는 최초의 학교다. 그럼에도 나는 어릴 때 부모님에게 사랑이 뭐냐고 물어본 적도, 묻고 싶었던 적도 없었던 것 같다. 어린 나에게 사랑은 가족들이 나를 소중하게 대하듯이 나 역시 가족들을 소중하게 대할 때의 좋은 느낌, 그 이상도 그 이하도 아니었다. 사랑은 언제나 오로지 일종의 좋은 느낌이었다. 그런데 사춘기에 접어들면서부터 달라졌다. 부모님은 자식들에게 매를 드셨고, 그때마다 "이건 다 너희들을 위해서야"라든가 "너희를 사랑하기 때문에 때리는 거야"라고 말씀하셨다. 그럴 때마다 우리는 혼란스러웠다. 어떻게 가혹한 체벌이 사랑의 표현이란 말인가. 우리는 겉으로는 어른들의 논리를 받아들이는 척했지만, 마음 깊은 곳에서는 그 말이 옳지 않으며, 거짓말이라는 것을 알고 있었다. 모질게 때리고 난 뒤에 "너보다 내가 더 아프다"라고 말하는 것이 거짓인 것처럼. 아이들은 부모님을 사랑하고 존경해야 한다고 배운다. 그런 부모에게 매정하고 잔인한 체벌을 받는다면, 그보다 더 아이들을 혼란스럽게 하는 것이 있을까. 그런 아이들은 도대체 사랑이 무엇인지, 과연 사랑은 존재하는 것인지 의심하게 된다. 그러면서도 한편으로는 사랑을 갈구하는 모순된 처지에 빠진다.

반대로 벌이라고는 한 번도 받지 않고 자라는 아이들도 많다. 이런 아이들은 사랑은 좋은 느낌이라는 확신을 오래도록 간직하게 된다. 이들은 사랑이란 자기에게 필요한 것이 채워지고, 자신의 욕망이 만족되는 것이라고 생각한다. 그래서 사랑은 주는 것이 아니라 받는 것이라고 믿는 것이다. 아이들이 가지고 싶은 건 뭐든지 사주고, 제멋대로 행동해도 아무 제지를 하지 않는다면, 그건 아이를 방치하는 것과 다를 바 없다. 이런 아이들은 학대를 당하거나 보살핌을 받지 못하는 것은 아니지만, 그런 일을 당하는 아이들만큼이나 사랑의 의미를 제대로 깨우치기 어렵다.

두 그룹의 아이들 모두, 한쪽은 무조건적인 베풂이라는 상황 속에서, 다른 한쪽은 처벌이라는 상황 속에서 사랑이란 좋은 기분을 느끼는 것이라고 배우게 된다.

아이들은 부모님을 기쁘게 하면 사랑받을 수 있다는 말을 들으면서 자란다. 그리고 부모가 우리를 기쁘게 해주면 우리는 그 점에 대해 사랑의 표현을 해야 한다고 배운다. 그래서 아이들은 사랑이란 상대에게 관심을 가지고 애정을 표하며 보살펴주는 것이라고 생각한다. 자기가 원하는 것을 모두 들어주는 부모는 자신을 사랑하는 것이라고 믿는다.

오해
\

내가 만난 아이들은 출신에 상관없이 자기는 부모님을 사랑하며 부모님도 자기를 사랑한다고 말했다. 부모에게 상처를 받고 학대를 당하는 아이들조차 그렇게 얘기했다. 꼬마 아이들에게 사랑이 뭐냐고 물으면 그것은 기분 좋은 느낌이며, "무지 먹고 싶었던 것을 먹게 되었을 때"와 같은 것이라고 말한다. 그들은 또한 "엄마는 날 사랑해요. 왜냐하면 나를 돌봐주고, 내가 뭘 하든 곁에서 도와주거든요"라고 얘기한다. 사랑은 어떻게 하는 거냐고 물으면, 껴안아주고 뽀뽀하고, 달콤하고 기분 좋게 지내는 것이라고 말한다. 요컨대 아이들에게 사랑이란 자신이 원하는 것 ― 그것이 포옹이든, 새 옷이든, 디즈니랜드에 가는 것이든 ― 을 얻는 것이다. 하지만 이런 생각은 아이들이 사랑이 가진 더 깊은 정서를 이해하는 것을 방해한다.

우리는 대부분의 아이들이 사랑이 충만한 가정에서 태어난다고 생각한다. 그러나 부모 또는 부모 노릇을 하는 보호자가 사랑하는 법을 모른다면, 그런 어른들 밑에서 크는 아이는 사랑받지 못할 것이다. 대개의 아이들이 웬만큼 보살핌을 받는 집에서 자라지만 사랑에 관한 한, 사랑을 전혀 받지 못하거나 혹은 지속적으로 사랑받지 못하는 경우가 많다. 성인이 되고 난 뒤 어린 시절의 가정을 비난하는 사람들은 모든 계층과 인종에 퍼져 있고, 남녀 차이도 없다. 이들은 사랑이 결핍된 — 혼란과 무시, 학대, 억압이 지배했던 — 어린 시절에 대해 증언한다. 루시아 호지슨Lucia Hodgson은 『사육되는 아이들: 미국은 왜 아이들을 키우는 데 실패했는가?Raised in Captivity: Why Does America Fail Its Children?』에서 얼마나 많은 미국 아이들이 사랑의 부재에 시달리는지를 고발했다. 매일 수천 명의 아이들이 언어폭력과 신체적인 학대에 시달리고, 굶주리고, 고통받으며, 죽어간다. 이들은 집단적인 목소리를 낼 수 없으며, 아무런 권리도 행사할 수 없다는 점에서 일상적인 테러의 희생자라고 할 수 있다. 이 아이들은 부모나 보호자의 소유물로 취급되고 있고, 앞으로도 계속 그럴 것이다.

    사회적인 정의가 뒷받침되지 않는 상황에선 사랑도 존재할 수 없다. 아이들에게 시민으로서의 기본 권리를 인정해주고 고무해주지 않는 한 많은 아이들이 사랑이 무엇인지 모른 채 자랄 것이다. 지금의 문화가 바뀌지 않는 한 가정은 권력이 지배하는 공간일 수밖에 없다. 또한 그 권력은 독재적이고 파쇼적이기 쉽다. 부모는 가정의 절대 권력자로서 아무런 간섭을 받지 않고 아이들의 일을 결정할 수 있다. 시민으로서 아이들의 기본 권리가 인정되지 않으면 그들이 법의 도움을 받을 길은 없다. 평등권과 정의를 요구하면서 성차별적인 지배에 맞서 조직적으로 대항할 수 있는 여성들과 달리, 아이들에게는 그런 권리도, 조직도 없다. 그렇기 때문에 가정에서 부당하고 강압적인 대접을 받을 때 그들이 기댈 수 있는 곳은 선의를 가진 어른들뿐인 것이다.

우리 문화에서는 부모가 자식에게 어떤 부당한 행위를 하더라도 다른 사람이 거기에 끼어들어서 시비를 가리거나 항의하는 경우는 드물다. 남의 가족 일에 왈가왈부하는 것은 잘못이라는 생각이 퍼져 있기 때문이다.

어느 파티에서 자식을 매로 다스리는 문제가 화제가 된 적이 있었다. 참가자들은 대부분 교육 수준이 높고 수입이 좋은 전문직 종사자들이었으며, 인종도 다양하고 세대도 다채로웠다. 그런데 서른 명이 넘는 참가자들 거의 모두가 체벌은 필요하다고 말했다. 그들 중 대부분은 자신들도 어릴 때 손찌검을 당하거나, 회초리로 맞거나, 두들겨 맞은 경험이 있다고 했다. 남성들이 체벌을 적극적으로 옹호한 반면에 여성들은 ― 대개 자식을 둔 엄마들이었는데 ― 말로 하다가 정 안 되면 최후의 수단으로 쓸 수 있으며 그들도 필요할 때 가끔은 체벌을 한다고 했다.

한 남자가 자기는 어릴 때 어머니한테 심하게 매질을 당한 적이 여러 번 있다고 우쭐대며 얘기하자, 주변에 있던 사람들은 "그 덕에 당신이 반듯하게 자랄 수 있었던 것"이라며 맞장구를 쳤다. 나는 보다 못해 "저 사람이 어릴 때 여자(엄마)한테 난폭하게 맞지 않았다면 지금처럼 여성 혐오론자가 되지는 않았을 것"이라고 일침을 놓았다. 물론 어릴 때 맞고 자란 아이가 폭력적인 어른이 된다는 주장은 너무 단순한 논리라고 할 수 있다. 하지만 나는 그 자리에 있던 사람들에게 어릴 때 어른들에게 육체적으로 고통을 당하거나 학대를 당하면 이후의 삶에 아주 나쁜 영향을 미치게 된다는 사실을 알리고 싶었다.

그러자 어린 남자아이를 둔 젊은 전문직 여성이 자기는 아이가 나쁜 짓을 해도 매질은 하지 않는다며 자랑스럽게 얘기했다. 대신 아이를 꼼짝 못하게 한 다음 자기 잘못을 알아들을 때까지 아이를 꼬집는다고 했다. 하지만 그것 역시 매만 들지 않았을 뿐이지 학대의 일종이다. 그런데도 참석자들은 이 젊은 부부의 방식이 괜찮다며 거들었다. 나는 놀라지 않을 수 없었다. 그 자리에서 어린아이들의 권리를 옹호한 사람은 나밖에 없었다.

그 이후에 나는 다른 모임에서 만일 어떤 남자가 아내나 애인이 자기가 싫어하는 행동을 한다는 이유로 몸을 꼼짝 못하게 한 뒤 마구 꼬집는다면 어떤 느낌이 들 것 같으냐고 물었다. 참석자들은 몹시 섬뜩한 짓이라며 치를 떨었다. 그것은 폭력이자 학대라고 말했다. 하지만 그들은 어른이 아이를 이런 식으로 꼬집는 행위가 잘못된 것이라는 인식은 거의 못하고 있었다. 그들은 모두 대학 교육을 받았으며, 자신들은 자기 자식을 사랑한다고 말했다. 이들은 스스로를 선한 의지를 가진 진보주의자라고 믿었으며, 시민의 권리와 페미니즘을 적극 지지했다. 그런데도 아이들의 권리에는 다른 잣대를 적용하고 있었다.

학대와 사랑

우리 문화에 사랑이 넘치게 하기 위해서는 타파해야 할 사회적 신화들이 많지만 그중 가장 시급한 것은 자기 자식을 사랑하면 폭력을 써도 상관없다는 사회적 분위기이다. 사랑과 폭력이 공존할 수 있다고 믿는 그 신화는 하루 빨리 사라져야 한다. 아이에게 욕을 퍼붓고 때리고 자존감을 건드리는 것은 부모의 사랑을 무無로 돌리는 행위다. 사랑의 토대를 이루는 것은 보살핌과 애정이지, 결코 학대와 무시가 아니다. 어떤 사람도 누군가를 폭력적으로 대하거나 무시하고 매도하면서 그 사람을 사랑한다고 말할 수는 없다. 그런데도 우리 문화에서는 부모들이 이런 행동을 손쉽게 저지른다. 아이들은 부모에게 맞고 욕을 듣고 무시를 당하면서도 자신은 사랑받고 있다는 믿음을 강요받고 있는 것이다.

우리 문화가 사랑을 실천하는 것에 실패했음을 보여주는 가장 분명한 징후는 부모가 아이들에게 거리낌 없이 학대를 저지르고 있다는 점이다.

『소년 시절, 남자로 성장하기Boyhood, Growing Up Male』에는 어린 시절 부모에게 수시로 매질이나 폭력을 당한 경험이 나중에 성인이 되어서 트라우마로 남았다고 털어놓는 남성들의 사연이 많이 등장한다. 이 책에서 「아버지가 나를 때릴 때When My Father Hit Me」라는 에세이를 쓴 밥 셸비Bob Shelby라는 남성은 아버지가 걸핏하면 매질을 하는 바람에 얼마나 고통스러웠는지 모른다며 이렇게 고백했다. "어린 시절의 이 경험으로 인해 나는 권력의 남용이 얼마나 무시무시한 것인지 알게 되었다. 아버지는 나와 엄마에게 매질을 함으로써 우리가 굴욕감을 느끼면서도 아무런 저항을 못하게 하는 데 성공했다. 엄마와 나는 우리가 가진 숭고한 영역 — 욕구와 욕망, 권리를 가진 개인으로서 마땅히 존중받아야 할 영역 — 을 아버지가 침범

했음에도 아무런 항거를 하지 못했던 것이다." 그런데 셸비는 그의 글 전체에서 사랑의 의미에 관해 모순된 입장을 드러내고 있다. 그는 한편으로는 이렇게 말한다. "아버지가 나를 사랑했다는 점은 의심하지 않는다. 다만 사랑의 방향이 잘못되었을 뿐이다. 아버지는 당신이 어린 시절에 갖지 못했던 것을 자식인 나에게는 주고 싶다고 말하곤 했다." 그러나 다른 대목에서는 이렇게 말한다. "아버지는 사랑을 받는 데 익숙지 못했다. 나는 아버지가 사랑을 받아들이는 데 어려워하는 모습을 자주 보았다. 아버지는 일생 동안 자신이 사랑받지 못한다는 느낌과 싸워야 했다." 셸비가 자신의 어린 시절을 이야기한 것을 보면, 아버지는 분명히 자식에게 애정이 있었고 돌보고 보살펴주기도 했다는 것을 알 수 있다. 그러나 그는 사랑을 주는 법도, 받는 법도 알지 못했다. 그가 자식에게 베풀었던 애정은 폭력과 학대로 인해 아무것도 아닌 것이 되었다.

셸비는 계속해서 아버지의 매질이나 폭력이 어린 시절 자신의 영혼에 미친 영향에 대해 되돌아본다. "매질에 따른 고통이 심해질수록 내 마음은 점점 더 멍들어갔다. 당시 내가 가장 힘들었던 것은 나를 때리는 이 사람(아버지)을 내가 사랑하고 있다는 사실이었다. 나는 아버지를 향한 내 사랑을 증오라는 검은 천으로 덮어버렸다." 이 책에는 계층과 인종에 상관없이 많은 남성들이 셸비와 비슷한 경험을 털어놓고 있다. 우리의 문화가 가진 또 다른 신화는 사랑의 부재는 가난한 사람들 사이에만 존재한다는 것이다. 그러나 가난과 궁핍은 사랑의 부재와 아무런 관련이 없다. 물질적으로 풍요로운 가정에서도 아이들은 감정적인 무시와 학대를 당하고 있다. 아무튼 이 책에 등장한 많은 남성들은 어린 시절의 상처를 극복하기 위해 정신과 치료를 받았다. 사랑할 수 있는 능력을 회복하기 위해서는 트라우마가 치유되어야 한다.

우리 문화에서는 많은 사람들이 어른이 되어서도 어린 시절 받은 냉대를 극복하지 못한다. 상습적으로 매질이나 폭력에 노출되고, 멸시와 굴욕감으로 인해 자존감에 상처를 받은 아이들이 성인이 되면 사회생활에서 많은 문제가 생길 뿐 아니라 다른 사람들을 폭력적으로 대할 가능성도 높다. 많은 연구 결과들이 이를 입증하고 있다.

사형수인 자비스 제이 마스터스Jarvis Jay Masters는 감옥에서 『자유를 찾아서: 사형수 감방에서 쓴 글들Finding Freedom: Writings from Death Row』이라는 책을 썼는데, 그중 한 챕터인 「흉터들Scars」에서 이렇게 말하고 있다. 사람들이 흔히 생각하는 것과는 달리, 동료 죄수들(그중에는 사형수가 아닌 이들도 있다)의 몸을 덮고 있는 흉터 가운데 상당수는 성인이 되어 난폭하게 싸우다가 생긴 것이 아니었다. 대부분의 흉터는 어린 시절 부모나 보호자에게 맞은 상처였다. 그런데 기이한 것은 이들 중 누구도 자신이 학대의 피해자라고 생각하지 않는다는 점이었다. "나는 감옥에서 오랜 세월을 보내면서 다른 죄수들처럼 무의식중에 감방을 도피처 삼아 별 생각 없이 지내왔다. 그러다 어린 시절 학대받은 어른들을 다룬 책들을 읽으면서 내 자신의 어린 시절을 꼼꼼히 되돌아보게 되었다." 이후 그는 동료 죄수들의 집단토론을 조직했다. "나는 그들에게 열 군데가 넘는 감옥을 떠돌면서 내가 느꼈던 고통에 대해 털어놓았다. 내가 다른 사람들과 세상 모든 것에 대해 공격적이 된 것은 어린 시절 부모한테 받은 학대와 폭력이 원인이었다고 설명했다. 그러자 동료들도 그들의 어린 시절을 털어놓았다. 학대를 당하는 많은 아이들과 마찬가지로 그들도 부모와 부모 역할을 하는 보호자들에게 수시로 매질을 당한 경험이 있었다."

마스터스는 어머니가 세상을 떠났을 때 다시는 어머니를 볼 수 없다는 점 때문에 몹시 슬펐다. 그런데 동료 죄수들은 그의 이런 모습을 이해하지 못했다. 자식을 돌보지 않고 학대까지 한 어머니가 뭐가 그리 보고 싶으냐는 것이었다. 마스터스는 그들에게 이렇게 답했다. "물론 어머니는 나를 제대로 보살피지 않았어. 그렇다고 돌아가신 어머니가 보고 싶지 않다든가, 어머니를 사랑하지 않는다고 말하는 것은 내 스스로를 무시하는 처사가 아닐까?" 이 글을 보면 마스터스는 사형수 감방에 있으면서도 어린아이와 같은 천진한 마음을 가지고 있다는 점을 알 수 있다. 그래서 그는 사랑을 주고, 사랑을 받고 싶다는 자신의 감정을 솔직하게 털어놓을 수 있었다. 아이들은 부모나 보호자에게 매를 맞고 욕을 먹더라도 그들을 사랑하고, 그들에게 사랑받고 싶다는 갈망을 버리지 못한다. 어른들 중에도 어린 시절 학대를 당한 경험에도 불구하고 부모에게 사랑받고 싶다는 욕망을 버리지 못하는 이들이 있다. 부모가 세상을 떠나 더 이상 사랑을 받으려야 받을 수 없다는 사실을 알면서도 말이다.

아이들이 자신에게 깊은 상처를 주었는데도 부모나 부모를 대신하는 보호자에게 여전히 깊은 애착을 보이는 것은, 그들에게 감정적으로 너무 많은 투사를 하기 때문이다. 그런 아이들은 학대나 무시당한 사실을 또렷이 기억하면서도 부모님은 자신을 사랑한다는 잘못된 믿음을 부여잡는다. 학대당한 기억보다는 어쩌다 부모가 잘해준 것, 보살펴준 것에 더 매달리는 것이다.

존 브래드쇼는 『사랑 창조하기』의 서문에서 사랑에 관해 이처럼 모순되고 혼란스러운 태도를 보이는 것은 사랑을 '신비화'하기 때문이라고 말한다. "나는 어린 시절부터 사랑이란 혈연관계에 뿌리를 두고 있다고 배웠다. 우리는 누군가가 우리 친족이라고 하면 그냥 사랑했다. 우리에게 사랑은 선택이 아니었다. 내가 배운 사랑은 의무였다. (……) 나는 우리 사회가 갖고 있는 사랑에 관한 규칙과 믿음을 가족에게서 배웠다. (……) 아무리 선의로 해석하더라도 부모님은 학대와 사랑을 혼동하는 일이 잦았다." 사랑의 의미와 사랑의 기술, 사랑의 실천에 덧씌워진 온갖 신비화의 껍질을 벗기려면 사랑에 관한 분명한 정의를 끌어들여서 아이들과 사랑에 대해 이야기를 나누어야 한다. 또한 결코 사랑이 학대에 오염되도록 방치하지 말아야 한다.

처벌과 존중

아직 우리 사회에서는 아이들에게 완전한 시민권이 주어지지 않기 때문에, 부모나 보호자가 아이들을 사랑으로 훈육하는 법을 배우는 게 대단히 중요하다. 진정 사랑으로 아이들을 키우기 위해서는 부모 스스로 일정한 경계선을 정해놓고, 거기에서 벗어나는 행동을 절대로 해서는 안 된다. 또한 아이들에게도 잘못된 행동을 하지 않도록 아이 스스로 어떤 경계선을 정하도록 가르쳐야 한다. 부모가 아이를 처벌하는 것만을 능사로 삼으면 아이들도 거기에 반응해 처벌만 피하려고 수동적으로 행동하게 된다. 사랑으로 아이를 키우겠다고 마음먹은 부모라면 처벌에 기대지 않고 훈육할 수 있도록 부단히 노력해야 한다. 그렇다고 절대 처벌을 하지 말라는 얘기가 아니다. 처벌이 필요하다고 판단될 때는 좋아하는 놀이를 잠시 못하게 하거나, 원하는 것을 얻지 못하게 것이 바람직하다. 또한 아이들에게 자제력과 자신의 행동에 책임지는 법을 가르쳐야 한다. 우리들 대부분은 처벌이 가장 좋은 훈육법이라고 생각하는 가정에서 자랐기 때문에, 때리지 않고도 아이들을 절도 있게 키울 수 있다고 하면 크게 놀라며 의아하게 받아들인다. 아이들을 절도 있게 기르는 가장 간단한 방법은 일상생활에서 정돈하는 습관을 들이는 것이다. 자기가 어지럽힌 것은 자기 스스로 치우도록 하는 것처럼 말이다. 예를 들어 아이가 장난감을 가지고 논 다음에 아이 스스로 원래 위치에 갖다놓는 습관을 갖게 하면 아이의 자제심과 책임감을 기르는 데 도움이 된다. 놀고 난 뒤에 어지럽힌 것을 깨끗이 치우게 하는 것도 책임감을 기르는 데 좋다. 이런 습관을 통해 아이들은 자신의 감정을 정리하는 법도 배우게 된다.

만약 바람직한 부모 노릇을 하는 법을 가르치는 TV 프로그램이 있다면 부모들이 이런 기술을 배울 수 있었을 것이다. 그러나 실제로 방영되는 가족 대상 프로그램들은 대부분 버릇없이 천방지축으로 굴거나, 제멋대로 행동하는 아이의 모습을 보여주는 걸 선호한다. 그렇지 않으면 부모보다 더 어른스럽게 구는 아이들의 모습을 보여준다. 결국 이런 TV 프로그램은 부모나 아이들 모두에게 아무런 도움이 되지 않는다. 이런 유형으로 대표적인 것이 영화 〈나 홀로 집에Home Alone〉 같은 것이다. 이 영화는 폭력과 부모에게 순종하지 않는 태도를 미화한다. 서로 사랑하고 돌봐주는 가족상을 그린 TV 프로그램이 없는 것은 아니다. 〈비버에게 맡겨Leave It to Beaver〉나 〈우리 집 세 아들My Three Sons〉은 한 세대를 풍미한 가족 드라마였다. 어른들 중에는 지금도 이 드라마를 기억하는 이들이 아주 많다. 이들은 "어린 시절 그 드라마를 보면서, 우리 가족도 드라마에 나오는 저 가족들 같으면 좋겠다고 생각한 적이 많다"며 향수에 젖어 말하곤 한다. 두 드라마에는 자식을 사랑으로 키우는 부모의 모습과 가족들끼리 서로 사랑을 나누는 모습이 있었기 때문이다. 나를 포함한 우리 형제자매들도 마찬가지였다. 그래서 부모님에게 그런 희망을 피력하면 부모님은 그것은 현실이 아니며 텔레비전에서나 가능한 가짜 모습이라고 대답했다. 그러나 우리 부모님은 사랑이 없는 가정에서 자란 탓에 당신들이 가정을 꾸리고도 자식들에게 사랑을 주는 법을 몰랐으며, 사랑이 넘치는 가정환경을 만들어낼 줄도 몰랐다. 그래서 TV 드라마에 나오는 가족의 모습은 결코 현실에서 존재할 수 없다고 보았다. 부모님은 자신들이 가장 친숙한 가족의 모습만이 현실이며 진실이라고 믿었던 것이다.

그러나 두 드라마에서 가족 안의 문제를 해결하는 방식은 비현실적인 것이 전혀 없었다. 거기에는 가족 중 누군가가 잘못을 하면 부모와 자식이 토론을 하고, 그 결과에 따라 잘못을 반성하고 해결책을 찾아냈다. 두 드라마에서 아이들의 보호자가 한 명인 경우는 없었다. 〈우리 집 세 아들〉에는 어머니가 없었지만, 사랑스러운 찰리 삼촌(엉클 찰리)이 어머니를 대신해 아버지와 함께 부모 역할을 맡았다. 부모 역할을 하는 보호자가 여러 명인 가정에서는 아이가 그중 한 사람에게 불만이 있으면 다른 보호자에게 중재를 부탁하거나 자기편을 들어달라고 도움을 구할 수가 있으므로 아이들에게 좋은 환경이 된다. 우리 사회는 점점 편부모 가정이 늘어나고 있다. 이럴 경우 아이 어머니나 아버지는 절친한 친구에게 아이의 보호자 역할을 맡아달라고 부탁하는 것이 좋다. 대부나 대모를 만들어주는 것은 아이에게 아주 긍정적으로 작용한다. 대부나 대모가 할 수 있는 역할이 제한적일지라도 말이다. 나는 어릴 때부터 가장 친했던 친구가 싱글맘(미혼모)이 되기로 했을 때 기꺼이 딸아이의 대부가 되어주었다.

그 아이가 웬만큼 자란 지금, 친구의 딸은 자기 어머니랑 싸우거나 문제가 생길 때면 나를 찾아와 상의하곤 한다. 성인이 되어서 만난 또 다른 친구 한 명도 혼자 딸을 키운다. 그 친구는 어릴 때 부모한테서 용돈을 받아본 적이 한 번도 없었다. 그래서 자기 딸에게도 용돈을 주지 않았고 그럴 만한 여윳돈도 없다고 생각했다. 또 만약 용돈을 주면 딸이 단것을 사먹는 데 몽땅 다 써버릴 테니 줄 필요가 없다고 생각했다. 어느 날 친구는 자기 딸이 용돈 문제로 굉장히 화가 나 있다며 어떻게 하면 좋겠느냐고 나에게 의견을 물었다. 그래서 나는 용돈은 아이에게 자제력을 가르치고, 욕망과 필요를 조절하는 법을 가르칠 수 있는 아주 중요한 요소라고 말했다. 그러자 친구는 딸아이에게 용돈을 줄 만큼 넉넉하지 않다고 항변했다. 그러나 나는 친구의 재정 상태를 웬만큼 파악하고 있었기 때문에 그건 억지에 불과하다고 받아쳤다. 그러면서 "네가 어린 시절에 용돈을 받지 못한 것이 잘못된 거야. 그 잘못이 딸아이한테까지 되풀이되지 않도록 해"라고 설득했다. 또 아이가 사탕 사먹는 데 다 써버릴까봐 걱정된다면, 아이에게 용돈을 주면서 돈을 아무렇게나 쓰지 말고 나중에 어디에 썼는지 알고 싶다고 말하면 될 거라고 했다.

결국 모든 게 잘 해결되었다. 용돈을 받게 된 딸은 친구의 걱정과는 달리 자기가 평소 갖고 싶었던 것을 사기 위해 저금을 했다. 용돈 지출 목록에 사탕은 포함되지도 않았다. 만약 중간에 내가 끼어들지 않았더라면 친구와 딸은 갈등을 해결하는 데 더 오랜 시간이 걸렸을 것이고, 어쩌면 그 과정에서 쓸데없는 다툼을 벌이며 상처만 주고받았을지도 모른다. 더 중요한 것은 친구와 내가 서로에 대한 존중과 사랑에 기초해서 문제를 해결함으로써(친구는 우리 둘 사이에 있었던 논의 과정을 딸에게 다 얘기해주었다) 문제가 생겼을 때에는 이렇게 해결하는 것이라는 일종의 모범을 딸에게 보여주었다는 점이다. 친구는 내 비판을 기꺼이 받아들이고 자신의 잘못을 인정한 뒤 변화된 행동을 보임으로써, 어머니로서의 위엄과 권위를 전혀 잃어버리지 않은 채 부모도 가끔은 틀릴 수 있다는 점을 딸에게 보여주었다.

아이를 진정한 사랑으로 키우는 문화가 사회 전반에 자리 잡지 못한다면, 계속해서 많은 사람들이 아이는 처벌을 통해서만 가르칠 수 있으며 가혹한 처벌만이 아이를 다스리는 길이라고 믿을 것이다. 아이들은 타고나기를 타인에게 애정을 주고, 누군가에게 애정 어린 보살핌을 받으면 자신 또한 애정으로 보답하게 되어 있다. 그래서

인지 사람들은 아이들에게 굳이 사랑하는 방법을 가르칠 필요가 없다고 생각한다. 아이들은 본능적으로 사랑의 기술을 알고 있다는 것이다. 하지만 이건 사람들의 오해다. 갓난아기에게도 사랑의 의지가 내재되어 있는 것은 사실이지만, 그렇다고 그들이 사랑하는 방법까지 알고 있는 것은 아니다. 그렇기 때문에 어른들은 아이들에게 사랑의 가이드가 되어주어야 한다.

사랑은 그것을 실천할 때에만 존재한다. 아이들에게 사랑을 주는 것은 어른들의 몫이다. 어른들이 아이들을 사랑한다는 것은, 아이는 부모나 어른의 소유물이 아니며, 아이도 시민적 권리(인권)가 있다는 것을 받아들인다는 뜻이다. 아이들의 시민적 권리는 존중되고 지지되어야 한다.

정의로움이 없는 곳에서는 결코 사랑이 싹틀 수 없다.

Chapter 3

정직함
사랑에 진실하기

파트너에게 자기 자신을 온전히 드러냈을 때, 창피하거나 불편하다는 느낌보다는 편안하고 온화한 느낌이 더 강하게 들면 우리는 아주 새롭고 중요한 사실에 눈뜨게 된다. 즉 사람 사이의 아주 친밀한 관계는 우리에게 지리멸렬한 현실 세계로부터 도피할 수 있는, 아무런 가식 없이 있는 그대로의 우리 자신이 될 수 있는 성스러운 공간을 제공한다는 점이다. 현실에서 쓰고 있던 가면을 벗는 것과 같은 성스러운 행위 — 진실을 털어놓고 내면의 갈등을 함께 나누며, 자신의 욕망을 날것 그대로 드러내는 것 — 는 두 개의 영혼이 더 깊은 곳에서 만나게 해준다.

_존 웰우드 John Welwood

거짓의 시작

＼

　정의로움의 핵심은 진실을 말하는 것, 우리 자신과 세계를 있는 그대로 — 우리가 보고 싶은 대로가 아니라 — 바라보는 것에 있다. 특히 진실을 말하는 것은 정의와 직접적인 관련이 있다. 우리가 어린 시절에 정의와 공정함에 대해 깨닫는 계기도 대개는 어른들에게 정직해야 한다고 가르침을 받을 때이다. 하지만 사회학자들과 심리학자들은 우리가 갈수록 거짓말을 더 많이 하는 세계에 살고 있다고 주장한다. 철학자인 시셀라 복Sissela Bok은 『거짓말하기: 공적인 삶과 사적인 삶에서의 도덕적인 선택Lying: Moral Choice in Public and Private Life』에서 일상생활에서 거짓말이 얼마나 당연한 것으로 널리 받아들여지고 있는지를 고발했다. 스캇 펙도 『아직도 가야 할 길』에서 한 장 전체를 할애해 거짓말이 넘쳐나는 현상을 다루었다. 심리치료사인 해리엇 러너Harriet Lerner는 『기만의 무도회The Dance of Deception』

에서 우리 사회는 성차별적인 시각이 지배하고 있기 때문에 여성들로 하여금 다른 사람의 마음에 들기 위해서는 말과 행동을 가짜로 꾸미는 것은 물론 거짓말하는 것도 개의치 않도록 가르치고 있다고 비난했다. 러너는 여성들이 자기 본모습을 숨기고 거짓말을 하는 다양한 방식을 소개하면서, 그것이 결국 자신의 진짜 감정과 느낌에서 멀어지게 만들고, 그 결과 여성들은 우울증에 빠지고 자존감을 상실하게 된다고 말한다.

우리는 일상의 아주 사소한 일에서부터 거짓말을 한다. "오늘 기분 어때요?"라는 인사를 받으면 대부분은 자신의 진짜 상황과는 관계없이 "좋아요", "괜찮아요"라는 식으로 둘러대지 않는가. 일상생활에서 거짓말을 하는 까닭은 괜한 갈등을 일으키지 않기 위해서, 혹은 상대의 기분을 해치지 않기 위해서다. 예컨대 별로 좋아하지 않는 사람에게 "저녁 식사 같이 할래요?"라는 말을 들으면 자기 속마음을 솔직히 털어놓거나 딱 잘라서 거절하지 못하고, 약속이 있다거나 집에 일찍 가봐야 한다는 식으로 즉석에서 핑계거리를 지어낸다. 같이 식사하고 싶지 않다고 솔직히 말하면 상대가 상처를 받을 것 같아 거짓말을 하는 것이다. 하지만 그런 상황에서는 그냥 정중하게 거절하는 것이 거짓말을 하지 않고도 곤혹스러운 상황을 벗어날 수 있는 좋은 방법이다.

사실 우리는 어린 시절부터 이런 식으로 거짓말하는 법을 배운다. 어른들이 내리는 벌이 무서워서, 혹은 어른들을 실망시키거나 상처 주기 싫어서 거짓말을 하는 것이다. 여러분도 어렸을 때 정직이 최선이라는 말을 듣고 그대로 실천했다가, 모든 경우에 항상 정직해야 하는 것은 아니라는 사실을 깨닫고 당황한 기억이 있을 것이다. 어른이 묻는 질문에 자기가 느끼는 대로 솔직하게 대답했다가 혼이 나는 경우가 얼마나 많은가. 그래서 눈치껏 거짓말을 할 줄 모르면 고통이 따른다는 생각이 어릴 때부터 마음속 깊이 새겨진다. 거짓말은 자기뿐 아니라 다른 사람에게 상처를 주지 않는 방법 중 하나라는 것을 배우게 되는 것이다.

정직해야 하지만, 동시에 적당히 거짓말도 할 줄 알아야 한다는 사실을 깨닫게 되면 당연히 아이들은 혼란에 빠진다. 아이들은 자라면서 어른들이 얼마나 거짓말을 자주 하는지 알게 된다. 어른들 가운데 거짓말을 하지 않는 사람이 거의 없다는 사실도 깨닫는다. 나도 그랬다. 어릴 때 나는 거짓말을 해서는 안 된다고 가르치는 세계에서 자랐다. 하지만 곧 어른들은 자기네가 한 말을 실천하지 않는다는 사실을 알게 되었다. 우리 형제자매들 가운데 어른들의 귀여움을 독차지하고 선물이나 상도 가장 많이 받은 아이는 어른들 입맛에 맞춰서 거짓말을 잘하고, 어른들이 듣고 싶어 하는 말을 눈치껏 재빨리 할 줄 알았다.

아이들 중에도 시치미를 떼거나 능청맞게 거짓말을 잘하는 아이가 있는가 하면, 좀처럼 자기감정을 숨기지 못해 거짓말을 하면 얼굴이 빨개지거나 행동이 어색해지는 아이도 있다. 왜 어떤 아이는 거짓말하는 기술을 재빨리 습득하고 어떤 아이는 둔한지, 그 이유는 분명치 않다. 하여간 아이들이 하는 놀이 가운데에는 시치미를 잘 떼야 인정을 받는 놀이가 많기 때문에, 어떻게 보면 아이들은 놀이를 하면서 자기감정을 속이는 법을 배운다고도 할 수 있다. 진실을 숨기는 것이 아이들 놀이에서 중요한 부분이긴 하지만 그런 게 습관이 되어버리면 놀이가 아닌 경우에도 거짓말을 밥 먹듯이 하게 될 위험이 있다.

가끔은 아이들이 거짓말하는 것에 매혹되기도 한다. 거짓말을 통해 어른들을 이길 수 있다는 것을 알게 되기 때문이다. 예를 들어 다음과 같은 경우가 있다. 한 여학생이 담임교사에게 자신은 입양아며, 지금 부모는 친부모가 아니라고 말한다. 물론 지어낸 말이다. 여학생은 선생님이 그 말을 듣고 갑자기 자기에게 연민과 동정의 눈길을 보내는 것을 즐긴다. 또한 나중에 선생님이 부모님에게 전화를 걸어 그 이야기를 했을 때 엄마, 아빠가 분노하고 실망하는 모습까지도 즐긴다. 또 내가 아는 한 여자아이는 거짓말을 아주 잘하는데, 왜 그렇게 거짓말을 하느냐고 물으면 사람들을 놀려먹고, 사람들이 자기의 거짓말에 놀아나는 꼴을 보는 것이 아주 즐겁다고 말한다. 그 애는 이제 겨우 열 살이다.

그 애 나이였을 때 나는 거짓말하는 것이 매우 무서웠다. 거짓말은 나를 혼란에 빠뜨렸다. 아이들은 내가 거짓말에 서툴다는 것을 알고 놀려대기도 했다. 어릴 때 부모님이 정말 크게 다툰 적이 있는데, 그때 아버지는 어머니가 자신을 속였다며 잡아먹을 듯이 덤벼들었다. 또 어느 날 밤에는 언니가 남자 친구와 데이트를 하느라 귀가 시간이 늦었음에도 베이비시터 일을 하느라 늦었다고 거짓말을 한 게 들통이 나서 아버지가 언니를 때린 적이 있었다. 아버지는 때리는 내내 "감히 날 속이려고 해!"라는 말을 반복하며 노발대발했다. 거짓말에 대한 아버지의 난폭한 반응은 우리에게 거짓말을 하면 어떻게 되는지 본때를 보여주었지만, 우리는 그런 아버지도 거짓말을 한다는 것을 알고 있었다. 진실을 회피해야 할 때 아버지가 가장 많이 썼던 방식은 대꾸하지 않는 것이었다. 그의 모토는 질문을 받으면 '그냥 침묵을 지켜라'였다. 그렇게 하면 최소한 '거짓말은 하지 않기' 때문이었다.

만들어진 남성성과 거짓말

\

    그동안 내가 사랑했던 남자들은 자신의 부적절한 행동에 대해 책임을 져야 하거나, 나와 갈등을 빚는 상황이 되면 이를 피하기 위해 항상 거짓말을 했다. 도로시 디너스타인Dorothy Dinnerstein은 『인어와 미노타우로스: 성적인 계약과 인간의 불안The Mermaid and the Minotaur: Sexual Arrangements and Human Malaise』이라는 획기적인 책에서 놀라운 통찰을 보여주었다. 즉, 독립심이 강하고 사회적으로도 왕성하게 활동하는 어머니가 가부장적인 가정에서는 아무런 힘도 갖지 못한다는 사실을 남자아이가 깨닫게 되면 아이는 혼란에 빠지고 분노에 휩싸인다는 것이다. 그런 아이가 자신의 분노를 '해소'하고 어머니를 더 무력하게 하기 위해 택하는 방법 중 하나가 거짓말하기다. 거짓말은 아이에게 어머니가 권력이 없다는 것을 확인시켜주고, 나아가 어머니를 자기 마음대로 조종할 수 있게 해주기 때문이다.

    남자들은 거짓말이 권력을 손에 넣는 한 가지 방법이라는 것을 배운다. 물론 여자들도 그렇지만, 한 가지 다른 점은 여자들의 경우 힘이 없는 척하기 위해서도 거짓말을 한다는 점이다. 해리엇 러너는 앞에 소개한 책에서 가부장제가 어떻게 사람들이 서로를 속이도록 부추기는지, 특히 여성들로 하여금 어떻게 남자들에게 자신의 거짓 자아를 내보이도록 권하는지 보여준다. 도리 홀랜더Dory Hollander는 『남자들이 여자에게 하는 101가지 거짓말101 Lies Men Tell Women』에서 남성과 여성 모두 거짓말을 하지만 "남자들이 여자보다 거짓말을 더 많이 하며, 거짓말이 파국적인 결과를 초래하는 경우도 더 많다"는 사실이 자료를 통해 입증되었다고 주장한다. 남성들이 최초로 다른 사람을 지배하는 경험을 하는 것은 대개 어릴 때 자기보다 힘 있는 어른들을 깜빡 속이고 난 뒤에 쾌감을 느낄 때이다. 많은 남성들은 사랑하는 사람에게 상처를 입히게 될까 두려워 거짓말을 하게 된다고 말한다. 하지만 어릴 때 엄마나 다른 사람의 마음을 상하지 않게 하기 위해서 거짓말을 배우게 된 남자아이들이 그것에 물이 들어버리면 진실과 거짓을 구분하기가 점점 어려워진다. 그래서 결국은 어른이 되어서도 그런 습성을 버리지 못하는 것이다.

직장에서는 거짓말을 할 생각을 전혀 하지 못하면서 친밀한 관계에서는 쉽사리 거짓말을 늘어놓는 남자들을 자주 보게 된다. 여자들은 잘 속아 넘어간다고 믿는 이성애자 남성들 가운데 이런 타입이 많다. 많은 남성들이 거짓말을 하는 이유는 들키지 않을 자신이 있고, 설사 들키더라도 용서받을 수 있기 때문이라고 말한다. 우리 사회가 여자들보다 남자들의 거짓말에 더 관용寬容적인 이유는 무엇일까. 이에 답하기 위해서는 가부장제 사회에서 단지 남자라는 이유로 권력과 특권이 그들에게 어떤 식으로 주어지는지 이해해야 한다. '남자가 된다는 것being a man', '진짜 사나이real man'라는 말에는 남자는 필요하면 규칙을 무시하고, 법을 넘어선 행동도 할 수 있어야 한다는 의미가 내포되어 있다. 가부장제 사회가 영화, TV, 잡지 등을 통해 끊임없이 우리에게 주입하는 것은 권력을 가진 남자들은 자신이 원하는 것은 무엇이든 할 수 있으며, 그들을 남자답게 만드는 것은 바로 이와 같은 자유로움이라는 것이다. 이것은 남성들에게 '정직한 것은 곧 나약한soft 것'이라는 메시지로 다가온다. 거짓말을 무시無時로 할 수 있고, 거짓말이 초래할 결과 따위에는 초연할 수 있는 것이야말로 남자를 강하게 만들며, 소년과 성인 남자를 구분시켜준다고 믿게 만든다.

존 스톨텐버그John Stoltenberg는 『남성성의 종말: 양심 있는 남자들을 위한 책The End of Manhood: A Book for Men of Conscience』에서 가부장제 문화에서 제시하는 이상적인 남성상은 남자들이 스스로 거짓 자아를 만들어내고 거기에 자신의 모든 것을 쏟아부어야만 따를 수 있는 것이라고 말한다. 예컨대 남자아이들은 어릴 때부터 남자는 울면 안 되며 마음의 상처나 외로움, 고통을 표현해서도 안 된다고 배운다. 남자라면 거칠어야 하고 자신의 참된 감정을 감출 줄 알아야 한다는 것이다. 최악의 경우 세상 모든 것에 대해 무감각하고 초연해야 한다고 배우기도 한다. 이런 가르침은 남자 어른들이나 혹은 가부장제에 물든 어머니에게 배우게 된다. 진보적이고 사랑이 넘치는 가정에서 자라서 자기감정을 마음껏 표현하도록 배운 남자아이라도 또래 아이들과 놀거나 운동을 하거나, 혹은 수업 시간이나 TV 등에서 전혀 다른 남성상을 접하게 된다. 그러다 결국 다른 남자아이나 기성세대가 요구하는 가부장제의 남성성을 선택할 수도 있다.

빅터 사이들러Victor Seidler는 『남성성의 재발견Rediscovering Masculinity』이라는 뛰어난 저작에서 이렇게 강조한다. "남자아이들은 말을 배울 때 언어를 통해 자기 자신을 감추는 법도 아주 재빨리 터득한다. 또한 자신을 둘러싼 세계를 통제하기 위해서는 언어를 '마스터'해야 한다는 것도 알게 된다. (……) 남자들은 인간관계에서 오는 불행과 고통이 다른 사람 탓이라고 비난하도록 배운다. 하지만 가끔은 그런 고통이 혹시 자신들이 아무것도 제대로 느끼지 못하기 때문은 아닐까 하고 막연히 짐작하기도 한다. 그렇게 되면 자신들이 어릴 때부터 익혀온 남성성이 뭔가 편협하고 문제가 있는 것은 아닌지 의심하게 된다." 자신의 참된 감정으로부터 소외된 남성들은 거짓말을 쉽게 한다. 왜냐하면 생존 전략으로 익혀온 남성성이 그런 행동에 대해 아무런 죄의식도 느끼지 못하게 만들기 때문이다. 그들은 또한 타인과 관계를 맺는 능력이 결핍되어 있기 때문에 다른 사람에게 고통을 주고도 책임감을 느끼지 않는다. 이런 경우는 남자들이 자기들보다 약자인 사람, 특히 여성들에게 폭력적이고 난폭하게 굴 때 가장 극명하게 드러난다. 이런 행동을 하고서도 자신에겐 잘못이 없다고 믿는데, 왜냐하면 자신은 여성에 의한 피해자라고 생각하기 때문이다.

겉으로는 이렇게 가부장제적인 남성성으로 자신을 가장하고 있지만, 사실 많은 남자들이 속으로는 자신을 사랑이 상실된 사회의 희생자라고 생각한다. 그들도 어릴 때는 여성들처럼 앞으로의 삶에 사랑이 가득할 것이라고 믿도록 배웠다. 사랑이란 그다지 중요하지 않은 것처럼 행동하도록 배우지만, 마음 깊은 곳에서는 그들도 사랑을 갈구하는 것이다. 그런 갈망은 어른이 되었다고 해서 사라지는 것은 아니다. 어쩌면 거짓말은 그와 같은 사랑이 실현되지 못한 것에 대한 분노를 표현하는 하나의 방식이라고도 할 수 있다. 그들은 가부장제를 받아들이는 대신 사랑에 대한 갈구를 포기해야 했던 것이다.

가부장제에서는 남자들 ― 어린이든 어른이든 ― 이 여자들보다 더 힘이 세고 우월하다고 믿을 뿐만 아니라, 자신의 지배적인 지위를 지키기 위해서라면 어떤 일도 불사해야 한다고 믿는다. 여자들보다 남자들이 인간관계에서 지배권을 쥐기 위해 거짓말을 이용하는 경우가 더 많은 것도 이 때문이다. 가부장제 문화에서 당연하게 받아들이는 전제는 한 집단이나 개인이 다른 집단이나 개인을 지배할 때 사랑이 싹틀 수 있다는 것이다. 많은 사람들은 남자가 여자와 아이를 지배하면서도 동시에 사랑할 수 있다고 믿는다. 그러나 정신분석학자인 칼 융Carl Jung은 다음과 같은 당연한 이치를 강조해 마지않는다. "권력의지(지배하려는 의지)가 팽배한 곳에서는 결코 사랑이 충만할 수 없다." 여성에게 남성과의 관계에 대해서 물어보면 인종이나 계급에 상관없이 남자들의 권력의지, 남자들이 구사하는 각종 거짓말들, 여자를 통제하고 복종시키기 위해 정보를 독점하는 양태들에 대한 풍부한 사례들을 들을 수 있을 것이다.

공평한 사랑

\

　여성들의 사회적인 지위와 권리가 향상될수록 거짓말을 용인하는 문화가 더 확산된 것은 결코 우연이 아니다. 페미니즘 운동 초창기에 여성들은 남성이 가정과 사회에서 주도권을 잡게 된 것은 그들이 경제력을 쥐고 있기 때문이라고 보고 여성의 사회 진출을 위해 많은 노력을 기울였다. 여성의 수입이 늘고(물론 남자만큼은 아니지만) 경제적으로 독립하는 경우가 늘어나자, 남성들은 여성들을 계속 자신들의 식민지에 남겨두기 위해 보다 교묘한 방법을 구사했다. 예컨대 아무리 돈이 많은 전문직 여성이라도 자신이 진정 사랑하는 남자한테 끊임없이 속임을 당한다면 결국엔 '무너지게' 된다. 그 남자를 믿을수록 그의 거짓말과 배신은 그녀의 자신감과 자존감을 한없이 허물어뜨린다.

　남성의 지배 구조를 유지하기 위해서는 '무슨 수를 쓰더라도' 여성에 대한 지배를 유지하겠다는 생각을 가진 남자들이(모든 남자는 아니더라도 많은 남자들이) 필요하다. 가정 폭력의 예를 들어보자. 근래에 가정 폭력 문제에 대한 관심이 늘어나면서, 남편이 아내를 때리는 것은 나쁜 짓이라는 것에는 모든 사람이 동의한다. 이로 인해 가정 폭력은 줄어들었지만 대신 아내에게 심리적인 테러를 가하는 경우는 늘어났다. 이런 방법을 쓰면 사회도 어쩔 수 없다. 거짓말은 이런 심리적 테러 가운데서도 매우 강력한 무기다. 그러나 남편이 아내를 지배하기 위해 거짓말을 하면, 남편은 그 대가로 엄청난 것을 잃게 된다. 바로 사랑을 주고받을 수 있는 능력을 상실하는 것이다. 신뢰는 모든 사랑의 토대다. 거짓이 신뢰를 좀먹는 곳에서 참된 유대 관계는 생겨날 수 없다. 자기 가족을 지배하는 남자들도 아내와 자식들은 지속적으로 보살펴줄 수 있다. 하지만 보살핌과 사랑은 다르다. 그런 남자들은 사랑과는 영원히 담을 쌓게 된다.

남성 지배 사회를 철폐하기 위해 노력하는 남성 사상가들은 남자들이 권력의지를 벗어던질 때에만 사랑으로 되돌아갈 수 있다고 말한다. 스톨텐버그는 『남성성의 종말』에서 남자들이 정의를 사랑하게 될 때, 즉 사랑은 누구에게나 공평하다는 것을 받아들일 때 남자들은 자신의 진정한 자아를 되찾게 될 것이라고 강조했다. "공평함justice은 사람들끼리 맺는 관계 속에서 가장 중요한 가치다." 자기 자신은 물론 다른 사람과 공평한 사랑의 관계를 맺을 때 남자들은 가부장제의 남성성이라는 숨 막히는 족쇄에서 헤어날 수 있다. 스톨텐버그는 『남성성의 종말』 가운데 「남자들은 어떻게 해야 여자들과의 관계를 더 나은 방향으로 이끌 수 있을까」라는 장에 이렇게 썼다. "남녀 사이의 공평한 사랑은 가부장제의 남성성이 부각되는 상황을 원천적으로 차단한다. 공평한 사랑보다는 여전히 가부장제의 남성성에 계속 집착할 때 여성과의 관계가 어떻게 귀결될지는 불을 보듯 뻔하다. (……) 양식 있는 남자로 살아가는 법을 배우는 것은 사랑하는 사람에게 충실하겠다고 결심한다는 뜻이며, 다른 남자들이 남성성이 어떻다는 둥 떠들더라도 개의치 않고 당신의 사랑을 더 중요하게 여기는 것이다." 남자와 여자가 자기 자신과 타인에게 충실하고, 공명정대한 사랑을 실천한다면 거짓이 둘 사이의 충만하고 애정이 넘치는 관계에 금이 가게 하거나 사랑을 방해하지 못할 것이다.

가부장제와 여성의 거짓말

우리 문화에서는 남성적인 가치와 행동 체계가 모든 것을 결정한다. 따라서 가부장적인 사고의 핵심에는 거짓말을 묵인하는 것이 포함되어 있다는 사실을 알아야 한다. 물론 남자들만 다른 사람을 지배하기 위해 거짓말을 이용하는 것은 아니다. 가부장제의 남성성이 남자들을 진정한 자아로부터 소외시키듯이 가부장제의 여성성을 받아들이는 여자들도 마찬가지이다. 이들은 여자란 약하고, 이성적인 사고를 할 능력이 없으며, 둔하고 어리석은 것처럼 행동해야 한다고 믿는다. 거짓이라는 가면을 쓰도록 사회화된 것이다. 러너의 『기만의 무도회』는 이 문제를 주요한 주제로 다룬다. 이 책에서 러너는 예리한 통찰력으로 여성들이, 특히 가정에서 어떻게 가짜 행동과 거짓말이 구조적으로 정착되는 데 기여하는지를 밝히고 있다. 여자들은 원하는 것을 손에 쥐기 위해 걸핏하면 남자들에게 거짓말을 한다. 남자들의 자존심을 세워주기 위해 거짓말을 하기도 한다. 또는 자신이 상처받기 쉽고 남자들의 손길이 필요하다는 것을 알리기 위해 실제로는 그렇게 느끼지 않으면서도 그런 것처럼 감정을 위장하는 형태로 나타내기도 한다.

이성애자 여성들 중에는 남자들을 이용하기 위해 경험 많은 다른 여성에게 거짓말하는 기술을 배우는 경우도 많다. 대개 어떤 남자와 결혼하려 하거나, 아기를 가지고자 할 때 그런 조언을 많이 구한다. 과거에 나는 아기를 몹시 갖고 싶었지만, 당시 내 남자 친구는 아직 준비가 안 됐다며 아기를 원하지 않았다. 그때 많은 여성들이 남자 친구의 감정 따위는 무시하고, 그에게 알리지 말고 일단 아기부터 가지라고 충고하는 것을 듣고 매우 놀랐다. 그들은 태어날 아기의 권리, 즉 부모 모두가 원하는 자식으로 태어날 아이의 권리 따위는 깡그리 무시했다. (물론 여성이 정자를 기증받아 아이를 가지는 경우는 다르다. 왜냐하면 이 경우에는 아이를 원하거나 원하지 않는 아버지의 존재 자체가 없기 때문이다.) 평소 내가 존경하던 여성들 역시 자식의 어버이로서 남자의 역할을 진지하게 생각하지 않고, 남자도 여자만큼이나 어버이가 되는 것에 어떤 생각을 갖고 있는지가 중요하다는 것을 받아들이지 않는 모습에 충격을 받았다. 좋든 싫든 우리는 아직 아이가 자기 아버지가 누구인지 알고 싶어 하는 세계에 살고 있다. 원한다면 아이는 자라서, 자기 아버지를 찾아 길을 나서기도 할 것이다. 이런 세계에 살고 있는데, 남자가 원치 않는 아이를 낳고 더욱이 남자가 자기 자식으로 받아들이지 않는다면 그 아이는 어떻게 되겠는가.

　적절한 피임법이 없던 1950년대에 자란 여성들은 원치 않는 임신이 자신의 인생행로를 완전히 어긋나게 할 수도 있는 것을 잘 알고 있었다. 그런데도 한 남자를 영원히 자신에게 묶어두기 위해 임신을 원하는 젊은 여자애들이 있었다. 하지만 그런 시절은 오래전에 지나갔다. 그런데 피임법이 발달하고, 여성과 남성 사이의 사회적 평등이 논의되는 지금 시대에도 관계가 위태로울 때 남자를 붙잡아두기 위해 또는 자식이 생기면 어쩔 수 없이 결혼을 하지 않을까 하는 희망으로 임신을 감행하는 여성들의 이야기를 듣는다. 이런 시도가 성공할 수도 있다. 어떤 남자들은 여자들이 생각하는 것이상으로 자식이 생기면 여자와 아이에게 엄청난 책임감을 느끼기 때문이다. 하지만 자신은 원치 않았지만 여자가 자기 몰래 혹은 자기를 속여서 아이를 낳았다는 사실을 알고, 단지 생물학적인 아버지라는 책임감으로 그 여자 곁에 머물기로 작정한다면 결과는 좋을 수가 없다. 그런 남자들은 여자 때문에 자신의 날개가 꺾였다고 느끼면서 여성을 비난하고 혐오하게 될 것이다. 이것은 다른 사람을 지배하고, 그 사람의 뜻과 상관없이 자기 곁에 붙잡아두기 위해 거짓말을 이용하는 또 다른 경우라고 할 수 있다. 러너는 독자들에게 정직은 진실을 말하기 위한 필수적인 요소라고 강조하면서, 남을 속이거나 기만하지 않을 때 상대에 대해 도덕적 우월성을 확보할 수 있다고 말한다. 하지만 가부장제에서는 여성들의 거짓말을 용납함으로써 남성에 비해 여성의 도덕성을 열등한 것으로 만들어버린다. 그 결과 여자들이란 타고날 때부터 거짓말쟁이이며 진실을 말할 능력이 없는 존재라는 식의 진부한 성차별적인 사고가 자리 잡게 되는 것이다. 이런 고정관념은 아담과 이브의 이야기까지 거슬러 올라간다. 이브는 하느님조차 속이려고 하지 않았는가.

비밀주의

우리는 흔히 상대에게 어떤 정보를 숨길 때, 사생활(프라이버시)을 지키기 위해서라는 명분을 내건다. 남편과 아내, 남자 친구와 여자 친구 사이에서도 말이다. 그러나 사생활 보호와 비밀주의는 전혀 다른 것이다. 우리는 곧잘 이 둘을 혼동한다. 열린 마음을 가지고, 정직하게 진실을 말하는 사람일수록 개인의 사생활을 존중한다. 하지만 그들은 비밀주의자는 아니다. 프라이버시란, 혼자 사색하고 고요를 느낄 수 있는 공간, 개인의 건강한 자율성이 보장되는 공간, 원할 때 언제든지 찾아들 수 있는 자기만의 공간을 말한다. 반면 비밀주의는 상대보다 더 많은 힘(권력)을 가지고, 상대를 지배하기 위해서 정보를 감추고 숨기는 것을 말한다. 건강 회복 프로그램 같은 데에서 "우리는 비밀을 가지고 있는 만큼 아프게 된다You are only as sick as your secrets"고 말하는 것도 무리가 아니다. 예전에 이런 일이 있었다. 사귀고 있던 남자 친구의 누나가 어느 날 근친상간과 관련된 집안의 비밀을 나에게 털어놓았다. 그것은 남자 친구의 어머니와 누나들 사이에서만 조심스럽게 얘기되었기 때문에 남자 친구는 전혀 모르고 있었다. 나는 그 누나에게 남자 친구에게도 이야기를 해주라고 했다. 만약 그녀가 하지 않으면 내가 하겠다고 했다. 그 비밀을 나만 알게 된다면 우리가 파트너로서 서로에게 솔직하고 열린 마음으로 대하자던 약속을 깨뜨리는 것처럼 느껴졌던 것이다. 만약 그의 어머니와 누나 편을 들어서 그 이야기를 남자 친구에게 하지 않았다면 나는 그 집안의 비정상성에 동조한 꼴이 되었을 것이다. 결국 남자 친구와 비밀을 공유하게 되었을 때, 나는 현실을 받아들이고 극복하려는 그의 태도를 보며 그를 이전보다 더 신뢰하고 존경하게 되었다.

프라이버시는 모든 인간관계를 튼튼하게 만들지만, 비밀주의는 관계를 약화시키고 위태롭게 한다. 러너는 우리가 "비밀을 간직함으로써 정서적으로 얼마나 큰 손실을 입는지 잘 모르고 있다"고 지적한다. 비밀주의는 진실이 드러날 때까지 비싼 비용을 치르게 된다. 또한 비밀을 지키기 위해서는 거짓말을 해야 하는데, 거짓말은 결국 배신과 신뢰의 파괴를 초래한다.

거짓말 멈추기

우리 문화가 사랑을 제대로 알지 못하는 주요한 까닭은 거짓말이 널리 용인되기 때문이다. 한 사람의 존재와 정체성이 비밀과 거짓으로 덮여 있으면 그 자신은 물론 다른 사람의 영적인 성장도 기대할 수 없게 된다. 거짓과 가식이 가득 찬 곳에서는 다른 사람들이 당신이 잘 되길 바란다는 것을 믿을 수 없고, 그래서 모두가 사랑을 실천할 수 있는 튼튼한 토대가 형성되지 못한다. 사랑이 결여된 이런 환경에서는 아무리 현명한 행동을 하더라도 결국은 도덕적 딜레마에 빠진다. 우리 사회는 그 어느 때보다 진실을 말하는 문화를 재건할 필요가 있다. 지금처럼 거짓과 가식을 정직과 진실보다 더 높이 쳐주고 쉽사리 허용한다면 그런 문화는 영영 만들어질 수가 없다. 거짓말이 아무렇지도 않게 허용되는 바람에 사람들은 정직하게 말하는 게 더 쉬운 상황에서도 거짓말을 하는 지경에 이르렀다.

박학다식한 정신분석학자에서부터 홀로 득도한 영적인 스승에 이르기까지 우리의 병든 정신을 일깨우고자 하는 모든 사람들이 한결같이 하는 말은 정직하게 진실을 이야기할 때 삶은 말할 수 없이 충만해지고 정신도 한층 맑아지고 안정된다는 것이다. 그럼에도 우리는 선뜻 현재 상황을 떨쳐버리지 못하고 그들의 충고를 따르려 하지 않는다. 사실 누군가가 이제부터 정직하기로 마음먹고 일상에서부터 실천하면 주변 사람들조차 '별종' 취급을 하는 게 현실이다. 내 경우를 예로 들어보겠다. 나는 친구가 선물을 하면서 마음에 드느냐고 물으면 솔직하고 사려 깊게 내 느낌을 말한다. 선물이란 상대의 마음에 드는 경우도 있지만 그렇지 않은 경우도 있는 법이다. 그래서 마음에 들 때는 내 기쁨을 그대로 표현하고, 그렇지 않을 때는 이러이러해서 썩 마음에 들지는 않는다고 조심스럽게 말한다. 하지만 이 경우에는 솔직하게 말해달라던 친구라도 언짢은 기색을 보일 때가 많다.

오늘날 우리는 진실과 정직을 두려워하고, 정직하고 진실되게 행동하면 손해를 보거나 다른 사람에게 상처를 준다고 믿게 되었다. 심지어 정직한 사람은 순진해서 사회적으로 루저(패배자)가 되기 쉽다고 믿기까지 한다. 진실보다는 거짓말을 어떻게 잘 하느냐가 더 중요하다고 부추기는 문화적 프로파간다의 융단폭격에 우리 모두 희생되고 만 것이다. 그런 거짓을 선동하는 프로파간다의 선봉에 서 있는 것이 소비문화이다. 그중에서 광고는 공적으로 인가받은, 거짓말 문화의 첨병이라고 할 수 있다. 광고는 사람들로 하여금 끊임없이 결핍감에 시달리게 하고, 늘 무언가를 원하게 만듦으로써 시장경제를 강화시키는 역할을 한다. 소비문화 입장에서는 우리 사회에 사랑이 없다는 것이 얼마나 다행스러운 일인지 모른다. 대신 거짓말은 탐욕적인 광고 세계를 더욱 살찌우고 있다. 매스미디어에서 공공연하게 거짓말을 유포하다 보니 개인들 사이의 사적인 관계에도 거짓말이 파고들어 아무런 거리낌이나 죄책감 없이 거짓말을 하는 것이다. 우리가 서로에게 열린 마음을 가지고 정직하고 진실되게 말하는 문화를 만들면, 황색 저널리즘은 폭로할 기사거리를 하나도 찾지 못하게 될 것이다. 그런 거짓 세계로부터 우리를 지키는 길은 기꺼이 진실에 몸을 맡김으로써 우리 사회를 사랑으로 가득 차게 만드는 것이다.

자기 자신과 다른 사람들에게 정직하게 말할 수 있을 때, 우리는 비로소 사랑을 제대로 알게 될 것이다. 우리는 두려움과 불안을 감추기 위해 거짓 자아를 만드는 데 너무 익숙해져버린 나머지 우리 자신이 누구인지, 가식의 가면 아래에서 진정으로 우리가 느끼는 것이 무엇인지 잊고 말았다. 거짓과 가식의 가면을 벗어던지는 것은 정직하고 명쾌한 자아가 되기 위한 첫걸음이다. 거짓과 비밀은 우리를 짓눌러서 스트레스와 정신적인 질환을 유발한다. 지금까지 거짓말을 밥 먹듯 해온 사람은 정직한 생활을 하게 되면 이런 스트레스와 정신적인 부담이 깡그리 사라지리라는 것을 알지 못한다. 그런 사람은 일단 거짓말을 멈춰보라. 그러면 효과를 실감하게 될 것이다.

페미니즘 운동이 싹튼 초기에 여성들은 남자들을 좀더 제대로 알고 싶고 그들의 참된 모습을 사랑하고 싶다는 열망을 공공연하게 드러냈다. 또한 남성들도 여성을 제대로 알고 여성을 있는 그대로(즉, 남성들의 욕망의 대상으로 만들어낸 판타지로서의 가짜 자아가 아니라, 생생하게 살아 있는 육체적, 정신적 존재로서의 여성으로) 사랑하기를 바랐다. 그리고 남자들이 스스로에게 솔직해지고, 스스로를 적극적으로 표현하라고 촉구했다. 그런데 정작 남자들이 자신들의 생각과 감정을 털어놓자, 어떤 여자들은 이를 감당하지 못하고 당황한 모습을 보였다. 희한하게도 그런 여자들은 남자들이 자기감정을 좀체 드러내지 않던 과거로 되돌아가기를 원했다. 1970년대에 실비아 카드 Sylbia greeting card라는 것이 유행한 적이 있었다. 그 카드에는 크리스털 구슬을 응시하고 있는 점술사 앞에 한 여자가 앉아 있는 모습이 그려져 있고, 그림 아래에는 이런 글귀가 쓰여 있었다. "그 남자는 자기 속마음을 절대 이야기하지 않는다." 그리고 카드 안쪽에는 그에 대한 응답으로 이런 글귀가 쓰여 있었다. "내년 오후 2시에 남자들이 자기 속마음을 털어놓기 시작할 것이다. 그리고 2시 5분이 되면 미국의 모든 여성들이 실망하게 될 것이다." 일부 여성들이 남성들이 다시 과거로 돌아가기를 바라는 까닭은 이렇다. 즉 사귀는 남자가 자신의 속내와 신념, 자신의 감정을 털어놓으면 그 남자에 대해 가지고 있던 판타지를 그대로 투사하기 어렵기 때문이다. 자신이 그리고 있던 남자의 멋진 이미지와 환상이 그 남자의 실체 앞에서 여지없이 무너지는 것을 직시할 용기가 없는 것이다. 또한 솔직하게 자기를 드러내는 남자 앞에서 가식적인 모습으로 속임수를 부리기도 어려워지기 때문이다.

많은 남성들의 내면에는 어린 시절 상처받은 모습 그대로의 소년이 웅크리고 있다. 그 소년은 억압적인 부모와 가부장제 질서에 눌려 침묵을 강요당한 채, 자신의 느낌을 있는 그대로 드러낼 기회를 한 번도 갖지 못했다. 또한 많은 여성들의 내면에도 상처받은 모습의 소녀가 웅크리고 있는데, 그 소녀는 어릴 때부터 다른 사람들의 눈길을 끌고 사람들에게 귀여움을 받기 위해서는 자신의 진짜 감정을 숨기고 자신이 아닌 다른 무엇이 되어야 한다는 교육을 줄기차게 받았다. 남자든 여자든 진실을 말하는 상대를 막아서는 안 된다. 그렇게 되면 우리 사회에는 거짓말이 더 낫다는 생각이 팽배할 것이다. 진정한 사랑을 하기 위해서는 서로의 진실에 기꺼이 귀를 열 줄 알아야 한다. 게다가 무엇보다 중요한 사실은 진실을 이야기하는 것은 그 어떤 경우에도 최고로 가치 있다는 점을 받아들이는 것이다. 거짓말은 사람들을 기쁘게 할지는 모르지만, 그런 상황에서는 결코 사람들 사이에 진정한 사랑이 싹틀 수 없다.

Chapter 4

전념
사랑을 사랑으로

진정으로 사랑하는 관계에는 헌신이 내재해 있다. 진실로 상대의 영적인 성장을 바라는 사람은 의식적으로 깨닫든 무의식적으로 느끼든 간에, 그것은 오직 상대에게 변함없이 충실함으로써만 가능하다는 사실을 잘 알고 있다.

_스캇 펙 M. Scott Peck

자기애
\

　사랑의 핵심은 열린 마음과 솔직함이다. 그런 개방성과 정직함을 위해서는 무엇보다 진실을 말해야 한다. 또한 우리는 자기 자신에게도 진실해야 한다. 자신을 있는 그대로 바라보고 받아들일 때, 자기 자신을 사랑할 수 있다. "자신을 사랑하지 못하면 다른 사람도 사랑할 수 없다"는 말을 많이 들어보았을 것이다. 그럴듯한 말이긴 하지만 생각보다 많은 사람들이 이런 말을 들으면 혼란스러워 한다. 자신이 사랑스러운 존재라고 생각하지 않는 사람들이 의외로 많기 때문이다. 그런 사람들은 과거에 어떤 외부적인 힘 혹은 타인에 의해 자신은 사랑스러운 존재가 아니라고 믿도록 사회화되었다. 앞에서도 얘기했지만 인간이 태어날 때부터 사랑하는 법을 알고 있는 것이 아니다. 자기 자신을 사랑하든 다른 사람을 사랑하든 간에 말이다. 물론 누군가의 보살핌을 받으면 고마워하고 기뻐하는 법은 알고 있다. 그렇기 때문에 자라면서 애정과 관심, 기쁨 등을 사람들과 주고받을 수 있는 것이다. 반면에 자기 자신과 다른 사람을 사랑하는 방법은 후천적으로 배워야 하며, 그걸 배우기 위해서는 먼저 사랑의 토대가 되는 환경이 조성되어야 한다.

자기애self-love는 저절로 생기지 않는다. 자신을 사랑하는 것은 결코 쉬운 일이 아니다. 자신을 사랑하는 일이 쉬운 것처럼 말하는 많은 격언들은 문제를 더 복잡하게 만들 뿐이다. 그렇게 쉬운 일이 나에게는 왜 그렇게 어려울까 자책하고 고민하게 만들기 때문이다. 우리 주변에는 자긍심이 부족하고 끊임없이 자기혐오에 시달리는 사람들이 의외로 많다. 그들은 거기에서 헤어날 방법을 찾지 못해 괴로워한다. 이런 사람들에게는 우리가 내렸던 사랑의 정의를 다시 한번 들려줄 필요가 있다. 사랑이란, 자기 자신과 다른 사람의 영적인 성장을 위해서 자아를 확장하려는 의지라는 것 말이다. 이 정의를 마음에 새기는 것은 자기애를 위한 좋은 출발점이 될 수 있다. 또 사랑이란 신뢰와 헌신, 돌봄, 존경, 상호 이해, 책임감이 결합된 것으로 인지할 때 우리는 이런 요소들을 더욱 발전시키는 방향으로 나아 갈 수 있다. 혹은 이런 요소들이 이미 우리의 일부가 되었다면 이것들을 더욱 우리 안에서 확장시키는 법을 배울 수 있다.

어떻게 해서 자신은 쓸모없고 가치 없는 인간이라는 생각이 뿌리박게 되었는지, 어째서 때때로 자신이 미치광이나 바보 멍청이 같으며, 괴물처럼 느껴지는지를 제대로 파악하기 위해서는 자신의 과거, 특히 어린 시절을 비판적으로 되돌아보면 큰 도움이 된다. 자신이 무가치하게 느껴지는 근원을 깨닫는 것은 변화를 위한 첫걸음이다. 나도 어린 시절에 형성된 부정적인 생각과 행동 양식들이 나의 비뚤어진 자아와 정체성을 형성하는 데 지대한 영향을 미쳤다는 사실을 알고 많은 도움을 받았다. 하지만 이것만으로는 자신감을 회복하는 데 충분치 않았다. 자신의 불행했던 과거를 다른 사람들에게 털어놓고 반복하는 것은 아주 쉬운 일이다. 그러나 그것은 슬픔에 잠긴 채 과거로 침잠하는 것이고, 자신을 그렇게 만든 다른 사람을 향해 욕하고 비난하는 데 에너지를 쏟게 할 뿐이다.

나약한 자존감의 근원을 이해하는 것은 중요하다. 그렇지만 이 단계 — 언제, 어디에서 부정적 사고 및 행동 양식이 형성되었는지를 아는 단계 — 를 뛰어넘어 실제로 자존감을 회복할 수 있는 토대를 만들어야 한다. 이를 위해서는 삶을 긍정하는 사고와 행동 양식을 만들어내야 하는 것이다. 어린 시절에 무시당하고 학대받은 경험을 세세하게 기억해내느냐 아니냐는 그다지 중요하지 않다. 그런 무시와 학대의 결과로 자존감을 상실하게 되었다면, 자신은 가치 있고 사랑받을 자격이 있다고 다시 확신할 수 있어야 과거의 상처에서 회복될 수 있다.

우선은 자존감을 되찾아야 자기애로 나아갈 수 있다. 나다니엘 브랜든Nathaniel Branden은 『자존감을 지탱하는 여섯 가지 기둥 Six Pillars of Self-Esteem』이라는 두툼한 책에서 "깨어 있는 정신으로 살고the practice of living consciously, 자신을 있는 그대로 받아들이고self-acceptance, 자신에게 스스로 책임을 지고self-responsibility, 자신을 당당하게 주장하며self-assertiveness, 목표를 가지고 살아가고 living purposefully, 성실하고 진지하게 살아가는 것the practice of personal integrity"이 자존감을 이루는 여섯 가지 토대라고 강조했다.

첫째, 깨어 있는 정신으로 산다는 것은 우리 자신과 우리가 살아가는 세계에 대해 비판적으로 사고한다는 뜻이다. 늘 자신과 세계에 대해 누가, 언제, 어디서, 무엇을, 왜, 어떻게라는 육하원칙에 따라 근본적인 의문들을 대담하게 던질 수 있어야 한다. 이런 질문을 던지고 답을 하는 과정에서 우리는 더 큰 깨달음에 이르게 된다. 브랜든은 이렇게 주장한다. "깨어 있는 정신으로 산다는 것은 우리의 행동, 목적, 가치, 목표 등 모든 것에 대해 스스로 온 힘을 다해 온전히 이해하려는 것이며, 또한 그러한 깨달음에 따라 온 힘을 다해 행동하려는 것이다." 그렇게 되기 위해서는 이 세계 — 우리가 살고 있는 가장 친숙한 세계 — 를 비판적으로 성찰할 수 있어야 한다.

과거에 자신의 모습을 있는 그대로 받아들이지 못했던 사람들은 대개 이런 성찰을 통해 더 이상 자기 자신을 끊임없이 거부하고 깎아내리는 자기 안의 혹은 외부의 부정적인 목소리를 듣지 않는 것을 선택할 수 있게 된다. 자신을 있는 그대로 긍정할 수 있을 때 비로소 자신을 사랑할 수 있다. 앞에서 밝혔듯이 나는 과거에 몇 년 동안 내 자신을 치유하기 위한 심리치료에 관심을 가진 적이 있었다. 그때 나는 '너 자신을 긍정하라'는 말이 별로 가슴에 와 닿지 않았다. 그저 진부하고 케케묵은 소리 같았다. 그 무렵 내 동생은 약물중독자들을 치료하는 일을 하고 있었는데, 긍정적인 태도가 세상을 보는 눈을 크게 바꾸어줄 거라며 나에게 적극적으로 권했다. 동생의 권유에 따라 나는 일상생활에서 긍정할 만한 요소들을 적은 다음 매일 아침 명상을 할 때 그것들에 대해 생각하기 시작했다. 그 목록들 가운데 첫 번째가 "나는 낡은 사고와 행동 양식들을 버리고 앞으로 나아가겠다"는 것이었다. 그런데 놀랍게도 그렇게 하루 일과를 시작하니 내 안에서 엄청난 에너지가 솟아나는 것을 느낄 수 있었다. 게다가 의기소침해지거나 부정적인 사고에 빠져 기운이 가라앉아 있을 때 그 목록을 몇 번이고 읽고 있으면 다시 힘이 생기는 것이었다. 긍정적인 태도가 나의 감정적인 균형을 되찾도록 도와주었던 것이다.

책임감과 당당함

자신을 있는 그대로 받아들이는 것은 말처럼 쉽지 않다. 실제로 많은 사람들이 이를 어려워한다. 내면에서 끊임없이 비판적인 목소리가 흘러나와 자기 자신과 다른 사람들을 심판하기 때문이다. 이 목소리는 부정적인 비판을 즐긴다. 우리는 부정적인 것이 긍정적인 것보다 더 현실적이라고 배우기 때문에 긍정의 목소리보다 부정의 목소리에 더 쉽게 설득당하는 경향이 있다. 하지만 일단 긍정적인 사고가 부정적인 사고를 몰아내기 시작하면, 부정적 사고는 현실적이지 않을 뿐 아니라 자신에게서 에너지를 빼앗고 제대로 능력을 발휘하지 못하게 막는 방해꾼이라는 점을 분명하게 알게 된다. 인간과 세계에 대해 긍정적인 태도를 가지면 자기 자신뿐 아니라 다른 사람에 대해서도 있는 그대로 받아들이고 지지할 수 있게 된다.

자신을 있는 그대로 받아들일수록 더욱더 자기 삶에 책임감을 갖게 된다. 브랜든은 '자존감을 지탱하는 여섯 가지 기둥' 가운데 세 번째인 자신에 대한 책임감을 이렇게 설명한다. "자신의 모든 행동에 대해 기꺼이 책임을 지려는 태도, 자신의 삶과 행복을 위해 목표를 정하고 기꺼이 달성하려는 태도이다." 자신에 대해 책임을 진다는 것이 현실에 존재하는 구조적인 불평등을 부정한다는 뜻은 아니다. 예를 들어 인종주의, 남녀 차별, 동성애 공포증 등은 사람들 사이에 장벽을 만들고 특정한 사람들을 멸시하게 만든다. 자기 자신에 대해 책임을 진다는 것은 현실에서 차별이 일어나지 않도록 완전히 막을 수는 없어도, 이런 차별에 어떻게 대응할 것인지 선택할 수는 있다는 의미다. 즉 자신에 대해 책임을 진다는 것은 그런 장벽과 차별 속에서도 자신의 삶을 창조적으로 꾸려가고, 자신의 행복을 극대화하는 방향으로 자기 운명을 개척해나간다는 것을 의미한다. 부조리한 현실은 쉽게 바뀌지 않지만, 이에 굴하지 않고 매일매일 행동의 변화를 꾀하도록 만드는 것이 바로 자기 책임감인 것이다.

결혼한 여성들은 전업주부로 살다가 공부를 더 하고 싶은 생각이 들어도 남편의 지지나 도움을 받지 못하는 경우가 많다. 이런 조건 속에서도 많은 여성들은 남편과 이혼하는 대신 현명하게 대처함으로써 원하는 공부를 끝마친다. 내가 아는 한 여성은 남편이 공장에서 일하는 노동자인데, 공부를 더 하고 싶었지만 남편보다 자신의 학위가 더 높아지면 눈치가 보일 것 같아 처음에는 망설였다고 한다. 그러나 그녀는 다시 직장에 다니고 싶었고, 그러자면 공부가 더 필요했다. 결국 그녀는 자신의 필요와 욕망에 기꺼이 책임을 지기로 했다. 그것이 다른 가족들의 행복에도 도움이 되리라고 믿었기 때문이다. 공부를 마치고 다시 직장 생활을 하니 잃었던 자신감도 되찾을 수 있었고, 전업주부로 지내면서 느꼈던 고립감과 정체감, 그로 인해 생긴 알 수 없는 분노와 우울증에서도 벗어날 수 있었다. 물론 그녀가 이런 결정을 내리고 자기 욕구를 실현시키는 과정이 결코 순탄치만은 않았다. 남편과 아이들은 자신들이 집안일을 더 떠맡는 것에 대해 불만을 터뜨리기 일쑤였다. 그러나 결국에는 가족 모두가 행복감을 맛보게 되었다. 이런 변화는 그녀에게 자신감을 불어넣었을 뿐 아니라, 자신을 사랑해야만 다른 사람에게도 기꺼이 헌신할 수 있다는 사실을 깨닫게 해주었다. 그녀는 이전보다 더 행복해졌고, 주변 사람들에게도 그 행복이 전파되었다.

그녀가 이런 변화를 끌어낼 수 있었던 것은 자기 책임감과 함께 자존감을 지탱하는 네 번째 기둥인 '자신을 당당하게 주장하기'에 충실했기 때문이다. 브랜든은 이것을 "자신을 위해서 물러서지 않고, 기꺼이 자기 자신으로 살고자 하며, 모든 인간관계 안에서 자기 자신을 존중하려는 의지"라고 정의했다. 우리는 어린 시절에 가정이나 학교에서 자기를 내세우고 자기주장을 굽히지 않는 것은 나쁘다고 배웠다. 그래서 다른 사람과 갈등을 빚는 상황이 오면 가능한 한 말썽을 일으키지 않고 주어진 대로 따르는 것이 최선이라고 믿는 경향이 있다. 어릴 때 누군가와 분쟁을 일으키면 면박을 당하거나 창피를 당하던 경험이 내면화되어, 갈등이 생겼을 때 자기주장을 밀고 나가기보다 수동적으로 견디는 쪽을 택하는 것이다.

남녀 차별주의자들은 여성들에게 자기주장이 강한 여성은 여성미가 없다고 믿도록 가르친다. 이런 잘못된 논리가 여성들에게서 자존감을 빼앗아간다. 어릴 때부터 '착한 소녀'나 '말 잘 듣는 딸'로 자란 여성들에게서 자기주장을 두려워하는 모습을 자주 보게 된다. 우리 집에서 오빠는 아무리 말대꾸를 해도 벌을 받거나 꾸중을 들은 적이 없었다. 오히려 자기 의견을 고집하는 것은 남자다운 모습이라며 권장되었다. 반면 딸들이 의견을 강하게 내세우면 버릇없고 나쁜 행동이라며 제지를 당했다. 특히 아버지는 여자들이 자기 의견이 강하면 여성스럽지 않다며 꾸지람했다. 그러나 우리는 이런 경고를 무시했다. 우리 집안은 가부장적인 성격이 강했지만 남자는 아버지와 오빠뿐이었고, 여자가 더 많았기 때문에 마음 내키는 대로 말을 하고 말대꾸를 해도 안전했다. 다행히 우리 딸들이 성인이 될 무렵에 페미니즘 운동이 태동해, 여성들이 자존감을 갖기 위해서는 자기 목소리를 가지고 자기주장을 할 필요가 있다는 것을 입증해냈다.

전통적으로 여자들이 남자들보다 더 수다스러운 까닭은 수다가 자신들이 느끼고 생각하는 것을 편하게 토로할 수 있는 사회적인 소통 수단이기 때문이다. 여자들은 자기 속마음을 정직하게 주장하기보다는 상대가 들어서 기분 좋아할 말을 하도록 교육받는다. 그렇기 때문에 여자들은 나중에 수다와 험담을 통해 앞에서 솔직하게 하지 못했던 말들을 털어놓고 마음속의 응어리를 해소하는 것이다. 다른 사람을 기쁘게 하기 위해 꾸며낸 거짓 자아와 진정한 자아 사이의 이런 균열은 여성들이 긍정적인 자존감을 키워나갈 때 비로소 사라지게 된다.

자기기만의 한계

＼

　페미니즘 운동은 여성들로 하여금 자기주장을 적극적으로 펼침으로써 자기 안에 내재된 힘을 인식하도록 도와주었다. 글로리아 스타이넘Gloria Steinem의 유명한 저서인 『내부로부터의 혁명Revolution from Within』은 여성들이 자기애와 자존감이 없는 상태에서 사회적인 성공을 거둘 때 얼마나 위험해질 수 있는지를 경고하고 있다. 스타이넘은 자기를 사랑할 줄 모르는 여성은 자기 일에서 성공을 거두더라도 결국은 자기혐오증 때문에 그 성공을 파괴하게 된다는 것을 발견했다. 설사 직장에서 최고의 성공을 거둔다 해도 사회적인 성공이 상처 입은 자존감을 회복시켜주지 못했다는 사실을 아무에게도 솔직하게 털어놓지 못한 채 평생 자기기만 속에서 살게 된다고 지적한다. 더 큰 문제는 다른 사람들의 눈을 의식해서 자기 자신을 사랑하는 것처럼 꾸미고, 자기 확신에 가득 차 있는 것처럼 위장하는 여성들이 있다는 점이다. 이런 여성들은 극심한 심리적 갈등에 시달리며 진정한 자아로부터 점점 멀어지게 된다. 이들은 이 세상 누구도 자신의 참모습을 알지 못한다는 사실에 부끄러움을 느끼면서도, 한편으로는 가면이 벗겨지는 것이 두려워 고립과 고독한 생활을 택한다.

　이런 현상은 남자들에게서도 발견된다. 자신의 이력에서 최고 정점에 도달한 사람이 어느 날 갑자기 자기 파괴적인 행동으로 공들여 쌓아올린 탑을 하루아침에 무너뜨리는 일이 흔하다. 이것은 계층의 높고 낮음에 상관없이 일어나는 일이다. 클린턴 대통령은 자신의 인기가 절정에 달했을 때 기만적인 행위를 함으로써 가족에 대한 의무를 저버렸을 뿐 아니라 국민들에게 미국적 가치를 수호하는 모범을 보여줘야 하는 정치인으로서의 의무도 등졌다. 그는 백인 남성으로서 아이비리그의 명문 대학에서 교육을 받았고, 경제적으로도 풍족했으며, 정치적으로 온갖 역경과 난관을 뚫고 최고의 지위에 올랐지만 무책임한 행동으로 그동안 자신이 연출해왔던 것과는 달리 '멋진 사내 good guy'가 아니라는 사실을 스스로 폭로하고 말았다. 클린턴의 행동은 그의 자존감에 근본적인 결함이 있다는 사실을 시사한다. 그가 공개적으로 수치를 당한 상황은 어린 시절 어떤 권위 있는 어른으로부터 '너는 쓸모없고 앞으로도 결코 가치 있는 일을 하지 못할 것'이라고 면박을 당한 상황을 그대로 재현한 것이라고 볼 수 있다. 스스로 자존감이 낮다고 생각하는 사람들은 클린턴의 사례에서 교훈을 얻어야 할 것이다. 자기혐오나 자기 경멸에 시달리는 사람은 거기에서 근본적으로 벗어나지 못하는 한 사회적으로 아무리 성공을 거두더라도 결국은 평생 비틀거리며 살아갈 수밖에 없다는 사실을 직시해야 한다.

일과 직업

'목표를 가지고 살아가는 것'이 자존감의 주요 기둥 가운데 하나라는 사실은 결코 우연이 아니다. 브랜든은 이를 "의식적으로 목표를 만들어내고, 그것을 이루기 위해 필요한 행동이 무엇인지를 파악하고, 자신의 행동이 그 목표에 부합하도록 노력하며, 행동의 결과

가 자신을 원하는 방향으로 이끌고 있는지 주의 깊게 살펴보는 것" 이라고 정의했다. 대부분의 사람들은 직업을 선택할 즈음이 되어서야 자기 삶의 목표에 대해 진지하게 고민한다. 하지만 안타깝게도 그때가 되면 자신이 선택할 수 있는 일이 그다지 많지 않음을 깨닫게 된다. 우리 사회는 어떤 일(직업)을 선택하느냐가 자기 자신을 사랑하는 능력에도 크게 영향을 미친다는 사실을 젊은이들에게 제대로 가르쳐주지 않는다.

직업은 우리 삶에서 많은 부분을 차지한다. 자신이 원하지 않는 직업에 종사하면 자존감과 자기 확신에 균열이 생기게 된다. 자신이 진정 사랑하는 일을 직업으로 갖는 사람은 매우 드물다. 그렇지만 자신이 하는 일에 만족하는 법을 알면 목표를 가지고 자기 삶을 주도해나갈 수 있게 된다. 그런 만족감은 어떤 일이든지 자기의 모든 것을 쏟아부을 때 생긴다. 나는 과거에 학생들을 가르친 적이 있는데 나로서는 몹시 하기 싫은 일이었다. (몸이라도 아파서 그 핑계로 일을 쉬고 싶을 때가 한두 번이 아니었다.) 그런데 그 고통스러운 일에서 벗어나는 유일한 길은 일에 최선을 다하는 것이라는 사실을 깨달았다. 이렇게 생각을 바꾸자 삶의 목표에 보다 충실해질 수 있었다. 자신이 지금 하는 일이 만족스럽지 않더라도 최선을 다해 제대로 해내야 그 일을 떠날 때 행복감을 느낄 수 있고 자존감도 다치지 않는다. 그런 자존감은 더 만족스럽고 더 나은 일을 찾는 데도 큰 힘이 된다.

나는 여태까지 살아오면서 내가 즐길 수 있는 일을 찾으려고 애를 썼을 뿐 아니라, 내가 존경하고 좋아하고 사랑하는 사람들과 함께 일하기 위해서 노력했다. 내가 친구들 앞에서 처음으로 사랑이 넘치는 분위기에서 일하고 싶다고 말했을 때 그들은 나를 마치 딴 세상에서 온 사람처럼 대했다. 내 말이 비현실적이고 터무니없다고 생각한 것이다. 그들은 일과 사랑은 함께할 수 없다고 주장했다. 하지만 나는 사랑의 윤리로 충만한 환경이라면 일도 더 잘할 수 있을 것이라고 확신했다. 요즘에는 '팔정도의 정명正命, right livelihood'이라는 불교적 개념이 널리 퍼지면서 영혼이 행복할 수 있는 일을 하면 사랑하는 능력도 키워진다고 믿는 사람이 늘고 있다. 또한 자신의 일을 사랑하면 더불어 직장 환경도 사랑으로 충만해진다고 생각한다. 나는 다른 사람들이 일하는 사무실에 가면 그곳의 전반적인 분위기를 통해 그곳 사람들이 자기 일을 좋아하는지 싫어하는지를 바로 알아낸다. 마샤 시네타르Marsha Sinetar는 『당신이 사랑하는 일을 하라. 그러면 돈이 따른다Do What You Love, the Money Will Follow』에서 다소 위험이 따르더라도 자기가 좋아하고 관심 있는 일을 택해야 그 경험을 통해 '올바른 삶'이 어떤 것인지를 배울 수 있다고 강조한다.

그러나 시네타르의 주장처럼 자신이 사랑하는 일을 해야 돈이 따라온다는 말에도 일리는 있지만, 현실이 반드시 그렇지는 않다. 자기가 정말 좋아하는 일을 하지만 돈을 벌지 못하는 경우도 적지 않기 때문이다. 이것은 안타까운 현실이긴 하지만 다른 한편으로는 돈을 버는 것보다 자신이 좋아하는 일을 하는 것이 더 중요할 수 있다는 점을 일깨워주기도 한다. 내 경우에도 내가 원하는 것을 하는 대가로 생계를 위해 별로 즐겁지도, 원하지도 않는 일을 해야 했던 적이 많았다. 여러 가지 일을 했는데, 한동안 클럽에서 요리사로 일한 적도 있었다. 소음과 담배 연기 때문에 근무 환경이 최악인 곳이었다. 하지만 밤에 일한 덕분에 낮에는 내가 가장 원했던 일, 즉 자유롭게 글을 쓸 수 있었다. 밤에 하는 일은 고되고 힘들었지만 대신 조용하고 평화로운 낮 시간을 얻을 수 있었고 홀로 있는 그 시간을 온전히 글쓰기에 바칠 수 있었다.

그렇지만 가능하면 자기가 싫어하는 일은 피하고 좋아하는 일만 찾는 것이 최선이다. 어떤 경우에는 자기가 싫어하는 일을 해봄으로써 그런 일을 피하기 위해서는 어떻게 해야 하는지를 배우기도 한다. 자기가 좋아하는 일을 하면서 경제적으로도 자립할 수 있다는 것은 축복이다. 그렇게 사는 이들을 보면서, 우리가 '바른 생계유지'를 위해 노력하면 자기 자신을 더욱 사랑할 수 있고, 일뿐만 아니라 삶에서도 평화와 만족감을 누릴 수 있다는 사실을 깨닫게 된다.

흔히 직장인들은 일터에서 비인간적인 대접을 받거나 과중에 업무에 시달려 파김치가 되더라도, 가정생활만 행복하면 충분히 견딜 만하다고 생각한다. 그렇지만 직장이라는 곳은 직원들에게 끊임없이 자기 가치를 증명하도록 요구하기 때문에 이에 부응하다 보면 자기애와 자존감은 점점 깎여나갈 수밖에 없다. 직장 생활에서 불만과 괴로움, 울적함이 쌓이면 그런 부정적인 에너지를 결국 가정에까지 끌어오게 된다. 사실 가정에서 일어나는 언어폭력이나 신체 폭력의 상당수는 직장 생활에서의 불만과 연관이 깊다. 그렇기 때문에 만약 친구나 연인이 직장 생활에서 더 이상 만족과 행복을 느끼지 못해 직장을 떠나겠다고 하면 그들이 자기 자신을 사랑하는 길로 나아갈 수 있도록 적극 지지하고 도와주어야 한다.

돈벌이를 위해 일하지 않는 사람, 집안일만 하는 남편이나 아내,

자발적 실업자들은 대개 자기가 원하는 일을 한다. 비록 일에 따른 수입은 없지만, 높은 봉급을 받는 대가로 강한 스트레스에 시달리고 비인간적인 처우 속에서 일하는 것보다 더 큰 만족감을 누린다. 전업주부를 선택한 여성들, 혹은 아주 드물지만 가사를 선택한 남성들은 스스로 선택한 것이기 때문에 자기 일에 만족하는 경우가 많다. 그들은 자신이 사장이기 때문에 노동조건과 봉급 수준 등을 스스로 결정한다. 그들은 '바른 생계유지' 수단을 통해 누구 못지않게 자유롭게 살고 있다고 할 수 있다.

이처럼 직업과 일이 자기애와 개인의 행복에 깊은 관련이 있음에도 불구하고 우리는 어릴 때부터 그런 교육을 제대로 받지 못했다. 그러니 많은 사람들이 자기 직업과 일에서 만족과 행복을 누리지 못하는 나라가 된 것도 놀라운 일은 아니다. 일과 직업은 개인의 정신을 억누르고, 자부심을 빼앗고, 어쩔 수 없이 해야 하는 부정적인 것으로 각인되어버렸다. 이런 현상을 타파하기 위해 일터의 환경을 사랑이 넘치도록 변화시켜보자. 그러면 아무리 하찮은 일을 하더라도 그 일에 최선을 다하게 될 것이다. 일에 사랑의 숨결을 불어넣으면 우리의 영혼도 새로워진다. 즉 자신을 더욱 사랑하게 되고 자신의 영적인 성장을 도모하게 된다. 결국 중요한 것은 당신이 무슨 일을 하느냐가 아니다. 그 일이 무엇이든 어떻게 하느냐이다.

수전 라이든Susan Lydon은 『뜨개질이라는 경전The Knitting Sutra』에서 자신이 선택한 뜨개질이라는 노동을 통해 '바른 생계유지'의 가치를 절실히 깨닫게 되었다고 말한다. "나는 집안에서 하는 이 뜨개질이라는 작은 세계에서 수많은 것을 발견했다. 뜨개질은 우리가 흔히 상상하는 것 이상으로 드넓고 더 깊은 세계로 우리를 인도한다. 뜨개질에는 우리의 창조력과 통찰력에 영감을 주고 자극하고 확장시키는, 무한하면서도 고갈되지 않는 힘이 있다." 라이든은 전통적으로 '아녀자들의 소일거리'로 치부되어 온 세계를, 가정에 행복을 가져다주고 경건함이 넘치는 세계로 바꾸어놓았다. 행복이 넘치는 가정에는 자연히 사랑이 꽃피게 된다.

집 안을 행복하게 꾸미는 일은 혼자 살면서 이제 막 자기애를 배우기 시작한 사람에게 특히 도움이 된다. 우리가 가정을 사랑이 넘치는 곳으로 만들겠다고 마음먹게 되면 거기에 놓이는 물건 하나하나가 우리를 더욱 행복하게 해준다. 나는 새로 이사를 갈 때마다 그곳에 새로운 테마를 정한다. 뉴욕에 있는 내 아파트의 테마는 '사랑을 만나는 장소love's meeting place'이다. 소도시에서 대도시로 옮겨온 나에게는 성소sanctuary 같은 환경이 필요했기 때문이다. 침실이 하나뿐인 소형 아파트여서 이전에 살던 곳에 비해 턱없이 비좁았다. 그래서 내가 정말 아끼고 꼭 필요한 물건만 가져올 수밖에 없었다. 짐을 정리하다 보니 그동안 불필요하게 쌓아놓았던 잡동사니들이 얼마나 많은지 깜짝 놀랄 정도였다. 내가 가끔 지내는 시골집의 테마는 사막이다. 나는 '솔레다드 에르모사soledad hermosa'라고 부르는데, '아름다운 고독'이라는 뜻이다. 혼자서 고요하게 신성한 정신과 만나고 영혼을 정화하고 싶은 생각이 들 때면 나는 그곳을 찾아간다.

타인에게 바라는 사랑을 자기 안에서 찾아라

이 장은 책 전체에 걸쳐 가장 쓰기 힘든 파트였다. 내가 '자기애'에 대해서 이야기하면 친구들이나 지인들은 그것을 나르시시즘이나 이기주의로 간주하며 '자기애'라는 개념 자체를 불편해했다. 그런 반응에 나는 몹시 놀랐다. 우리 모두 자기애에 대한 잘못된 생각을 고칠 필요가 있다. 자기애는 자기중심주의나 이기주의와는 다른 개념이다.

진정 사랑을 하기 위해서는 자기애라는 토대가 있어야 한다. 자신을 사랑하지 않고서는 사랑을 향한 어떤 노력도 실패할 수밖에 없다. 자기애란 누군가에게 그토록 받고 싶어 하는 '무조건적인 사랑'을 자기 자신에게 준다는 것이다. 자기 아닌 다른 사람과 주고받는 사랑은 결국 '조건적인 사랑'일 수밖에 없다. 다른 사람에게 무조건적인 사랑을 주는 것이 불가능하지는 않지만 매우 어렵고 드물다고 할 수 있다. 왜냐하면 다른 사람의 행동을 통제할 수 없고, 따라서 그들의 행동에 대한 우리 자신의 반응을 예측하거나 통제할 수도 없기 때문이다. 그러나 우리 자신의 행동은 얼마든지 통제할 수 있다. 자기 자신에게 무조건적인 사랑을 주면 자신을 받아들이고 긍정하게 된다. 이런 토대를 갖추어야 자기 내면의 충만한 세계에서 빠져나와 다른 사람에게로 자신을 확장할 수 있다.

자신을 사랑하는 가장 좋은 방법은 평소에 다른 사람으로부터 받았으면 하고 꿈꾸었던 사랑을 자신에게 주는 것이다. 나는 마흔 살이 넘었을 때 살이 찌고 여기저기 엉망으로 변한 내 몸매를 보고 혀를 끌끌 차며 낙담했었다. 그러면서도 속으로는 나를 있는 그대로 사랑해줄 연인을 만날 수 있으리라는 꿈을 꾸었다. 이 얼마나 바보 같은 짓인가. 나 자신도 사랑하지 않는 나를 다른 사람이 받아들이고 긍정해주기를 기대하다니, 어불성설이 아닌가. "너 자신을 사랑하지 않으면 다른 누구도 사랑할 수 없다You can never love anybody if you are unable to love yourself"는 격언이 딱 들어맞는 순간이었다. 이제 나는 그 격언을 이렇게 고치겠다. "너 자신에게도 주지 않는 사랑을 다른 사람에게 받을 수 있으리라고는 기대하지 마라Do not expect to receive the love from someone else you do not give yourself."

이상적인 세계에서라면 우리는 모두 어렸을 때 자기 자신을 사랑하는 법을 배웠을 것이다. 그랬다면 자신이 가치 있는 존재라는 믿음을 가지고 자라나 가는 곳마다 사랑을 퍼뜨리고 자신의 빛을 밝혔을 것이다. 그러나 어릴 때 자신을 사랑하는 법을 배우지 못했어도 아직 희망은 있다. 사랑의 빛은 아무리 희미해도 늘 우리 안에 살아 있기 때문이다.

그 사랑의 빛은 불꽃이 당겨질 날을 기다리며 지금 여기에 존재한다. 우리의 영혼이 깨어나, 어두운 자궁 속에서 탄생의 날을 기다리며 생명 에너지로 존재하던 최초의 기억 속으로 우리를 다시 불러주기를 고대하면서.

Chapter 5

영성
신성한 사랑

그러나 저는 한 여성으로서, 그리고 한 연인으로서 그분을 뵐 때면 가슴이 벅차오르는 것을 억누를 수가 없습니다. 그분이 가는 곳이면 어디든 따라갈 것이고, 그분이 어떤 고통을 겪든 함께 감내할 것이며, 그분의 됨됨이가 어떻든 기꺼이 함께하면서 사랑의 십자가를 짊어질 것입니다.

_아빌라의 성녀 테레사 Saint Teresa of Avila

영혼의 허기

신성한 정신과 교감하며 살아가면 살아 있는 모든 존재들에게서 사랑의 빛을 발견하게 된다. 그 빛은 잃었던 생명력을 소생시켜준다. 사랑이 죽은 문화는 영적인 깨달음에 의해서만 되살아날 수 있다. 언뜻 보면 우리 사회는 돈과 권력이라는 쌍둥이 신을 숭배하는 세속적 개인주의가 극에 달한 나머지 더 이상 영적인 삶을 위한 공간은 없는 듯하다. 그러나 아직도 미국인들 중 상당수는 기독교, 유대교, 이슬람교, 불교, 그 밖의 여러 종교적인 전통을 따르며 영적인 삶이 중요하다고 믿고 있다. 미국적 삶의 위기는 신성에 대한 관심이 부족해서 생긴 것은 아닌 듯하다. 그럼에도 물질주의와 쾌락적 소비주의가 워낙 강력한 탓에 이런 관심은 계속해서 뒷전으로 밀려나고 있다.

정신분석학자인 에리히 프롬은 1950년대에 출간되었지만 지금도 뛰어난 통찰력을 보여주는 『사랑의 기술The Art of Loving』에서 "자본주의 사회를 지탱하는 근본 원칙과 사랑의 원칙은 결코 양립할 수 없다"고 일갈했다. "우리 사회는 관료 조직에 의해 관리되고 직업 정치인들에 의해 운영되고 있다. 또한 사람들은 대량주의에 홀린 나머지 남보다 더 많이 생산하고 남보다 더 많이 소비하는 것이 삶의 목표가 되어버렸다. 생산과 소비는 그 자체가 목적이 되어 생산하기 위해 생산하고 소비하기 위해 소비하고 있다." 끊임없이 소비를 강조하는 문화에서는 영적인 것에 주의를 돌릴 틈이 없다. 사람들은 필요한 것은 언제든 충족할 수 있다는 메시지에 둘러싸여 지낸다. 미술가 바바라 크루거Barbara Kruger는 "나는 쇼핑한다, 고로 존재한다"고 선언하는 작품을 통해 소비주의가 대중의 의식을 장악하고 사람들로 하여금 자신이 소유한 것이 곧 자기 자신이라고 믿게 만드는 현실을 풍자하기도 했다. 소비를 향한 욕망이 강해질수록 정신적인 공허함은 그만큼 더 커지게 된다. 정신적인 허전함을 소비주의로 채우는 것이다. 우리에게는 사랑은 모자라지만, 쇼핑은 흘러넘친다.

  미국인들의 삶에서 감정과 정서가 메말라가고 있고, 그것은 정신적인 허기로 연결된다. 근본 원인은 우리 사회에 사랑이 부재하기 때문이다. 교회나 절에 간다고 해서 영혼의 깊은 곳에서 부르짖고 있는 이런 갈증이 해소되지는 않는다. 제도권 종교들이 이런 갈증을 채워주지 못하는 까닭은 세속적인 요구에 부응하려고 하기 때문이다. 이들은 물질만능 사회의 가치를 지지하는 방식으로 영적인 문제를 해결하고자 한다. 이는 전통적인 기독교 교회는 물론이고 새로운 영적 운동을 내세운 뉴에이지New Age도 마찬가지다. 뉴에이지가 배출한 그 많은 영적 스승들이 일상생활에서 형이상학을 부르짖었지만 결국 그것이 부와 특권, 권력에 대한 찬양으로 귀결된 것도 우연이 아니다. 예를 들어 가난한 사람은 그들 스스로 가난을 선택했고, 고통을 감내하기로 선택했다고 주장하는 뉴에이지의 논리를 생각해보라. 그런 논리는 결국 우리 사회에서 특권을 가진 사람들에게 면죄부를 주는 결과를 초래했다. 사람들이 사랑의 마음으로 공동체 전체에 책임을 느끼기보다는 소외와 고립의 태도를 택하게 만든 것이다.

기본적으로 삶은 상호 의존적이라는 점은 무시되고, 개개인은 고립된 채 자기 이익을 챙기는 것에 최상에 가치를 둔다. 종교적인 근본주의가 진정한 영적 실천인 양 선전되고, 대중매체에서도 이를 적극적으로 알린다. 반면 소비주의에 반대하는 비제도권의 종교 사상이나 실천에 대해서는 거의 다루지 않는다. 기독교든 이슬람교든 그 어떤 종교든 간에 근본주의자들은 기득권을 유지하고 정당화하기 위해 종교 교리를 자의적으로 해석한다. 이들은 자신들의 종교를 이용해 제국주의, 군사주의, 남녀차별주의, 인종주의, 동성애 공포증을 지지하고 정당화하지만 모든 종교의 핵심이자 모든 사람을 하나로 묶어주는 사랑의 메시지를 전파하는 데에는 관심이 없다.

그러니 종교를 믿는 사람들 가운데 자신의 삶에서 종교적 가르침을 제대로 실천하는 이들이 많지 않은 것도 놀라운 일은 아니다. 예컨대 미국 사회에서 인종적으로 가장 배타적인 곳 중의 하나가 기독교 교회이다. 마틴 루터 킹Martin Luther King 목사는 미국 기독교인들에게 보내는 편지에서 성경에 나오는 사도 바울처럼 기독교인들이 배타주의를 즉각 거둬들여야 한다고 경고했다. "미국인들이여, 나는 여러분에게 배타성을 띠는 모든 행동을 중지할 것을 촉구합니다. 배타성은 그리스도 안에서 하나가 되어야 한다는 기독교 정신에 정면으로 위배되는 것입니다. 그것은 '나와 당신I-thou'이라는 관계를 '나와 그것I-it'의 관계로 대체하는 것입니다. 그것은 인간관계를 한낱 물질 관계로 끌어내리는 행위입니다. 그런 관계는 영혼을 좀먹고 인간성을 갉아먹습니다. (……) 또한 공동체를 파괴하고 형제애를 갈라놓습니다." 이것은 제도화된 종교가 종교의 기본 원칙 ─ 인간이 이 세상에서 어떻게 살아가야 하고 서로에게 어떻게 행동해야 하는지를 가르치는 것 ─ 을 부패시키고 파괴하는 하나의 예일 뿐이다. 기독교도뿐 아니라 다른 종교인들도 사랑의 정신으로 재무장해서 다른 사람들에게 모범을 보인다면 이 세상이 얼마나 달라지겠는가.

비밀스럽고 신비한 힘

이처럼 영성과 종교적인 믿음을 악용하는 사례들이 우리를 절망케 하지만 한편으로는 소비문화와 물질주의에 반대하며 진정으로 영적인 깨달음에 관심을 가지는 이들이 있기에 한 가닥 희망의 빛을 간직할 수 있다. 티베트의 자유를 위해 연대하는 미국의 불교신도들, 세계 각지의 가난한 이들에게 식량과 거처를 제공하는 기독교 관련 단체들의 경우가 그렇다. 사랑을 구현하는 이들 종교인들 덕분에 우리는 희망을 품고 영혼을 정화할 수 있다. 또한 해방신학은 억압받고 착취당하는 전 세계 사람들에게 자유에 대한 비전을 제시하면서 부당한 지배를 끝내기 위한 투쟁에 동참하고 있다.

에리히 프롬의 『사랑의 기술』이 나오고 10여 년이 지난 뒤, 마틴 루터 킹 목사의 설교 모음집인 『사랑의 힘Strength to Love』이 출간되었다. 킹 목사는 이 설교집에서 모든 생명을 하나로 묶어주는 영적인 힘으로서의 사랑을 줄곧 강조했다. 『사랑의 기술』에서와 마찬가지로 『사랑의 힘』도 자본주의와 물질주의, 폭력을 통한 착취와 비인간화를 비난하면서 영적인 삶을 회복하자고 주창했다. 1967년 킹 목사는 전쟁에 반대하는 강연을 하면서 이렇게 선언했다. "나는 사랑을 감상적이고 나약한 어떤 것이라고 말하는 게 아닙니다. 내가 말하는 사랑은 힘입니다. 위대한 종교들이 모든 생명을 하나로 묶어주는 최고의 원리로 본 바로 그 힘 말입니다. 또 사랑은 궁극의 실재ultimate reality로 들어가는 문을 여는 열쇠입니다. 궁극의 실재에 관해서는 힌두교·이슬람교·기독교·유대교·불교에서 한결같이 이야기하고 있습니다. 이를 가장 아름답게 표현한 것은 '우리 서로 사랑합시다. 사랑이 곧 하나님(신)입니다. 사랑하는 사람은 모두 하느님으로 태어났고 하느님을 알고 있습니다'라는 사도 요한의 첫 번째 서한입니다." 킹 목사는 평생 사랑의 전도사로 살았다. 1970년대 후반, 영성에 대한 유행이 한 차례 지나가고 시들해진 뒤에도 나는 계속해서 킹 목사와 토머스 머튼Thomas Merton의 저작을 읽고 또 읽었다. 두 사람은 종교적인 구도자이자 사상가로서 사랑을 실천하는 것만이 영적으로 충만해질 수 있는 유일한 길임을 확신했다.

머튼은 『사랑과 욕구Love and Need』에서 변화를 일으키는 힘으로서의 사랑에 관해 설파했다. "사랑은 삶을 탄탄하게 하고, 완벽하고 충만하고 온전한 것으로 만들어준다. (……) 삶은 나선을 그리며 정상을 향해 올라가는 과정이다. 그 정상에서 삶의 가치와 의미는 최고조에 이르고, 잠재적인 창조성이 무한히 펼쳐지며, 다른 사람들과의 만남과 교감을 통해 자신을 초월하게 된다. 우리가 살아가는 이유는 바로 이러한 자기 초월과 다른 사람과의 교감을 위해서다. 우리는 사랑으로 자신을 다른 사람에게 헌신할 수 있을 때, 비로소 완전한 인간이 된다." 에리히 프롬이나 마틴 루터 킹, 토머스 머튼의 사랑의 가르침은 오늘날 많은 글에서 보는 것과는 차원이 다르다. 이 세 사람은 사랑을 실천하는 힘으로 바라본다. 우리가 세계와 더 깊고 넓게 교감할 수 있도록 만드는 힘 말이다. 이들에게 사랑은 단지 개인의 더 큰 만족을 위한 것이 아니라, 지배와 억압을 종식시키는 주요한 수단이다. 이처럼 중요한 '사랑의 정치화'가 요즘의 글들에서는 빠져 있다.

나는 사랑에 관한 뉴에이지 풍의 글을 자주 읽는 편이지만, 그때마다 그런 글들이 개인의 행복과 성장만 지나치게 강조하면서 공동체 안의 사랑에 대해서는 거의 언급하지 않는 것에 실망하곤 한다. 이들이 구사하는 영적인 수사학은 단순히 자아도취를 부추길 뿐이며, 이런 태도는 굉장히 위험하다. 이들은 영성을 하나의 상품으로 포장해서 헬스 프로그램처럼 팔아먹을 따름이다. 이런 상품화된 영성을 구입한 소비자들은 자신의 삶에 더 만족감을 느끼게 될지는 모르지만, 자신의 내면뿐 아니라 다른 사람과 꾸준히 교감할 수 있는 능력을 계발시키지는 못한다. 파커 팔머Parker Palmer는 『행동하는 삶: 일과 창조, 보살핌을 위한 지혜The Active Life: Wisdom for Work, Creativity, and Caring』에서 이렇게 말한다. "온전히 살아가기 위해서는 행동을 해야 한다. (……) 행동이란 지상의 다른 존재와 더불어, 또한 초월적인 존재와 더불어 현실을 창조해가는 것이다. (……) 행동이란 성찬식과 마찬가지로 눈에 보이지 않는 정신적인 것을 가시적인 형태로 바꾸는 것이고, 내면의 힘을 외부로 발현시키는 것이다. 우리는 행동을 통해 우리 안에 있는 것을 겉으로 표현하고 세계를 변화시키기도 하지만, 동시에 우리 바깥에 있는 것을 안으로 받아들이면서 내면을 새롭게 변화시키기도 한다." 영적인 삶을 산다는 것은 좋은 책을 읽거나 한적한 곳에서 유유자적한다는 뜻이 아니다. 그것은 생각과 행동을 일치시키려는 의지, 즉 의식적인 실천을 통해서만 얻어질 수 있다.

영적인 삶을 살기 위해서는 무엇보다도 다른 존재와의 교류와 교감을 존중하는 사고방식과 행동이 필요하다. 내가 '영적'이라고 말할 때 그것은 우리 삶의 어딘가에 내재하고 있는, 인간의 욕망과 의지를 넘어서는 어떤 비밀스러운 힘, 누구나 어렴풋이 인식하고 있는 바로 그 신비한 힘을 말한다. 이 힘은 우리의 환경을 바꿀 수 있고 우리를 더 나은 방향으로 인도할 수 있다. 나는 이런 힘을 '신성한 정신divine spirit'이라고 부른다. 우리가 영혼이 충만한 삶을 살기로 결심한다면, 이 초월적인 정신의 존재를 인정하고 높이 받들 수밖에 없다. 어떤 사람들은 이 존재를 영혼soul, 신God, 사랑the Beloved, 고차원의 의식higher consciousness, 고차원의 힘higher power 등등으로 부르기도 한다. 그런가 하면 어떤 사람들은 이 힘은 어떤 것으로도 한정 지을 수 없기 때문에 이름을 붙이는 것이 불가능하다고 말한다. 이들에게 그 힘은 우리 안에서, 그리고 우리를 가로지르며 움직이는 정신인 것이다.

일상의 가장 깊숙한 곳

영적인 삶을 산다는 것은 영원불변의 법칙 — 즉, 사랑이 모든 것이고 사랑만이 우리의 진정한 운명이라는 것 — 을 받아들이는 것을 뜻한다. 사랑이 없는 문화를 받아들이고 거기에 순응하게끔 사회적으로 엄청난 압력이 가해지지만 우리는 여전히 사랑을 갈구하고 사랑에 대해 더 많이 알고 싶어 한다. 우리가 이렇게 갈망한다는 것 자체가 바로 우리 내부에 '신성한 정신'이 있다는 증거다. 그 정신이 발현되어 그렇게 사랑을 갈구하게 되는 것이다. 오늘날의 문화에 팽배해 있는 허무주의(니힐리즘)는 인종과 계급, 성별, 국가에 상관없이 우리의 삶을 위협하며 삶 구석구석에 영향을 미치고 있다. 내가 아는 사람들은 모두 이 세계가 돌아가는 모습에 절망하고 무기력해져서 가끔씩 허무의 나락으로 빠지곤 한다. 세계 각지에 전쟁과 굶주림, 기아가 끊이질 않고, 일상에 폭력이 난무하며, 치명적인 질병이 번져 졸지에 친구와 동료, 사랑하는 사람을 잃는 등 이 세상은 우리를 절망의 구덩이로 밀어 넣는 것들로 가득 차 있는 것 같다. 이럴 때 우리가 절망의 바다에서 익사하지 않게 막아주는 것은 바로 사랑을 회복하는 것, 혹은 사랑이 회복될 수 있다는 희망이다. 잭 콘필드는 『마음의 숲을 거닐다 A Path with Heart』에서 이렇게 말했다. "우리가 하는 모든 행위의 밑바탕에는 사랑에 대한 갈망과 사랑의 움직임이 있다."

영성과 영적인 삶은 우리에게 사랑할 수 있는 힘을 준다. 그러나 과거에 종교적인 사상이나 의식을 접해보지 않은 사람들은 영적으로 충만한 삶, 즉 일상생활 속에서 신성한 차원의 삶을 살아가기가 쉽지 않다. 이런 사람들은 영적인 지도자들의 안내를 받아 영적인 깨우침을 얻을 수 있다. 또는 마음이 통하는 사람들과의 정신적인 교류와 교감을 통해 영적인 성장을 이룰 수도 있다. 영적인 삶을 추구하는 사람들은 행동과 실천을 통해, 즉 일상적인 모습 속에서 자신의 영성을 발현함으로써 다른 사람들의 본보기가 된다. 잭 콘필드는 다음과 같이 통찰력 있는 말을 했다. "우리가 사랑을 하지 못한다면 아무리 영적인 스승이 많아도 무용지물이다. 아무리 고귀한 상태에 들고, 아무리 뛰어난 영적 업적을 이루더라도 가장 일상적이고 평범한 방식으로 행복할 수 없다면, 또한 진심으로 다른 사람과 교류하고 주변 사람과 교감하지 못한다면 아무런 소용이 없다. 중요한 것은 어떻게 살아가느냐 하는 것이다."

우리가 가정에서 익힌 사랑과 전혀 다른 이야기를 처음 접하는 곳은 대부분 교회이다. 어린 시절 교회에서 기독교 신앙의 신비한 측면(우리는 모두 하나이며, 사랑이 모든 것이라는 믿음)을 접하고 난 후 교회는 내게 구원의 공간으로 다가왔다. 나는 교회를 통해 하나님(신)은 사랑이라는 것을 이해했을 뿐 아니라, '신성한 정신' 안에서는 아이들이 아주 특별한 존재로 대접받는다는 것도 알게 되었다. 당시 작가가 되길 꿈꾸며, 정신적인 삶을 살아가리라고 마음먹고 있던 나는 「고린도전서」 13장인 '사랑의 장the love chapter'을 암송하면서 황홀경에 빠졌다. 그때 이후로 나는 틈날 때마다 이 구절을 되새겨보곤 한다. "내가 사람의 방언과 천사의 말을 할지라도 사랑이 없으면 소리 나는 구리와 울리는 꽹과리일 뿐이고, 내가 예언하는 능력이 있어 모든 비밀과 지식을 알고 또 산을 옮길 만한 모든 믿음이 있을지라도 사랑이 없으면 나는 아무것도 아니요, 내게 있는 모든 것으로 구제하고 또 내 몸을 불사르게 내어줄지라도 사랑이 없으면 내게 아무 유익이 없느니라." 대학원 시절 박사 논문을 끝내기 위해 이를 악물고 공부하느라 심신이 지쳤을 때도, 정신적인 것에 가치를 두지 않는 이 세상에 저항하며 영적인 삶을 살기로 각오할 때에도 바로 이 '사랑의 장'을 떠올렸다. 거기에 담긴 지혜는 항상 내 마음을 바로잡아주었다. 내가 학계에서 살아남을 수 있었던 것도 늘 사랑에 대해 마음을 열어놓았기 때문이다. 당신이 처한 환경이, 당신에게 가장 친숙한 세계가 사랑에 가치를 두지 않을 때, 영적인 삶을 추구하는 것은 당신에게 위안을 주고 삶의 활력을 되찾아줄 것이다.

그러나 주의할 것은 영성에 대한 지식을 쌓는 것과 실제로 영적인 삶을 살아가는 것은 전혀 다르다는 점이다. 다시 잭 콘필드의 말을 들어보자. "영적인 삶을 살고자 할 때 필요한 것은 아주 간단하다. 우리가 가고자 하는 길이 우리의 진심과 연결되기만 하면 된다. 영적인 여행을 떠난다는 것은 무작정 집을 떠나는 것이 아니다. 오히려 지금 당신 앞에 놓여 있는 일상의 일에 더욱 초점을 맞추어야 한다. 당신이 당면한 일들을 어떻게 처리하는 것이 옳은지 숙고하고, 가장 깊은 사랑의 감정으로 그것을 실행해내야 한다." 일상의 삶에서 신성을 경험하면 세속적인 일에 더욱 잘 집중하게 되고 영혼을 고양시키는 일에도 더 적극적으로 참여하게 된다. '신성한 정신'은 일상 너머 저 먼 곳에 있는 것이 아니라 모든 곳에 존재한다는 사실을 잊지 말아야 한다. 이런 태도는 특히 우리가 어려운 상황에 봉착했을 때 더욱 필요하다. 많은 사람들은 일상에서 난관에 처했을 때 영적인 것을 찾는 경향이 있다. 그렇게 하면 마치 슬픔이나 고통이 기적적으로 사라지기라도 할 것처럼 말이다. 하지만 일상의 고통과 슬픔 — 이것은 영혼이 깨져 있는 상태이다 — 을 기꺼이 받아들이고 껴안을 수 있을 때 비로소 마음의 평화와 새로운 삶의 가능성이 열리게 된다는 사실을 깨달아야 한다. 우리가 겪는 고통은 기적처럼 사라지는 것이 아니다. 그렇기 때문에 우리는 뛰어난 연금술사처럼 현명하게 고통을 다른 것으로 바꾸어야 한다. 쓰레기를 재활용하듯이 고통을 재활용해서 생산적인 것으로 바꾸어야 하는 것이다. 성경에서 "어떠한 시험에 들더라도 기쁘게 받아들이라"고 하는 것도 이 때문이다. 영적인 삶과 실천은 우리에게 고통을 받아들이고 껴안는 법을 가르쳐준다.

영혼의 깨어남

영적인 삶을 살기 위해서 반드시 제도권 종교와 연결될 필요는 없다. 어떤 사람은 자연과의 교감을 통해, 모든 생명이 다 함께 더불어 살아가는 생태계를 만들기 위한 실천을 함으로써 신성한 정신을 깨닫기도 한다. 절이나 교회, 이슬람 사원에 나가 명상하고 기도할 수도 있지만, 자기만의 고요한 성소聖所를 만들어 '신성한 정신'과 교류할 수도 있다. 또 어떤 사람은 일상적인 봉사 활동을 통해 다른 사람들에게 자신의 사랑을 표현하는 것으로 영적인 실천을 하기도 한다. 무엇이 되었든 간에 늘 '신성한 정신'과 접촉하려고 노력하다 보면 자신도 모르는 사이에 영적으로 충만한 삶을 살아가게 된다.

나는 영적인 가르침을 통해 항상 내 삶을 돌아볼 뿐 아니라 내 행동의 가이드로 삼고 있다. 소비주의와 물질주의에 반대하는 영적인 깨달음은 책이나 잡지에서도 얻을 수 있지만 소규모 모임을 통해서도 얻을 수 있다. 진리를 추구하는 사람들과 어울리다 보면 굉장한 영감을 받게 된다. 나는 애초에 기독교 전통 속에서 처음으로 '신성한 정신'을 접했기 때문에 지금도 여전히 교회에 나가 예배를 드리고 신도들과 교류한다. 나는 또한 불교 모임에도 참석하며, 명상을 위한 모임에 나가기도 한다. 각자 자기에게 맞는 방식으로 영적 실천을 하면 되는 것이다. 진리를 추구하는 정신적인 지도자들이 모든 종교에 대해 관용을 베풀라고 말하는 까닭도 이 때문이다. 진리에 이르는 길은 여러 갈래지만, 결국은 사랑 안에서 하나라는 사실을 잊지 말라는 것이다.

영적인 수행을 터부시하는 주류문화의 흐름 속에서 우리의 열정은 계속해서 꺾이곤 한다. 그러나 오히려 이런 터부를 먼저 깨뜨리려고 노력할 때 서서히 반체제적으로 벌어지고 있는 영적 깨달음의 흐름은 일상적인 규범 이상의 것으로 발전할 수 있다. 나는 오랫동안 영적인 실천을 행하고 있다는 사실을 친구나 동료들에게 털어놓지 않았었다. 진보적인 사상가나 학자들은 '신성한 정신'에 열정적으로 몰두하기보다는 무신론적인 태도를 취하는 편이 더 멋지고 자신들에게 어울린다고 생각하는 경향이 있었다. 그런 상황에서 내가 사실대로 말했다면 아마 자기네들을 개종시키려 한다거나, 내 믿음을 자기네들에게 강요한다고 여기고 거부반응을 보였을 것이다.

내가 영성에 대한 믿음을 다른 사람들에게 털어놓게 된 계기는 많은 학생들이 좌절감에 시달리고, 절망감을 느끼고, 인생에 아무런 의미가 없을지도 모른다는 두려움에 휩싸인 채 외로움과 고독, 사랑의 부재에 시달리는 것을 보았기 때문이다. 그토록 젊고 똑똑하고 멋진 학생들이 연구실로 찾아와 자신이 얼마나 삶에 낙담하고 있는지 고백하는 이야기를 듣고 그 고통을 위로만 하고 끝내는 것은 너무 무책임하다는 생각이 들었다. 그래서 나는 학생들에게 나도 비슷한 경험을 했으며 어떻게 그것을 극복했는지 들려주기 시작했다. 그들은 내가 어떻게 항상 행복하게 살아가는지를 알고 싶어 했다. 솔직히 말하면 나는 좀더 일찍 나의 영적인 삶을 많은 사람들에게 공개적으로 털어놓았어야 했다. 반드시 내가 선택한 방식을 택할 필요는 없지만, 영적인 실천은 매우 중요하며 각자의 방식대로 그 길을 찾아보도록 사람들을 격려해야 했던 것이다.

나를 지탱해주는 것은 신God이 곧 사랑 — 사랑은 모든 것이고, 우리의 진정한 운명이다 — 이라는 믿음이다. 나는 매일 명상과 기도, 묵상과 봉사, 예배와 자비로움을 통해 이 믿음을 확인한다. 샤론 살스버그Sharon Salzberg가 쓴 『붓다의 러브레터Loving kindness』의 서문을 보면 부처는 영적인 실천을 "마음의 해방, 곧 사랑"이라고 했다. 또한 살스버그는 영적인 실천은 "우리로 하여금 내면적으로 행복과 기쁨을 만끽하게 해주고, 나아가 그 행복감을 세상을 향해 드러내도록 만들어주"며 이를 통해 개인은 고립감을 극복할 수 있다고 덧붙였다. 모든 사람은 자신의 영혼과 접촉할 필요가 있다. 이것은 영혼의 깨어남, 즉 사랑에 눈뜨는 것을 의미한다. 요한복음의 한 구절이 깨우쳐주듯이 "사랑을 모르는 자는 죽음 속에 있는 것과 다를 바 없다."

사랑에 눈뜬다는 것은 곧 영혼이 깨어난다는 의미인 것이다.

Chapter 6

가치
사랑의 윤리

우리는 인간 사회가 신적인 사랑으로 넘치는 그 날을 앞당기기 위해 열심히 일하며 살아가야 한다. 진정으로 민주적인 사회가 도래할 때, 권력 자체를 위해 권력을 사랑하는 일은 사라질 것이다.

_마리안 윌리엄슨Marianne Williamson

예외는 없다

사랑에 눈뜨기 위해서는 권력욕과 지배욕에서 벗어나야 한다. 문화적으로 볼 때 미국은 삶의 모든 영역 — 정치, 종교, 일터, 가정, 연인 관계 — 에서 사랑의 윤리로 무장되어야 하고, 마음만 먹으면 그렇게 할 수도 있다. 사회 구성원들이 말하고 행동하는 방식은 그 사회의 문화가 어떤 가치와 윤리 위에 세워져 있느냐에 따라 결정된다. 사랑의 윤리는 모든 사람은 자유로울 권리가 있고, 온전하고 풍요롭게 살아갈 권리가 있다고 전제한다. 삶의 모든 영역에 사랑의 윤리가 뿌리내리기 위해서는 우리 사회가 변해야 한다. 에리히 프롬은 『사랑의 기술』 말미에서 "사랑이 지극히 개인적이고 주변적인 현상이 아니라, 전 사회적으로 일어나는 현상이 되기 위해서는 근본적이면서도 중요한 변화가 필요하다"고 강조했다. 사랑으로 살아가겠다고 각오한 사람들은 사랑의 윤리를 존중하면서 삶의 방식을 변화시키게 된다. 함께 일하는 사람들을 좋아하고 존중하며, 인간관계가 꼬이지 않도록 자신을 최대한 낮추고, 우리의 삶과 운명이 지구상의 모든 다른 사람들의 삶과 운명에 밀접하게 연관되어 있다는 전 지구적인 비전을 가지는 것, 그것이 바로 사랑의 윤리다.

사랑의 윤리에 충실하게 되면 우리 삶에 지금까지와는 전혀 다른 가치를 부여하게 된다. 공적인 영역뿐 아니라 개인적인 생활에서도 정직과 개방성, 성실함을 최고의 가치로 놓게 되는 것이다. 나는 지금 소도시에서 살고 있다. 문화적으로 보면 대도시보다 빈약하지만 이웃과 가족처럼 화기애애하게 살 수 있다는 점에 끌려 이사를 왔다. 이곳에 사는 내 친구들은 큰 도시로 나가서 살 여유가 충분히 되지만 이곳에서 노부모를 봉양하면서 행복하게 지낸다. 이처럼 사랑의 윤리를 갖추게 되면 물질적인 욕심보다는 주변 사람들과의 돈독한 유대를 더 우선시하게 된다. 돈을 벌고 경력을 관리하는 것을 삶의 주요한 가치로 여기는 한 인간적인 삶을 받아들이고 키워나갈 수 없다.

나는 사랑의 윤리를 몸에 익힌 사람들 가운데 삶이 행복하지 않거나 충만하지 않은 사람을 본 적이 없다. 너무 윤리에 얽매이면 사는 게 맹탕해서 재미가 없다고 믿는 사람들이 많지만 그거야말로 잘못된 생각이다. 윤리적으로 살면 인간관계 ─ 친지들뿐만 아니라 낯선 사람들도 포함해서 ─ 를 통해 정신적으로 한층 성숙해진다. 윤리는 따분한 것이라고 무시하면서 자신의 행동에 아무런 책임을 지지 않으려는 것은 몸에 해로운 정크푸드를 마구 먹어대는 것과 다를 바 없다. 정크푸드가 맛은 좋을지 모르지만 점점 더 자극적인 맛을 찾게 되어 항상 결핍과 갈증에 시달리고 결국은 몸을 망치게 된다. 우리의 정신도 마찬가지여서 윤리를 내팽개치면 늘 어떤 결핍감 때문에 정신이 피폐해지고, 자신은 물론 다른 사람의 인간성까지 짓밟게 된다.

뉴에이지 관련 서적들도 사랑의 윤리를 받아들이면 삶이 어떻게 더 나은 방향으로 변하는지에 대해 설파한다. 그러나 뉴에이지의 가르침을 받는 사람들은 대개 우리 사회에서 특권을 누리는 축에 속한다. 물질적으로 안정되고 정신적으로 여유가 있는 사람들이 많다. 각계에 친구들도 많아서 개인적인 성장을 위해 다양한 도움을 받을 수도 있다. 그런데 이들의 문제는 자신들이 속한 계층 외의 사람들은 이런 권리를 누릴 수 없다고 간주한다는 점이다. 이들 중에는 운명론자들이 많다. 그래서 현재 벌어지고 있는 인종차별주의나 남녀차별주의, 빈부 격차 문제는 개선될 필요가 없으며 그대로 인정해야 한다는 입장을 취한다. 보통 사람들이 하루라도 그들의 삶을 들여다본다면 매우 놀랄 것이다. 보통 사람들은 가질 수 없는 것들을 그들은 많이 가지고 있다. 그들의 웰빙 개념은 자본주의에 기초하고 있다. 즉 지구상에는 많은 사람들이 골고루 공유할 만큼 자원이 넉넉지 않으며, 따라서 일부 소수의 사람만이 그것을 소유하고, 정신적인 행복을 누리는 것은 어쩔 수 없다고 생각하는 것이다.

최근에 나는 대학생들에게 강연을 하면서 백인들이 생각과 행동방식을 바꾸어 편견에 도전하고 인종주의에 대항할 때 우리는 세상을 바꿀 수 있다는 나의 믿음을 피력했다. 이런 믿음이 결코 유토피아적인 망상이 아니라는 점을 강조하면서, 미국의 지난 역사를 돌이켜보아도 사회정의와 자유를 위해 기꺼이 헌신한 사람들이 아주 많고 그들 덕분에 우리 사회가 점점 발전할 수 있었다고 지적했다. 그러자 한 학생이 "그런 사람은 예외적인 인물이 아니냐?"고 반문했다. 나도 물론 그 말에 동의했다. 하지만 우리가 생각을 바꾸어 그런 변화의 최일선에 서는 것이 변화를 거부하는 사람이 되는 것보다 더 나은 일이 아니냐고 반문했다. 그리고 사회 변화를 위해 자신의 삶을 던진 사람들은 다른 사람들보다 특별히 더 똑똑하거나 마음이 너그러운 것이 아니라, 단지 자신들이 믿는 가치에 충실하고자 했기 때문에 그런 예외적인 인물이 된 것이라고 설명했다.

또 다른 예를 들어보자. 만약 미국의 한 가정집을 방문해 가정 폭력의 문제점을 지적하면 거의 모든 사람들이 이에 동의하면서 남편이 아내나 자식에게 폭력을 쓰는 것은 잘못이며, 도덕적으로나 윤리적으로도 옳지 않다고 말할 것이다. 그러나 막상 가정 폭력을 근절하기 위해서는 지금의 가부장적인 질서를 바꾸어야 하며, 오직 생물학적인 차이를 내세워 남성이 여성보다 더 우월하고 남성은 여성을 지배할 권리가 있다는 생각을 버려야 한다고 설명하면 상대편은 더 이상 대화를 하지 않으려 할 것이다. 말과 행동 사이에 간극이 존재하는 것이다. 대개의 사람들은 생각이나 이론으로는 사회적 정의에 대해 공감하면서도 실제로 더 나은 사회를 만들기 위해 행동하고 실천하는 문제에서는 꽁무니를 뺀다.

미국인들은 자신들이 세계에서 가장 민주적인 국가에 살고 있다는 자부심을 느끼면서도, 세계의 다른 지역에서 억압적이고 파시즘적인 정부 아래에 사는 국민들을 위해 어떤 행동을 취하는 데는 극히 소극적이다. 그런 행동이 자신들이 현재 누리고 있는 기득권을 위협할 것이라고 지레 겁부터 먹는다. 그러나 자신의 신념대로 행동하지 않는 것이야말로 개인의 도덕과 윤리 의식뿐만 아니라 사회 전체의 도덕과 윤리까지 병들게 한다는 사실을 알아야 한다. 미국인들은 인종과 성별, 계층에 상관없이 자신들은 신앙심이 깊고, 사랑의 성스러운 힘을 믿는다고 말한다. 하지만 그런 사람들이 집단적으로는 사랑의 윤리를 받아들이지 않고, 사랑의 윤리에 따라 행동하기를 꺼린다. 그런 행동이 사회에 근본적인 변화를 초래할 거라고 여겨질 때는 더욱 그렇다.

미국인들은 근본적인 변화에 대한 두려움 때문에 그들의 마음과 영혼까지 배신한다. 그런데 따지고 보면 사실 우리는 매일매일 큰 변화의 물결 속에서 살아간다. 특히 혁신적인 기술이 사회 변화를 이끌 때는 두려워하면서도 그러한 변화를 받아들인다. 그런 변화를 받아들여야 현재의 기득권이 유지되기 때문이다. 최근 그런 변화들 중 하나는 컴퓨터 문화이다. 정보화 사회라는 '미지의 물결'을 받아들이는 모습을 보면 우리에게는 근본적인 변화가 초래하는 두려움에 정면으로 맞서 이겨내는 힘이 있다는 것을 알 수 있다. 물론 현재의 기득권을 지키려는 보수주의자들은 우리 사회 전반에 퍼져 있는 사랑에 대한 두려움에 맞서는 데 관심이 없다. 결국 우리 사회가 사랑의 윤리를 받아들인다는 것은 보수주의자들이 현재 묵인하고 지지하는 모든 정책들에 반대한다는 의미다.

우리가 더 나은 방향으로 사회를 변화시키기 위해 사랑의 윤리를 뿌리내리게 하려면 먼저 사랑에 대한 우리 사회의 집단적인 두려움을 극복해야 한다. 이와 관련해 에리히 프롬은 이렇게 말한 적이 있다. "인간에게는 사회를 꾸리려는 본성, 사랑하고자 하는 본성이 내재되어 있다. 그렇기 때문에 우리는 인간의 이런 본성과 서로 조화를 이루도록 사회를 조직해야 한다. 나는 줄곧 사랑만이 인간이 가진 문제를 가장 온건하고 만족스럽게 해결할 수 있는 방책이라고 주장해왔다. 사랑이 발현되는 것을 막는 사회는 인간의 기본적인 본성과 충돌을 일으킬 수밖에 없기 때문에 결국 붕괴하고 말 것이다. 내가 '사랑하라'고 말하는 것은 결코 '설교'가 아니다. 사랑은 인간이 존재하기 위해서 가장 근본적으로 필요한 삶의 요건인 것이다. (……) 사랑은 몇몇 예외적인 인간만이 실천할 수 있는 것이 아니라 사회 전체에 필요한 현상이라는 것을 믿어야 한다. 그 믿음은 결코 추상적인 것이 아니라, 인간의 본성을 꿰뚫어본 데서 나온 지극히 합리적인 믿음이다." 믿음을 통해 우리는 두려움을 뚫고 앞으로 나아갈 수 있다. 용기와 신념을 키우고, 자신의 말과 행동에 책임지는 연습을 꾸준히 한다면 우리 모두 변화를 불러오는 사랑의 힘에 대한 믿음을 다시 갖게 될 것이다.

나는 「요한일서」 4장 18절에 나오는 구절을 특히 좋아한다. "사랑 안에는 두려움이 없고 완전한 사랑은 두려움을 내쫓나니, 두려움에는 형벌이 있음이라. 두려워하는 자는 사랑 안에서 완전히 이루지 못할지니라." 어릴 때부터 나는 이 성경 구절에 매혹되었다. 그중에서도 '완전한perfect'이라는 말이 반복해서 나오는 것에 마음이 끌렸다. 한때 나는 '완전하다'는 말을 아무런 결점이나 오류가 없는 뜻으로만 이해했다. 그래서 완전함이란 인간이 도달할 수 없는 경지이며, 인간이 인간인 까닭은 이러한 한계 속에서 비밀에 싸인 육체에 갇혀 있기 때문이라고 생각했다. 그런 인간이 '완전한' 사랑을 어떻게 이해하고 실천할 수 있단 말인가. 성경의 그 구절은 이상적이긴 하나 인간에게는 불가능한 요구로 여겨졌다. 그러나 오랜 숙고 끝에 나는 '완전하다'는 말이 가진 더 깊고 복합적인 의미를 이해하게 되었다. '완전'이라는 단어에는 '늘 새로워지려는 의지'가 내포되어 있었던 것이다.

그 말뜻을 이해하자 눈앞이 환하게 밝아지는 느낌이었다. 늘 새로워지려는 연속된 과정으로서의 사랑, 하나의 상태에서 다른 상태로 변해가는 과정으로서의 사랑, 그것이 바로 두려움을 몰아내는 '완전한 사랑'이라는 것을 깨달았다. 그렇기 때문에 우리가 사랑을 하면 두려움은 우리로부터 떨어져나갈 수밖에 없다. 많은 사람들은 완전한 사랑을 하려면 뭔가 열심히 노력해야 한다고 생각하지만 사실은 그럴 필요가 없다. 왜냐하면 그것은 차근차근 과정을 밟아가는 사이에 저절로 찾아들기 때문이다. 그것이 바로 완전한 사랑이 우리에게 주는 선물이다. 이 선물을 받으려면 우리는 먼저 "사랑에는 두려움이 없다"는 말을 제대로 이해해야 한다. 그럼에도 우리는 늘 두려워하면서 사랑에 대한 믿음에서 멀어지고 있는 것이 현실이다.

누구의 말을 믿을 것인가

지배 문화는 사람들을 길들이기 위해 두려움을 조장한다. 우리 사회는 사랑에 관해서 이런저런 말들은 많이 하지만 두려움과 공포에 대해서는 거의 화제로 삼지 않는다. 하지만 실제로는 두려움에 떨면서 보내는 시간이 매우 많다. 우리 사회가 안전에 대해 강박적으로 매달리는 까닭은 이 때문이다. 그럼에도 왜 우리가 이토록 불안과 두려움에 싸여 살아야 하는지에 대해서는 근본적인 질문을 던지지 않는다. 공포는 지배의 구조를 떠받치는 핵심적인 힘이다. 공포심은 다른 사람들로부터 분리되고 싶다는 욕망을 부추기고 뒤로 숨으려고 하는 열망을 불러일으킨다. 우리는 남들보다 튀면 안전하지 않다는 무언의 가르침을 받는다. 그래서 남들과 조금이라도 다른 것은 위험하다고 여긴다. 사랑을 한다는 것은 곧 이러한 두려움과 공포, 소외와 분리에 저항한다는 것을 뜻한다. 또한 사랑을 한다는 것은 다른 사람들과 연결되고자 하는 의지, 타자 속에서 자신을 발견하려는 의지이다.

너무나 많은 사람들이 두려움에 갇혀 있다. 이들이 사랑의 윤리로 나아가기 위해서는 '대전환'의 과정을 거치지 않으면 안 된다. 철학자 코넬 웨스트Cornel West도 '대전환의 정치학'이 우리에게 다시 희망을 되돌려줄 것이라고 강조했다. 그는 우리 사회에 허무주의가 만연해 있는 점에 주목하면서 이렇게 말한다. "허무주의는 논증이나 분석을 통해 극복되지 않는다. 그것은 사랑과 서로에 대한 관심으로만 이겨낼 수 있다. 육체의 질병은 체질을 바꿔야 치료가 되듯이 영혼의 병은 영혼을 새롭게 바꾸어야만 치유될 수 있다. 영혼의 대전환은 자기 자신이 가치 있는 존재라는 사실을 긍정하는 데에서부터 출발한다. 그리고 그러한 긍정은 다른 사람들이 관심을 가져 줄 때 더욱 힘을 받을 수 있다."삶을 위협할 정도로 깊은 절망감에서 벗어나기 위해 점점 더 많은 사람들이 사랑의 윤리를 받아들이고 있다. 이런 대전환을 보여주는 징후들은 우리 문화 곳곳에서 발견된다. 많은 사람들이 토머스 무어Thomas Moore의 『영혼의 돌봄Care of the Soul』을 읽는 것을 한 가지 사례로 꼽을 수 있겠다. 이 책에서 무어는 우리 삶을 떠받치고 있는 근본 가치들에 우리가 새롭게 눈을 떠야 한다면서, 이를 위해 무엇보다 다른 사람들과 깊이 연결되도록 노력해야 한다고 강조한다.

사랑의 윤리를 받아들인다는 것은 사랑이 가진 모든 차원 — 즉 돌봄, 헌신, 신뢰, 책임감, 존경, 서로에 대한 이해 — 을 일상생활에서 실천한다는 것을 의미한다. 이를 위해서는 항상 의식이 깨어 있어야 한다. 그래야만 스스로의 행동에 대해 비판적으로 돌아보면서 자신이 다른 사람들을 보살피고, 존경하고, 책임감을 갖고 있는지, 다른 사람에게 기꺼이 배울 자세가 되어 있는지 파악할 수 있다. 특히 '서로에 대한 이해'는 사랑을 이루는 본질적인 요소들 가운데 하나이다. 우리는 '사랑이란 신비로운 것', '사랑은 이해할 수 없는 것'이라는 말을 귀가 따갑도록 듣고 있다. 영화를 보면 두 사람이 서로 한 마디도 나눠보지 않은 채 홀연히 사랑에 빠져서는 서로의 육체에 대해, 성적인 욕망에 대해, 무엇을 좋아하고 싫어하는지에 대해 거의 알지도 못한 상태에서 곧장 침대로 들어가는 장면이 아주 흔하게 등장한다. 이처럼 우리의 대중문화는 '서로에 대해 잘 알수록 사랑은 별 볼 일 없어진다'는 메시지를 끊임없이 쏟아낸다. 오히려 서로에 대해 잘 모를수록 사랑은 더 황홀하고 격렬해진다고 속삭인다. 하지만 이것은 사랑의 기술에 대해서는 까막눈인 제작자들이 대중들의 주머니만을 노리고 만들어낸 허상에 지나지 않는다. 그들에게는 참된 사랑이 엮어내는 풍경을 묘사할 능력이 없는 것이다.

우리는 대중문화 종사자들에게 참된 사랑의 모습을 그려내라고 요구해야 한다. 불가능한 것이 아니다. 대중문화가 진실된 사랑의 모습을 더 많이 만들어낼수록 우리 사회도 더 나은 방향으로 변할 수 있다. 하지만 안타깝게도 현재의 대중문화는 지배와 폭력의 윤리에 더 많이 물들어 있고, 지배와 폭력에 기초한 체계를 영속시키는 데 더 많이 기여하고 있다. 그것은 대중문화 종사자들이 사랑의 윤리에 대해서는 제대로 아는 것이 없지만, 현실이 돌아가는 논리에 대해서는 더 많이 알고 있기 때문일 것이다. 그 결과 우리는 매일매일 폭력적인 이미지의 세례를 받고 있다. 대중매체를 연구하는 학자들에 따르면 격투를 벌이고 피가 흥건한 잔인한 장면이 정적이고 평화로운 이미지보다 관객의 시선을 더 강하게 사로잡는다고 한다. 그래서 돈벌이에 혈안이 된 영상 제작자들은 사랑의 이미지를 통해 관객들의 문화적 상상력을 자극하려는 시도를 하지 않을뿐더러, 그런 생각조차 못하는 경우가 많다.

하지만 만약 그들이 사랑의 윤리로 무장한다면 자신들이 만들어내는 폭력적인 이미지들에 대해 비판적으로 돌아보게 될 것이다. 이런 이미지들이 사람들에게 얼마나 나쁜 영향을 미치고 있는지, 자신들이 만드는 이미지가 사람들의 생각과 행동을 얼마나 좌우하고 있는지 깨닫고 반성하게 될 것이다. 자신들이 사랑에 대해 잘 모르고 있다고 생각한다면 잘 아는 전문가를 고용해 조언을 들을 수도 있을 것이다. 물론 어떤 학자들은 폭력적인 영상과 우리 일상에서 벌어지는 폭력과는 아무런 관계가 없다고 주장하기도 한다. 하지만 상식적으로 생각해봐도 우리는 우리가 소비하는 이미지와 그 이미지를 볼 당시의 우리 마음 상태에 따라 그런 영상에 영향을 받는 것이 사실이다. 사람들이 기분을 전환하기 위해 극장을 찾거나 TV 앞에 앉았는데 그때 나오는 영상들이 폭력적이고 잔인하다면, 그리고 그런 이미지들이 사람들의 말초신경을 자극해서 즐거움을 준다면, 일상생활에서 그런 장면과 비슷한 일을 목격하더라도 도덕적으로 분노하기보다는 무감각해지고 더 관대하게 받아들일 가능성은 충분히 있다. 반대로 영화나 TV에서 서로 사랑하고 평화롭게 지내는 이미지들을 더 많이 접하게 된다면 우리의 일상적인 삶에도 더 긍정적인 영향을 미치게 될 것이다.

그런데 여기서 주목할 점은 폭력적인 장면을 비롯해 지금 대중매체에서 보여주는 이미지들은 가부장제적인 관점에서 만들어지고 있다는 사실이다. 그렇기 때문에 가부장적인 사고방식과 관점이 바뀌지 않는 한 현재 만연하고 있는 유해한 이미지들이 바뀌게 될 가능성도 몹시 낮다. 자신이 가부장적인 지배 체제의 희생자라는 의식이 없는 사람은 가부장적인 사고방식에 의문을 품고 그것을 변화시키려는 노력도 하지 않는다. 이를 위해서는 사람들을 재교육시키는 일이 시급하다. 대중들은 가부장적인 제도, 특히 남성의 지배에 의해 부당한 일을 많이 당하면서 살고 있다. 그런데 우리가 보는 영상물을 만드는 이들은 대부분 가부장제를 받들고 유지하고자 하는 사람들이기 때문에 자신들이 믿는 가치를 반영하는 이미지를 제공하려고 애를 쓰는 것이다. 이들이 믿는 가치란 인간관계에는 항상 우월한 자와 열등한 자, 힘센 자와 약자가 있게 마련이고, 힘 있는 사람이 힘없는 사람을 지배하는 것은 극히 '자연스러운' 일이라는 것이다. 그래서 이들은 인종차별주의 같은 것을 당연하게 받아들이며, 모든 사람이 이런 가치관을 내면화하도록 하기 위해 문화적으로 갖은 시도를 한다. 이들은 가부장적인 사고를 지지하면서, 무슨 수를 쓰더라도 현재의 권력과 통제를 유지하려고 한다. 이들이 사람들 사이에 사랑과 애정을 불러일으키는 이미지보다 폭력과 지배의 이미지에 더 끌리는 것은 지극히 당연한 일이다. 하지만 이들에게도 약점이 있다. 자신들이 만든 영상물을 돈을 내고 봐줄 소비자들이 필요한 것이다. 우리 소비자들이 그런 이미지들을 외면하면 그들은 아무런 힘도 쓸 수 없다는 말이다. 따라서 변화를 이끌어낼 힘은 바로 우리에게 있는 것이다.

　페미니즘 운동은 그동안 꾸준히 가부장적인 사고에 도전함으로써 여성뿐 아니라 남성들도 좀더 충만한 삶을 살 수 있도록 변화를 이끌어냈다. 그러나 아직도 부족하다. 권력을 쥔 자들은 여전히 가부장적인 사고방식을 꽉 붙들고 있다. 우리는 계속해서 그들에게 변화를 요구해야 한다. 우리는 소비자로서 그만한 힘을 쥐고 있다. 우리는 대중매체들이 쏟아내는 이미지와 영상, 즉 사랑의 윤리를 파괴하고 삶을 향상시키는 가치를 반영하지 않은 작품에 시간이나 에너지, 돈을 지불하지 않음으로써 우리의 힘을 보여줄 수 있다. 이것은 우리가 문화적인 생산물에 대해 '검열'을 하자는 말이 아니다. 이 세계의 모든 악을 대중매체가 만들어내는 것은 아니다. 예컨대 매스미디어 때문에 가정 폭력이 생겨난 것은 아니다. TV가 나오기 전에도 가정 폭력은 널리 퍼져 있었다. 문제는 TV와 같은 대중매체가 폭력을 미화하고, 흥미롭고 매력적으로 보이도록 묘사하고 있다는 점이다. 이런 이미지를 만들어내는 제작자들은 사실 대중매체를 이용해 폭력에 대항하고 폭력이 만연하지 않도록 할 수 있음에도 그 반대를 선택하는 것이다. 그런 폭력적인 이미지들은 — 그런 이미지가 실제로 사람들을 '더' 폭력적으로 만들든 그렇지 않든 — 국가가 사회적인 통제를 위해서는 폭력을 행사해도 괜찮다는 생각을 퍼뜨릴 뿐 아니라, 한 개인이나 집단이 다른 개인이나 집단을 폭력으로 다스려도 상관없다는 생각을 하게 만든다.

사랑의 윤리

사랑의 윤리가 우세한 사회에서는 어떤 지배 형태도 존재할 수가 없다. "사람들 사이에 권력과 지배에 대한 욕구가 팽배해 있으면, 사랑이 들어설 여지는 없어진다"고 했던 칼 융의 말을 기억해둘 필요가 있다. 사랑의 윤리가 일상으로 자리 잡고 있으면 다른 사람을 지배하고, 힘으로 누르려는 욕망도 사라진다. 그동안 정의와 자유를 위해 싸웠던 모든 사회운동도 한결같이 사랑의 윤리를 강조해왔다. 국가와 도시, 이웃을 위해 선한 일을 하자는 집단적인 움직임은 모두 사랑의 가치에 뿌리를 두고 있으며, 그것은 우리가 선善을 추구하고 지키도록 고취해왔다. 모든 공공 정책이 사랑의 정신에 따라 결정되고 행해진다면 우리 사회에 실업자나 홈리스Homeless 문제, 학교 현장의 교육의 황폐화 문제, 마약 중독 문제 등은 들어설 곳이 없을 것이다.

또한 도시와 마을의 모든 공공 정책이 사랑의 윤리 위에 세워진다면 사람들은 서로 협력하고 모두에게 이익이 되는 방향으로 프로그램을 짜게 될 것이다. 멜로디 차비스Melody Chavis는 『길거리의 제단들: 악조건에 맞서 함께 싸우는 이웃들Altars in the Street: A Neighborhood Fights to Survive』이라는 뛰어난 책에서 인종과 계층이 서로 다름에도 불구하고 자신들의 생활환경을 개선하기 위해 힘을 합치는 사람들의 실제 이야기를 전하고 있다. 백인 여성인 그녀는 가족들과 함께 흑인 공동체에 들어가, 그들과 함께 일한 경험을 토대로 이 책을 썼다. 사랑의 윤리를 받아들인 그녀는 공동체에 평화와 사랑이 뿌리내리도록 하기 위해 팔을 걷어붙였다. 시 당국과 정부의 지원을 받지 못해 완전한 성공을 거두지는 못했지만 눈에 띄는 성과를 얻는 데는 성공했다. 그녀는 또한 사형수를 돕는 일에도 발 벗고 나서고 있다. 모든 형태의 공동체를 사랑하는 그녀는 이렇게 말한다. "나는 가끔 이런 생각을 한다. 내가 사형수들을 돕고 더 나은 환경을 위해 이웃들과 함께 일하는 까닭은 내가 살아오면서 겪어야 했던 폭력에 대해 더 이상 가만히 당하고만 있지 않겠다는 각오 같은 게 아닐까 하고 말이다. 어린 시절 나는 폭력 앞에서 완전히 무기력했기 때문이다." 우리는 그녀를 통해 아무리 문제가 많은 공동체라도 사랑의 윤리로 무장하면 눈에 띄는 변화를 이끌어낼 수 있다는 사실을 깨닫게 된다. 또한 테러와 폭력을 용인하게 되면 인간의 삶은 비극적으로 끝맺을 수밖에 없다는 사실도 구체적으로 접하게 된다.

작은 공동체들이 사랑의 윤리로 조직되면 구성원들 모두가 일상의 모든 측면에서 긍정의 정신과 낙천성을 가지게 된다. 미국 켄터키 출신의 시인이자 소설가, 에세이스트이자 농부이기도 한 웬델 베리Wendell Berry는 공동체의 정신을 고수하며 모든 것을 함께 나누는 농촌 공동체의 건강한 모습들을 자신의 글을 통해 설득력 있게 그려내고 있다. 하지만 베리는 『괴짜의 또 다른 변신Another Turn of the Crank』이라는 책에서는 거대 기업들의 이윤 추구로 농촌 공동체들이 파괴되고 왜곡되고 있다고 고발하면서, 그러한 파괴가 모든 공동체에 빠르게 확산되고 있음을 개탄한다. 그는 이런 현실을 저지하기 위해서는 사랑과 공동체 정신으로 살아가는 사람들의 삶에서 우리가 교훈을 얻어야 한다고 강조하면서, 공동체 구성원들이 공유하고 있는 가치들에 대해 다음과 같이 말한다. "이들은 이웃과 함께 살고, 이웃에게 관대하게 대해야 자신도 잘 살 수 있다고 믿는다. 이들은 서로 먹고 먹히는 치열한 골육상쟁의 경쟁 체제에서는 결코 제대로 된 삶을 살아갈 수 없다는 사실을 잘 알고 있다. 이들은 다른 사람들을 제압하고 파괴하고 팔고 이용해서는 결코 성공할 수 없다고 믿는다. 이들은 폭력이 결코 어떤 해결책도 될 수 없다는 사실도 잘 알고 있다. 또한 이들은 인간이 이룩한 소중한 문화적 성과들을 잘 보존해서 후손들에게 물려주고 싶어 한다. (……) 이들은 어떤 공동체나 이익 집단도 탐욕으로 다스려져서는 안 된다고 믿는다. (……) 이들은 인간에게는 일이 필요하며, 그 일은 인간에게 유익해야 한다고 믿는다. 또 일하는 사람 자신이 만족할 수 있고 인간적인 품위와 고귀함을 느낄 수 있어야 하고 다른 사람들에게 진실로 도움이 되며 사람들을 기쁘게 할 수 있는 일이어야 한다고 믿는다."

내가 소도시에 사는 것을 좋아하는 까닭은 그곳에서는 삶의 기본 원칙이 사랑의 윤리에 토대를 두고 있기 때문이다. 그리고 그런 원칙은 인간이라면 누구나 그렇게 살기를 바라는 것이기도 하다. 내가 소도시(지금은 머무는 시간이 예전만큼 많지는 않지만)를 선호하는 까닭은 거기에는 이웃을 사랑하는 정신, 즉 서로에 대한 유대감과 돌봄의 정신, 서로를 존중하는 정신이 살아 있기 때문이다. 이런 가치들은 내가 어린 시절을 보낸 도시의 동네에도 있었다. 나는 뉴욕에서 많은 시간을 보내고 있는데, 내가 사는 곳은 일종의 조합형 아파트여서 서로를 잘 알고 서로 도우며 지낸다. 우리 아파트 입주민들은 이런 소중한 가치를 지키고 향상시키려고 노력한다. 자신이 사는 곳이 인정 넘치는 곳이 되도록 모두 애쓰고 있을 뿐 아니라, 서로 돕고 보살피는 것이 우리 모두의 삶의 질을 높이는 길이라는 사실을 알고 있는 것이다. 한마디로 사랑의 윤리에 따라 살아가고 있다.

사랑의 윤리(보살핌과 존중, 서로에 대한 이해, 성실함, 타인과 협조하려는 의지)에 따라 살아가기 위해서는 용기가 필요하다. 막연한 공포와 두려움에서 벗어나는 것이 사랑의 윤리를 받아들이는 첫걸음이다. 설사 두려움과 공포를 완전히 제거하지 못한다 하더라도 최소한 사랑의 윤리로 나아가는 길에 방해가 되지는 않도록 해야 한다.

이미 사랑의 윤리에 따라 살아가는 사람들, 사랑의 윤리에 따라 생각하고 행동하겠다고 마음먹은 사람들은 자신이 가진 빛을 주변에 비추게 되면, 같은 빛을 가진 다른 사람들이 자신에게 끌려오고 또한 자신도 그 사람들에게 이끌려간다는 사실을 체험으로 알고 있다. 우리는 결코 혼자가 아닌 것이다.

탐욕
단순하게 사랑하라

탐욕과 증오를 버려야 해방될 수 있다. 해방이란 "마음이 자유로워지는 것"이다. 즉 진리를 깨닫는 것이다. 이 진리는 매우 강력하기 때문에 아무도 외면할 수가 없다.

_샤론 살스버그Sharon Salzberg

삶의 껍질

우리는 많은 사람들 사이에 섞여 살면서도 소외와 단절, 고립감을 느낀다. 고립감과 외로움 속에 살다 보면 우울증과 절망감에 시달리게 된다. 이것은 우리 사회가 사람보다 물질을 더 우선시하기 때문에 빚어진 현상이다. 물질주의는 사람들로 하여금 오로지 더 많이 소유하고 더 많이 소비하는 데만 몰두하도록 만든다. 그래서 다른 사람들과의 교류와 유대에는 관심이 없고 오직 자신의 욕망에만 신경을 쓰는 나르시시스트를 양산하게 된다. 나르시시즘이 팽배한 문화에서는 사랑이 피어날 수 없다. 자기 자신만을 중요시하는 문화가 출현하게 된 것은 미국이 헌법과 권리장전에 명시된 민주주의의 비전을 온전히 실현하는 데 실패했다는 반증이다. 나르시시즘 문화 속에 내던져진 우리는 다른 사람에 대해서는 아무런 관심을 갖지 않은 채 어떻게 소비할지에만 한눈을 팔고 있다. 탐욕과, 남을 이용해 먹으려는 지배의 윤리만이 판치고 있다. 그 결과 우리 사회에 소외와 사랑의 부재가 일상화되었다. 정신과 인간적인 감정이 결여된 자리를 물질적인 탐욕과 과소비의 욕망이 채우고 있다. 사랑이 없는 세계에서는 다른 사람과 소통하고 싶다는 열망이 소유의 열정에 밀려날 수밖에 없다. 정서적인 욕구는 좀체 만족되지 않지만, 물질적인 욕망은 쉽사리 충족되고 있다. 미국은 몇 차례의 전쟁을 거치면서 경제적인 풍요는 얻었으나 민주주의를 유지하는 데 필수적인 자유와 정의의 비전을 상실함으로써 나라 전체가 병적인 나르시시즘의 늪에 빠져버렸다.

돈과 맞바꾼 비전

우리는 가난한 10대들이 멋진 테니스화 한 켤레를 갖기 위해, 혹은 명품 코트 한 벌이 탐나서 강도짓을 하며 심지어 살인까지 서슴지 않는 세계에 살고 있다. 이런 행동은 가난 때문에 일어나는 것이 아니다. 과거 미국 역사에는 비참할 정도로 가난하던 때가 있었지만, 그 시절에는 탐나는 물건을 갖기 위해 사람을 죽인다는 것은 생각할 수 없는 일이었다. 물론 그 시절에도 생존을 위해 절실하게 필요한 것들 — 돈, 식량, 추위를 가려줄 겨울 외투 같은 것들 — 을 얻기 위해 도둑질을 하고 사람을 공격하는 일은 흔했지만, 생존에 꼭 필요하지도 않은 사치품에 대한 욕망을 사람의 생명보다 더 중요하게 여기는 가치 체계는 존재하지 않았다.

1950년대의 미국은 가난하건 부유하건, 미국이 세계에서 가장 살기 좋다는 생각을 공유하고 있었다. 왜냐하면 당시의 미국은 인간의 권리를 소중하게 여기는 민주주의국가였기 때문이다. 국가가 확실한 비전을 갖고 있다는 생각은 시민들을 응집시켰고, 우리 사회에 더 많은 자유를 가져오기 위해 기꺼이 투쟁하게 만들었다. 도넬라 메도우Donella Meadows는 〈치킨 리틀, 카산드라, 그리고 진짜 늑대: 미래를 생각하는 수많은 방법Chicken Little, Cassandra, and Real Wolf: So many Ways to Think About the Future〉이라는 제목의 기사에서 한 국가가 비전을 갖는 것의 중요성을 이렇게 역설했다. "비전이란 국민들이 간절히 원하는 미래를 보여주는 것이다. 그것을 구체적이고 매력적으로 보여줄 때 모든 국민에게서 에너지와 동의, 공감, 정치적 의지, 창조성, 재능 등 비전을 실현하는 데 필요한 모든 것을 끌어낼 수 있다." 그러나 미국은 세계적인 전쟁에 적극 개입함으로써 국내외에서 과연 미국이 민주주의에 대한 의지가 확고한지 의문을 품게 만들었다.

1950년대에 확고했던 민주주의에 대한 비전이 깨지게 된 것은 베트남 전쟁의 여파 때문이었다. 이 전쟁 이전에는 민권운동과 페미니즘 운동, 성차별 철폐 운동 등으로 미국은 정의와 사랑으로 충만한 사회가 되리라는 희망에 부풀어 있었다. 그러나 1970년대 말이 되자 급진적인 사회운동 — 민주주의와 평화가 살아 숨 쉬고, 모든 사람에게 자원이 공정하게 분배되고, 모든 사람이 의미 있는 삶을 수 있는 사회를 만들기 위한 운동 — 이 실패로 돌아가면서 사람들은 더 이상 사랑에 대해 이야기하지 않게 되었다. 전쟁으로 나라 안팎에서 많은 사람이 생명을 잃었지만 그 대가로 경제적인 풍요가 주어졌고, 이것은 많은 사람들의 마음을 황폐하게 만들었다. 이제 미국인들은 자유와 사랑, 정의에 대한 비전을 버리는 대신 물질주의와 돈을 숭배하도록 강요받는다. 이것은 제국주의 전쟁과 사회의 부정의를 받아들이도록 강요받는 것과 같았다. 게다가 평화와 정의, 사랑을 위해 앞장서 투쟁하던 지도자들이 잇달아 암살되자 엄청난 절망감이 온 나라를 휩쓸고 지나갔다.

경제 호황 덕분에 공민권을 제한받았던 여성들과 남성들이 일자리를 얻긴 했지만, 사람들은 여전히 심리적인 좌절감에서 벗어나지 못했다. 사람들은 공적인 영역에서 정의를 추구하기보다는 자신만의 삶의 껍질 속으로 숨어들어, 거기서 위안을 얻고 도피처를 구했다. 처음에는 많은 사람들이 다시 사람들 사이의 유대감을 맛보고 마음의 안정을 얻기 위해 가족 관계로 눈을 돌렸다. 하지만 곧 가족 관계에서도 사랑의 부재가 만연하다는 것을 깨닫고는 엄청난 문화적 충격을 받게 된다. 사람들은 이제 세계를 변화시킬 수 없다는 절망감에 더해 감정의 유대가 가장 깊어야 할 가족 관계에서도 자신이 무력할 수밖에 없다는 사실을 직면하고는 망연자실했다. 높은 이혼율은 결혼 생활도 더 이상 안전한 천국이 아니라는 점을 드러내주었다. 또한 가정 폭력과 온갖 형태의 아동 학대가 널리 퍼져 있다는 사실을 알게 되면서 가부장제 가족에서는 아무런 희망을 찾을 수 없다는 점도 분명해졌다.

결핍의 다른 이름, 중독
\

이런 감정적인 혼란 속에서 어떤 사람들은 새로운 프로테스탄트의 노동 윤리를 받아들였다. 즉 성공적인 삶은 얼마나 많은 돈을 벌어들이고 이 돈으로 얼마나 많은 상품을 살 수 있느냐에 달려 있다고 자기암시를 걸었다. 훌륭한 삶은 더 이상 공동체나 다른 사람들과의 유대에서가 아니라, 축적과 쾌락, 물질적인 욕망을 충족하는 데서 찾을 수 있다고 믿게 되었다. 이처럼 가치 체계가 인간 중심에서 물질 중심으로 이동함에 따라 부유한 유명 인사, 특히 스타 배우와 가수들을 선망하게 되고 그들만을 문화적인 아이콘으로 인정하게 되었다. 비전을 지닌 정치 지도자와 활동가들은 더 이상 대중의 관심을 끌지 못했다. 직업 윤리는 쓰레기통에 버려졌고, 어떤 수단을 쓰더라도 돈만 벌 수 있다면 상관없었다. 부패가 당연시되었고, 그것은 사랑의 윤리나 희망이 되살아날 기회를 차단시켜버렸다.

1970년대 말에는 특권층 사이에서도 돈에 대한 숭배가 극에 달해 부패에 대해 아무런 죄책감이 없었으며, 부와 사치를 노골적으로 과시하는 것을 당연시했다. 대통령의 부정행위와 백악관의 윤리적, 도덕적 해이가 폭로되면서 많은 사람들은 부패를 시대의 새로운 명령으로 받아들이게 되었다. 정부 관리들도 윤리가 결여되어 있기는 마찬가지였다. 이들은 제국주의를 부추기는 거대 기업을 지원하면서 그것이 마치 국가 안보와 세계 질서를 유지하기 위한 길인 것처럼 둘러댔다. 이런 추세와 더불어 이전에는 사회의 윤리와 도덕을 위한 길잡이 노릇을 했던 제도권 종교의 영향력도 급속히 쇠퇴

하기 시작했다. 이제 교회와 절은 물질주의를 지지하고 합리화하는 곳으로 변질되어버렸다.

빈곤층과 하층 계급 사이에서도 돈에 대한 숭배 분위기가 번졌다. 그 결과 마약 거래에 종사하는 이들이 크게 늘어나게 되었다. 마약 산업은 잘 하면 소수에게 거액을 쥐어주는, 정말이지 자본주의적 공간이었다. 이들은 짧은 시간에 큰돈을 벌어들일 수 있으며, 부자들처럼 물질적인 욕망을 채울 수 있다는 희망을 안고 마약 거래에 뛰어들었다. 욕망하는 대상은 달랐지만 소유욕을 만족시키려는 욕망 자체는 특권층이나 하층 계급이나 다를 바 없었다. 이제 탐욕은 시대의 명령이 되었다. 자본주의 문화는 가난한 공동체에도 그대로 이식되었다. 마약 거래로 돈을 모은 소수는 사치를 누리고, 그렇지 못한 다수는 물질적인 욕망을 충족시키지 못해 끊임없이 고통받는다. 가난하게 살아도 아이들에게는 항상 옳고 그른 것이 무엇인지, 정직하게 사는 것이 얼마나 가치 있는 것인지를 가르쳐온 어머니가 어느 날 아이가 마약을 파는 것을 알고도 눈감아주는 상황을 상상해보라. 아이에게 도덕적이고 윤리적인 세계를 알려주려고 했던 어머니가 물질주의의 강렬한 욕망과 현실의 궁핍 앞에 결국 굴복하고 만 것이다. 이제 그녀는 더 이상 소비주의 문화에 반감을 갖지 않는다. 그녀는 소비문화와 연결되었고 소비문화가 요구하는 대로 움직인다.

그녀는 더 이상 사랑을 갈구하지 않는다. 평생 사랑의 결핍으로 고통받아 왔지만 이제 사랑 따위는 생각하지 말고 마음의 문을 굳게 닫고서 더 많은 물질을 손에 넣는 것이 덜 힘들게 사는 길이라고 생각한다. 사랑에 대해 생각하는 것은 고통스럽기만 할 뿐이다. 그녀와 같이 그동안 숱하게 고통을 겪어온 많은 여성들은 이제 고통당하는 것이 지긋지긋하다. 그녀는 사랑을 찾을 때는 알지 못했던 쾌락과 만족을 경험하기 위해 무엇인가에 중독될 수도 있다.

가난한 사람들뿐 아니라 부유층 사이에서도 중독이 널리 퍼져 있는 까닭은 우리 사회가 소비주의에 병적으로 물들어 있기 때문이다. 소비주의는 우리에게서 사랑할 수 있는 힘을 빼앗고, 그 결과 사람들을 중독으로 내몬다. 소비주의에 휩쓸려 자신이 가지지 못한 것을 얻으려고 집착하다 보면 끝없이 갈증을 느끼는 심리 상태에 놓이게 된다. 이렇게 되면 정신적인 번뇌와 고통이 가중되어 어떤 것에든 집착해야만 마음의 안정을 찾는데, 이것이 반복되다 보면 결국 중독으로 이어진다. 현재 미국에는 수백만 명의 알코올중독자를 비롯해 이런저런 합법적, 불법적 약물에 중독되어 있는 사람들이 부지기수다. 특히 빈곤층에서는 중독이 일상화되어 있지만, 적극적으로 치유하려는 의지가 결여되어 있을뿐더러 치료 프로그램도 많지 않다. 게다가 어딘가에 중독되어 있지만 그것을 유지할 만한 형편이 되지 않는 이들은 육체적으로나 정신적으로 매우 고통스러운 날들을 보내게 된다. 이들은 중독을 통해 고통에서 벗어나려 하면서도, 사랑을 통해 고통에서 벗어날 생각은 하지 못한다.

스탠튼 필Stanton Peele은 『사랑과 중독Love and Addiction』에서 "모든 중독은 사람들과 관계 맺는 것을 방해한다"고 강조한다. 중독에 빠지면 사랑하는 것이 불가능해진다. 중독자들은 자신이 중독된 것 ─ 알코올이나 코카인, 헤로인 같은 마약뿐 아니라 섹스, 쇼핑 등도 중독에 포함된다 — 을 어떻게 손에 넣을지에만 관심을 쏟는다. 우리 사회에 사랑이 부재하기 때문에 중독자들이 양산되기도 하지만, 중독 자체가 사랑의 부재를 낳기도 하는 것이다. 중독자들은 자신이 탐닉하는 것만 중요하게 여기고 신성하게 받든다. 중독자들이 탐욕스럽게 자기만족만을 추구하면, 그동안 맺었던 친밀하고 가까운 관계들은 파탄 나고 만다. 중독자들은 결코 만족을 모르기 때문에 탐욕스러울 수밖에 없다. 종착역이 없는 열차처럼 욕망은 멈출 줄 모르고, 결코 충족에 다다를 수 없는 것이다.

중독이 가난한 사람들이나 소외된 사람들에게 더 파괴적인 결과를 빚는 것은 부유한 이들은 치료 프로그램에 참여할 수도 있고, 자신이 중독되어 있다는 사실을 숨기는 방법도 있지만, 빈곤층에는 그런 것들이 차단되어 있기 때문이다. O. J. 심슨 사건이 온 나라를 떠들썩하게 했을 때도, 약물중독이 가족들 사이의 정서적인 유대를 얼마나 파괴하는지에 주목하는 사람은 거의 없었다. O. J. 심슨이 가정 폭력을 일삼았던 문제에 대해서는 용납할 수 없는 행동이라고 입을 모아 비난하면서도, 약물 남용의 문제점에 대해서는 말이 없었다. 약물중독이 가족을 포함해서 사람들 사이의 감정적인 교류와 유대를 파괴하는 주요한 요인이라는 데 생각이 미치지 못했던 것이다.

또한 사람들은 심슨의 아내인 니콜 심슨이 부유한 유명 인사들에 둘러싸여 겉모습만 화려한 생활을 누리는 것에 집착함으로써, 아이들을 돌보지 않고 방치했던 것에 대해서도 언급하지 않았다. 난폭하지만 부유하고 권력을 가진 남자와 사는 여자는 남들 앞에서는 아무렇지도 않은 척하지만, 사석에서는 자신들이 권력과 부에 중독되어 있다는 사실을 인정한다. 남자든 여자든 물질적으로 풍족하기만 하면 비정상적이고 사랑이 없는 관계라도 억지로 유지하는 것이다.

이제 미국에는 탐욕이 팽배해 자기 목숨을 걸어서라도 물질적인 욕심을 채우려는 이들이 늘고 있다. 미국의 감옥은 돈에 대한 욕심 때문에 범죄를 저지른 사람들로 넘쳐나고 있다. 소비사회의 가치를 내면화하게 되면 누구도 돈에 대한 욕심에서 자유로울 수 없다. 우리는 돈에 눈이 멀어 다른 사람을 해친 범죄자들을 비난하지만, 과연 그들이 우리와 다르다고 할 수 있을까. 여러 연구 결과에 따르면 금전적인 이득이 걸려 있으면 기꺼이 거짓말을 하겠다는 사람이 아주 많은 것을 알 수 있다. 많은 사람들은 소비에 대한 욕망과 어떤 수단을 쓰더라도 부를 손에 넣고 싶다는 유혹에 시달리고 있다. 복권이나 카지노 같은 도박들이 공공연하게 인정되는 것을 보면 돈에 대한 욕망도 하나의 중독이라는 것을 알 수 있다. 노동 계층이나 중산층 가운데는 일확천금을 노리고 도박에 뛰어들었다가 힘들게 번 돈을 한순간에 날려버리는 경우도 흔하다. 이런 사람들은 한번 도박에 빠지면 헤어 나오지 못하고 가족들을 속이면서까지 계속 돈을 탕진한다. 이 역시 중독인 것이다. 그렇다고 체포되거나 구속되는 것은 아니지만, 가족 간의 신뢰와 애정에는 금이 갈 수밖에 없다. 이들은 물질적인 성공보다는 가족 간의 애정을 더 중요하게 여기는 다른 가족들에게 상처를 준다. 이런 사람들의 심리는 손쉽게 돈을 벌려는 목적으로 범죄를 저지르는 이들의 심리와 많이 닮아 있다.

마이클 필립스Michael Phillips는 『돈에 관한 일곱 가지 법칙Seven

Laws of Money』에서 자신이 만나본 죄수들 — 이들은 대부분 "더 빨리 부자가 되고 싶어" 도둑질을 하다 절도죄로 체포되었다 — 은 대부분 똑똑하고 근면한 사람들로, 정상적으로 일을 했다면 웬만큼 돈을 모을 수 있는 사람들이었다고 지적했다. 이들은 매일매일 부지런히 일해서 큰돈을 모으려면 오랜 시간이 걸리기 때문에 손쉬운 길을 택했다가 감옥에 갇힌 것이다. 부에 대한 욕망과 그 욕망을 빨리 충족시키고 싶다는 갈망이 결합하면 중독이 된다는 것을 알 수 있다. 즉각 욕망을 충족시키고 싶다는 마음은 탐욕의 한 요소를 이룬다.

물질화된 사랑

이러한 탐욕의 특성은 사람들이 사랑을 구할 때도 작용한다. 참된 사랑을 알려면 많은 시간과 노력을 들여야 하는데도 사람들은 욕망이 바로 충족되기를 원하는 것이다. 존 웰우드는 『마음의 여정: 열린 사랑이 밟는 길 Journey of the Heart: The Path of Conscious Love』에서 "사랑이 우리를 구원해주고, 우리의 모든 문제를 해결해주며, 행복과 안락함을 줄 것이라고 꿈꾸게 되면 헛된 환상에 사로잡혀서 되레 사랑이 갖는 참된 힘 — 우리를 변화시킬 수 있는 힘 — 이 발휘되지 못하는 결과를 낳는다"고 말했다. 많은 사람들이 사랑을 마치 마약처럼 생각해서, 사랑을 하면 그 즉시 도취 상태에 빠지고 그 상태가 오래 지속되는 것으로 생각하는 경향이 있다. 그런 사람들은 사랑을 위해 무언가를 하기보다는 그저 수동적으로 좋은 느낌이 전해지기만을 기다린다. 가부장적 문화에서는 특히 남성들이 사랑은 자기가 특별히 노력하지 않고도 마땅히 받아야 하는 것으로 생각한다. 남자들은 사랑에 필요한 것들을 별로 하고 싶어 하지 않는다. 그래서 많은 이들은 사랑이 행복이 피어나는 공간이기도 하지만, 비판적인 자각과 고통의 공간이기도 하다는 것을 알게 되는 순간 사랑으로부터 등을 돌리는 것이다.

우리 사회에는 비정상적인 인간관계에 대해 경고하는 목소리들이 많다. 그런 목소리들은 언뜻 비인간적인 관계를 없애고 사람들 사이에 사랑이 넘쳐나도록 노력하는 것처럼 보인다. 하지만 사실을 말하자면, 미국은 비정상적인 것을 정상적인 것으로 만드는 사회다. 이를테면 제대로 기능하지 않는 가족 관계에 대해 주의를 촉구하는 목소리가 많고 사회적인 관심이 높아질수록 가족이란 원래 그런 것이라는 생각이 사람들 사이에 깊게 자리 잡게 된다. 소비주의가 팽배한 곳에서는 절제된 구매 행위보다는 쾌락을 좇는 소비 행위가 정상적인 것으로 받아들여지듯이, 가족 관계에서도 제대로 기능하고 사랑으로 맺어진 가족보다는 난폭하고 서로에게 상처를 주는 가족이 더 정상적인 것으로 받아들이는 것이다.

이런 현상이 나오는 까닭은 우리 사회가 탐욕을 당연시하기 때문이다. 이런 사회에서는 누구나 남보다 더 많이 벌어 더 많이 사고 싶어 하기 때문에, 남들보다 앞서기 위해 거짓말을 하고 속이는 것은 아무도 문제 삼지 않는다. 사랑과 달리 물질적인 욕망은 현금이나 신용카드만 있으면 즉석에서 충족될 수 있다. 이러다 보니 사람의 마음과 정신에 관련된 문제도 물질적인 관계처럼 처리하게 되었다. 즉 파트너를 물건 고르듯이 골라서 쓰다가 용도가 다하면 내팽개쳐버리는 것이다. 여기서 중요한 것은 자신의 욕망이 충족되는가, 그렇지 않는가 뿐이다.

탐욕적인 소비가 시대정신이 될 때 필연적으로 그 사회는 비인간적으로 변한다. 사람을 물건처럼 취급해도 아무렇지 않게 받아들이게 된다. 그것은 모든 것이 교환되는 사회의 문화이고, 모든 것을 시장의 가치가 결정하는 사회의 문화이다. 그런 가치관은 사랑을 바라보는 태도에도 그대로 반영된다. 사랑에 대한 냉소주의는 젊은이들이 사랑이란 존재하지 않는다고 믿게끔 만들며, 파트너를 오직 자신의 욕망을 만족시키기 위한 수단으로만 바라보도록 만든다. "글쎄, 그 사람이 필요 없어졌다면 버려야지 뭐"라는 말을 우리는 얼마나 손쉽게 내뱉고 있는가. 인간관계가 일회용 종이컵처럼 다뤄지고 있는 것이다. 필요하면 구해 쓰다가 버리고, 다시 필요해지면 다른 종이컵을 또 구하는 식이다. 이런 논리가 지배하게 되면 (결혼처럼) 서로에게 충실해야 하는 유대 관계는 자리 잡을 수가 없다. 우정이나 사랑으로 맺어지는 공동체도 존재할 수가 없게 된다.

자신의 욕구 충족에만 충실하게 되면 자기 주변의 인간관계에 얽힌 문제를 푸는 데 서툴다. 특히 돈독한 관계를 유지해야 하는 경우에 더욱 그렇다. 사람들은 자신의 삶과 인간관계가 사랑으로 충만하기를 바라지만, 어떻게 해야 그런 관계를 끌어갈 수 있는지에 대해서는 아는 바가 별로 없다. 그래서 답을 얻기 위해 대중매체로 눈을 돌려보지만, 우리 시대의 대중매체는 갈수록 탐욕을 긍정하고 부추기는 주요한 수단으로 전락하고 있다. TV 시청자나 영화 관람객들은 어떻게 하면 인간관계를 의미 있게 끌고 갈 수 있는지에 대한 필요한 정보는 거의 얻지 못하는 대신, 각종 선전과 광고를 통해 소비주의를 주입받는 경우가 더 많다. 요즘은 극장에서 본편 상영에 앞서 상업 광고물을 먼저 상영하기 때문에 원치 않아도 CF의 세례를 받을 수밖에 없다. 사람들은 현실의 긴장에서 벗어나 마음을 풀어헤친 상태에서 어둠속에 앉아 영화의 미학에 빠져들고 싶다는 생각으로 극장을 찾지만, 이 순간을 놓치지 않고 온갖 광고 이미지들이 무차별 공격을 가해오는 것이다.

탐욕이 7대 죄악(오만, 탐욕, 색욕, 분노, 시기, 식탐, 나태) 중 하나로 꼽히는 까닭은 공동의 선을 위해서 노력하려는 우리의 의지를 좀먹기 때문이다. 탐욕은 인간이 살아남기 위해 필요한 공동체 정신과 사람들 사이의 유대감을 파괴한다. 그것은 다른 사람의 관심과 필요는 무시하고 오로지 자신만의 욕구에 매달리게 만든다. 탐욕이 지배하는 곳에서는 건강한 나르시시즘(자신을 긍정하고, 자신의 가치를 존중함으로써 자신을 사랑하게 되는 것)을 밀어내고 병적인 나르시시즘(자신의 욕망을 충족시키기 위해서라면 어떤 행위도 정당화하는 것)이 똬리를 틀게 된다. 사랑이 있는 곳에는 다른 사람을 위해 자신을 희생하려는 의지가 있지만, 탐욕이 지배하는 곳에는 그런 의지가 싹을 틔울 수도 없다. 미국이 빈곤층을 위한 사회복지에는 국가 예산을 거의 쓰지 않으면서도, 폭력적인 제국주의 문화를 위해서는 막대한 예산을 투여하는 것이 바로 이 때문이다. 폭리를 취하는 탐욕의 선지자들은 결코 만족을 모른다. 이들은 미국을 탐욕의 정치학으로 소진

시켜버리는 데 그치지 않고, 전 세계를 탐욕으로 물들게 해서 폭리의 빨대를 세계 곳곳에 꽂아두려고 한다.

그럼에도 돈으로 살 수는 없다

이웃 사람들에게 친절을 베푸는 행동이든, 일자리 나누기 시스템을 만들어내는 것이든, 국가 예산으로 복지 프로그램을 시행하는 것이든 관용과 자비의 정신은 탐욕의 확산을 막는 방파제 구실을 한다. 그런데 탐욕이 보편화된 사회에서는 이런 관용과 자비의 정신도 의혹의 눈초리를 받고, 심지어 약자들의 비겁한 행위로 폄훼된다. 그 결과 미국 시민들은 점점 더 관용의 정신을 잃어버려, 부자들의 이익을 지켜주는 정책은 적극 옹호하면서도, 가난한 사람들에 대해서는 그들이 열심히 일하지 않았기 때문에 궁핍한 것이라고 주장하기에 이르렀다. 나는 재산을 상속받아 별로 일을 하지 않으면서도 부유하게 살고 있는 사람들이 가난한 사람들은 돈의 가치를 제대로 알기 위해서라도 힘들게 일을 해야 하며, 그들을 위한 사회복지 정책 같은 것은 필요 없다는 말을 하는 것을 듣고 몹시 놀란 적이 있다. 부모나 친척이 물려준 재산으로 호의호식하는 그들이야말로 돈의 가치를 제대로 모르는 인간들이 아니던가. 대중매체에서 상속재산에 대해 거의 언급하지 않는 까닭은 열심히 일하지 않고도 재산을 모을 수 있는 방법이 있다는 생각이 사람들 사이에 퍼지는 것을 원하지 않기 때문이다. 상속받은 재산을 통해 부를 과시하는 이들이 많다는 것은 우리 사회에서는 열심히 일하는 것만으로는 부자가 될 만큼 충분한 돈을 모으기 힘들다는 사실을 역설적으로 보여준다. 탐욕의 문화가 보여주는 또 다른 아이러니는 열심히 일하지 않고서 많은 재산을 형성한 사람일수록, 가난한 사람들과 노동자 계층은 불로소득에 관심을 두지 말고 부지런히 일해서 얻는 수입을 소중하게 여겨야 한다고 열렬히 주장한다는 점이다. 그들은 이런 신념 체계를 퍼뜨림으로써 자신이 속한 계급의 이익을 보호할 뿐 아니라 가난한 사람들에 대한 책임감에서도 면제되려고 하는 것이다.

마리안 윌리엄슨은 『미국 치유하기 The Healing of America』라는 책에서 미국인들이 부를 공정하게 배분하는 문제에 대해 냉소적으로 바라보기 때문에 미국이 정신적으로 타락하고 있다고 말한다. "미국에는 너무나 많은 불의가 퍼져 있지만, 우리가 그것에 대한 논의를 하지 못하도록 방해하는 음모도 그만큼 많이 꾸며지고 있다. 미국에는 너무나 많은 고통이 퍼져 있지만, 그것을 제대로 보지 못하도록 막는 시도들도 그만큼 많이 행해지고 있다. 사람들은 이런 사회적인 문제들은 부차적이라거나, 그것들을 해결하려면 너무 많은 돈이 든다는 식으로 말한다. 마치 가장 중요한 것이 돈인 것처럼 말이다. 미국인들은 탐욕을 부리는 것은 지당하게 받아들이지만, 서로에 대해 형제애를 발휘하는 것은 시답지 않게 생각한다." 윌리엄슨은 뉴에이지의 정신적 지도자로서, 감히 누구도 말하지 못한 것을 드러내는 용기를 보여주었다. 하지만 사람들은 이 특별한 책에 거의 주목하지 않았다. 이 책에서 그녀는 사회적 불의에 저항해서 변화를 이끌어내라고 촉구했다. 그녀는 자신도 특권을 누리고 있음을 인정하면서, 자신을 포함한 우리 모두가 부의 공정한 분배에 관심을 기울여야 한다고 강조했다.

하지만 탐욕의 지배에 저항한다는 건 쉬운 일이 아니다. 물질적인 욕망을 떨쳐버리게 되면 그동안 우리가 감정적, 정서적으로 무엇을 잃고 있었는지를 깨닫게 된다. 하지만 탐욕의 지배를 받고 있을 때는 이런 사실을 깨닫지 못한다. 나는 유명한 랩 가수인 릴 킴 Lil' Kim을 인터뷰한 적이 있는데, 그때 그녀가 "나는 사랑에는 아무런 관심이 없다"고 말하는 것을 듣고 매우 놀랐다. 그녀는 자라면서 사랑을 받아본 적이 거의 없었지만, 지금 자신의 관심사는 사랑이 아니라 돈을 버는 것이라고 강조했다. 그 젊은 흑인 여성은 어린 시절, 파탄 상태의 가정에서 자라 고등학교도 졸업하지 못했지만 온갖 난관을 뚫고 인기와 부를 손에 넣었다. 그래서 나는 이제 그녀가 사랑을 꿈꾸지 않을까 생각했지만, 그녀가 전혀 그런 희망을 품고 있지 않다는 사실을 알고는 가슴이 먹먹해졌다.

그녀가 돈에 집착하고 돈을 숭배하는 것은 탐욕의 문화에서 보면 지극히 당연한 일일 것이다. 그런 문화에서는 그녀의 정서적인 성장에 대해서는 아무 흥미가 없다. 그녀가 사랑을 알든 말든 누가 관심이나 두겠는가. 많은 미국인들처럼 그녀도 부를 손에 넣으면 감정적인 결핍 따위는 충분히 메울 수 있다고 믿고 있었다. 부자들도 정신적, 감정적으로 고통받는다는 사실이 대중매체에 가끔씩 소개되지만, 사람들은 그런 점에는 별로 주목하지 않는다. 정말 돈이 사랑의 부재나 감정의 결핍까지 메워준다면 이 지구상에서 가장 행복한 사람은 부자들일 것이다. 그러나 현실은 그렇지 않다. 우리는 비틀

즈가 노래한 "돈이 나에게 사랑까지 사줄 수는 없다Money can't buy me love"는 구절을 기억해야 한다.

무엇을 감수할 것인가
\

　부자들이 돈에 대한 욕심을 내려놓지 못하고, 자기 재산을 지키려고 안달할수록 더 많은 스트레스에 시달리고 정신적으로도 불안해진다. 아무리 부자라도 자기 재산이 충분하다고 여기는 경우는 드물다. 그래서 만족을 모르고 불행한 느낌에 사로잡힌다. 그런데도 사람들은 부자가 되기 위해 부자들을 열심히 따라하려고 한다. 리처드 포스터Richard Foster는 『심플 라이프Freedom of Simplicity』에서 이렇게 말한다. "탐욕의 유혹에 넘어가면 우리의 삶이 얼마나 비참해지는지 생각하라. 거대한 빚더미에 매달린 채 거기서 떨어지지 않기 위해 두세 개의 일을 더 해야 한다. 더 멋진 집을 갖기 위해 불필요한 이사를 계속하느라 가족들은 한 곳에 뿌리 내리지 못한다. 하지만 우리는 아무리 해도 결코 충분히 만족할 만한 부를 얻지 못할 것이다. 무엇보다 가장 안타까운 것은 멋진 차를 가지고, 화려한 파티를 즐기고, 넓은 개인 수영장을 갖추다 보면 이 사회의 민주주의와 도시의 빈곤층, 세계 각지에서 굶주리는 사람들에 대해서는 깡그리 잊어버리게 된다는 점이다. 탐욕은 같은 인간으로서, 인류의 일원으로서 마땅히 가져야 할 연대의 끈을 끊어버리는 힘을 가지고 있다." 사실 우리는 같은 국가에 살면서도 3천8백만 명이나 되는 사람들이 굶주림에 시달리고 있다는 사실을 잊고 지낸다. 이것은 우리 사회가 자원을 공정하게 분배하는 데 실패했다는 사실을 드러내는 분명한 증거다. 돈을 숭배하면 인간의 마음은 딱딱하게 굳어질 수밖에 없다. 따라서 우리가 다른 사람들을 (직접적이든 간접적이든) 비인간적으로 대하고, 심지어 착취하고 있는데도 모른 체하면서 침묵으로 일관하게 되는 것이다.

1960년대에 급진주의 운동을 펼쳤던 이들 가운데 상당수가 지금은 골수 자본주의자로 변했다는 이야기를 자주 듣는다. 이들은 젊은 시절 자신들이 격렬하게 비판하고 붕괴시키고자 했던 자본주의 체제에서 열심히 이익을 취하고 있다. 하지만 그들 중 누구도 왜 자신들이 젊은 시절에 가졌던 신념 체계를 바꾸었는지, 왜 평화와 사랑을 옹호하던 자세에서 이윤과 권력을 찬양하는 쪽으로 바뀌었는지 책임감 있게 설명하지 않는다. 내가 보기에 그들이 이처럼 변하게 된 것은, 젊고 생계를 책임질 필요가 없는 사람들로 구성된 유토피아적인 히피 공동체가 내세웠던 자유로운 사랑의 정신이 하루하루 생계를 꾸려가기 위해 일하는 보통 사람들의 삶에 뿌리내리지 못했기 때문이다. 주류 사회의 바깥에 머물고 있던 이 젊은 진보주의자들은 사회정의를 외치며 급진적인 정치를 지지하긴 했지만, 기존 사회 시스템을 평화와 사랑이 가득한 체제로 바꾸기 위해 자신들이 직접 몸을 던져가면서 열심히 뛰지는 않았던 것이다. 결국 그들은 좌절했고, 기존 사회질서에 투항함으로써 안락한 길을 걷게 되었다.

이들이 사회정의를 버리고 물질적인 풍요를 더 사랑하게 되기까지는 오랜 시간이 걸리지 않았다. 젊은 시절 한때 공민권운동이나 유색인종, 여성들을 위한 운동에 헌신하는 것은 힘들지 않았지만 평생에 걸쳐서 경제적인 궁핍을 견뎌가며 사회정의를 위해 몸 바쳐 일하는 것은 쉬운 일이 아니었다. 특권계급에 저항했던 급진주의자와 히피들은 세월이 흘러 결혼을 해서 자식을 낳아 키우게 되었고, 이들은 자기 자식들이 자신들이 비난했던 그 특권계급에 속하길 원했다. 그들은 자식들이 물질적으로 안전한 생활을 하기를 바랐던 것이다. 급진주의자와 히피들 중에서도 원래부터 가난한 계층 출신이었던 이들조차 물질적인 안락을 추구했다. 이들은 자신들이 젊은 시절 간직했던 공동체주의를 계속해서 지지했다가는 경제적으로 어려움을 겪게 될지도 모른다는 두려움을 느꼈던 것이다.

최근에 나는 고급 음식과 음료가 차려진 저녁 식사 자리에서 과거 한때 급진주의자였던 사람들이 하는 말을 듣고 당혹감을 느꼈다. 자신들은 이제 "사회적으로는 자유주의자이지만, 국가재정 면에서는 보수주의자"라는 거였다. 이 말은 대기업을 육성하는 정책은 지지하지만, 사회복지 예산을 늘리는 정책에는 반대한다는 의미였다. 윌리엄슨의 『미국 치유하기』에는 다음과 같은 글이 나오는데, 정곡을 찌르는 주장이라고 생각한다. "오늘날 미국에는 사회복지 제도에 반대하는 사람들이 많은데, 이들의 진짜 목적은 사회복지에 예산을 남용하지 못하도록 하는 것이라기보다는 공공 영역에서 사람들 사이의 유대와 연대감이 형성되는 것을 막고자 하는 것이다. 미국에는 개개인이 얼마나 도덕적이고 윤리적으로 사는지에 대해서는 눈에 불을 켜고 살펴보는 사람이 많지만, 사회적인 윤리가 얼마나 건강한지에 대해 의문을 제기하는 사람은 거의 없다. 우리는 지구상에서 가장 부유한 국가에 속하지만, 서구의 다른 선진국에 비하면 빈곤층을 지원하기 위한 국가예산이 쥐꼬리만큼 밖에 되지 않는다. 미국 아이들은 다섯 명 중 한 명꼴로 가난에 시달리며, 특히 흑인 아이들은 두 명 중 한 명이 그렇다. 선진국 가운데 전 국민에게 혜택을 주는 의료보험 체계를 갖추지 않은 나라는 미국밖에 없다." 이것은 진실이지만 아무도 직시하려 하지 않는다. 미국인들 중 다수가 유대와 연대의 윤리를 받아들이려 하지 않는 까닭은 그렇게 되면 자신의 현재 삶이 위태로워질 수 있다고 겁을 먹기 때문이다. 미국인들은 옆 사람보다 더 많이 가져야만 안전할 수 있다는 믿음에 사로잡혀 있다. 하지만 그들은 끝없이 돈을 모으면서도 불안감을 떨치지 못한다. 왜냐하면 언제든지 다른 사람들이 자기보다 더 많이 가질 수 있기 때문이다.

우리 사회는 빈부 격차가 갈수록 더 심해지고 있다. 부유한 계층의 사람들은 한곳에 모여 살면서 자신들의 부를 과시한다. 하지만 그 부를 위해 얼마나 많은 사회적 비용이 들어갔는지에 대해서는 알려고도 하지 않는다. 전체 인구 가운데 극히 일부의 사람들이 화려하고 사치스러운 세계에서 살기 위해 얼마나 많은 사람들이 고통을 감내하고 있는지에 대해서는 우리 사회 전체가 도통 관심을 두지 않는다. 나는 언젠가 막 부유한 계층에 진입한 남자에게 부자가 되고 나서 어떤 점이 가장 좋으냐고 물어본 적이 있다. 그는 돈으로 사람들을 마음대로 부릴 수 있고, 돈의 힘을 이용하면 사람들을 굽실거리게 할 수도 있으며, 그들의 가치관조차 바꿀 수 있다는 사실을 눈으로 확인하는 것이 즐겁다고 했다. 그는 한마디로 탐욕의 문화가 만든 괴물이었다. 그는 남들보다 더 많이 가지고 있다는 사실 뿐만 아니라, 돈으로 다른 사람을 멸시하고 굴복시킬 수 있다는 사실에 더 큰 쾌감을 얻고 있었다. 이처럼 탐욕을 만족시키기 위해서는 남을 지배할 수밖에 없다. 지배욕으로 가득 찬 세계에서는 결코 사랑이 존재할 수 없다고 말하는 것은 바로 이 때문이다.

욕망을 끄는 법

우리 인간은 약한 존재들이다. 우리는 물질의 유혹에 약하다. 사랑의 윤리로 살아가리라고 각오한 사람조차도 가끔은 탐욕 앞에 무릎을 꿇게 된다. 지금은 위험한 시대이다. 부패한 사람만이 탐욕에 휘말리는 것은 아니다. 평소 착하고 따뜻한 마음을 가지고 살아가던 사람도 권력과 특권에 접근하게 되면 탐욕에 휩쓸릴 수 있다. 평소 좋은 이미지를 유지하고 있던 클린턴 대통령은 자신의 지위를 이용해 정부에 고용된 젊은 여성을 성적으로 유혹하는 짓을 저지름으로써 자신의 탐욕을 만천하에 드러내고 말았다. 그의 행위는 쾌락을 얻기 위해서라면 자신이 가진 것이 위험에 처하더라도 기꺼이 감수하겠다는 의지를 보여준다. 그런데 클린턴이 권력을 남용한 행동에 대해 많은 미국인들이 그럴 수 있다는 반응 ─ 운이 나빠서 세상에 알려졌을 뿐이라고 생각하는 것 ─ 을 보인 것은 미국이 탐욕의 정치에 얼마나 깊이 물들어 있는지를 보여준다. 그들은 그런 탐욕적인 행동이 사랑을 소중하게 여기는 사람들의 마음을 얼마나 짓밟고,

사랑하는 사람을 위해서는 기꺼이 희생할 수 있다고 생각하는 사람들의 마음에 얼마나 먹칠을 하는지 이해하지 못한다. 클린턴과 스캔들을 벌였던 그 젊은 여성의 이후 행동도 나을 바가 없었다. 그녀는 사실관계를 솔직하게 털어놓는 대신 실상을 조작했으며, 마침내 돈벌이를 위해 자기 이야기를 팔아넘겼다. 우리 사회는 벼락부자가 되고 유명인사가 되고픈 욕망에 이끌려 그녀가 온갖 이야기를 지어내는데도 그저 묵묵히 받아주었다. 심지어 그녀는 자신이 희생자인 양 포장하기도 했다. 두 사람이 합의 하에 쾌락을 위해 일시적인 성관계를 맺었음에도 마치 숭고한 러브 스토리라도 되는 양 각본을 꾸며댔다. 그녀는 자신이 만들어낸 환상적인 사랑 이야기에 사람들이 속아 넘어가기를 바랐다. 하지만 두 사람이 벌인 행위에는 거짓과 배신, 사랑하는 사람에 대한 배려의 결여가 있을 뿐이었다. 그 어디에도 사랑이 피어날 수 있는 여지는 없었다. 그것은 러브 스토리가 아니었다. 그것은 단지 ― 사랑을 파괴할 정도로 강력한 ― 탐욕의 정치학이 공개적으로 드라마화된 것에 지나지 않았다.

　탐욕은 사랑과 사람들 사이의 연대의 감정을 빼앗아간다. 그렇기 때문에 사랑과 유대를 되찾기 위해서는 탐욕 없는 단순한 삶을 살아야 한다. 단순하게 사는 것만이 탐욕에 저항할 수 있는 길이다. 갈수록 많은 사람들이 단순하게 사는 것, 자원을 공정하게 배분하는 것이 얼마나 중요한지를 깨닫고 있다. 전 세계적으로 공산주의가 정치적인 패배를 맛보았지만, 공동체주의적인 정치학은 지금도 여전히 중요한 가치를 띠고 있다. 우리는 탐욕의 유혹에 저항해야 하고 또 그렇게 할 수 있다. 우리는 공공 정책을 바꿀 수 있고, 정직하고 진보적인 정치인들을 선출해서 정치판을 쇄신할 수도 있다. 또한 우리는 탐욕을 부추기는 TV를 끄고 외면해야 한다. 대신 사랑의 감정을 소중히 여겨야 한다. 지구를 구하기 위해서 무절제한 낭비도 멈추어야 한다. 자원을 재활용하고 생태계를 지키기 위한 여러 가지 시도들에 호응해주어야 한다. 우리는 부의 공정한 분배에 관심을 기울임으로써 공동체주의와 사람들 사이의 연대를 강화해야 한다. 이런 것들이 이뤄지게 되면 우리는 삶을 더 소중하게 여기고 살아 있음에 감사하게 될 것이다. 욕망을 (즉각적으로 충족시키려고 안달하기보다는) 지연시키고 자신의 행동에 책임지게 될 때, 우리의 정신세계와 감정 세계는 훨씬 순수해질 것이다. 단순하게 살면 사랑도 순수해진다. 단순한 삶은 우리에게 사랑하는 능력을 고양시켜주기 때문이다. 이로써 우리는 자연스럽게 다른 사람과 유대하는 법을 배우게 되고, 자신이 이 세계와 하나의 공동체로 연결되어 있다는 사실을 온전히 받아들이게 된다.

공동체
교감하는 사랑

공동체는 분열된 삶divided life에는 뿌리를 내릴 수 없다. 공동체 정신은 우리가 이 세상에 막 태어났을 때, 즉 분리를 겪기 이전의 통일된 자아undivided self 안에 이미 씨앗을 가지고 있다고 보아야 한다. 그 씨앗이 외적으로 발현해서 공동체의 형상을 띠게 되는 것이다. 따라서 우리는 먼저 자기 자신과 교감할 수 있어야 다른 사람과 더불어 공동체를 만들 수 있다.

_파커 팔머Parker Palmer

사랑을 경험하는 최초의 공동체

　인간은 생존을 위해서 공동체를 만든다. 그것은 세계 어느 곳이든 마찬가지다. 우리가 삶을 유지하도록 해주는 것은 공동체이지, 핵가족이나 '커플들', 자기밖에 모르는 개인주의자들이 아니다. 공동체야말로 사랑의 기술을 배울 수 있는 가장 좋은 학교이다. 스캇 펙은 자신의 책 『스캇 펙 박사의 평화 만들기』The Different Drum: Community Making and Peace』에서 "공동체 안에서, 공동체를 통해서만 세계를 구원할 수 있다"고 강조했다. 그는 또한 공동체란, "서로 정직하게 소통하고, 서로 깊은 관계를 맺어가며, 기쁨도 슬픔도 함께 나누고, 서로에게서 즐거움을 찾고, 다른 사람의 형편을 자기 형편처럼 생각할 줄 아는 사람들의 모임"이라고 정의했다. 우리 인간은 태어나면서부터 공동체에 소속된다. 혼자 동떨어져서, 겨우 한두 사람만이 반겨주는 가운데 세상에 태어나는 아이는 거의 없다. 가족들, 의사, 간호원, 산파, 또는 아이의 탄생을 기뻐해주는 낯선 사람들까지, 앞으로 아이가 속하게 될 공동체를 이루는 사람들에 둘러싸여 태어나게 된다.

우리 사회에서는 '가족의 가치'라는 말을 쓸 때 대체로 부모와 한두 명의 자식으로 이루어진 핵가족을 염두에 둔다. 미국인들은 핵가족이 아이를 기르는 데 가장 좋고, 개인의 행복을 위해서도 적절하다고 믿는다. 그러나 핵가족을 '가족family'과 동일시하는 것은 가족에 대해 잘못 생각하는 것이다. 핵가족은 친족들로 이루어진 더 큰 가족에 속하는 작은 조직일 뿐이다. 자본주의와 가부장제는 더 효율적인 지배를 위해 친족 단위로 이루어진 대가족 제도를 지속적으로 붕괴시켜 왔다. 대가족 공동체가 핵가족으로 대체되면서 사람들 사이에 소외 현상이 심해지고, 핵가족 내에서의 권력 집중 현상도 심해졌다. 핵가족에서는 아버지에게 절대적인 권력이 주어지고 어머니가 그 뒤를 받친다. 사회적으로 핵가족이 대세가 되면서 여성들은 한 남성(남편)에게 더 많이 의존하게 되었고, 아이들은 한 여성(어머니)에게 더 깊이 의지하게 되었다. 핵가족 내에서 권력 남용 현상이 빈발하는 까닭은 이 때문이다.

가부장적인 핵가족이 실패했다는 것은 이제 너무나 분명해졌다. 핵가족은 감정적, 정서적 혼란이 상존하고, 무시와 학대가 빈발하는, 제 기능을 못하는 장소가 되어버렸다. 그럼에도 아직도 핵가족이야말로 아이를 키우는 데 가장 적합하다고 우기는 이들이 있다. 물론 나는 대가족이라고 해서 문제가 없다는 얘기를 하려는 것이 아니다. 하지만 적어도 대가족은 직계가족뿐 아니라 방계친족들(예를 들면, 결혼을 통해 대가족으로 흡수되는 피가 섞이지 않은 친척들)도 포함되기 때문에 다양한 구성원이 존재할 수 있다는 것만으로도 핵가족보다 훨씬 아이들을 키우기에 좋은 환경이다. 그중에는 반드시 온화하고 사랑할 줄 아는 사람이 있기 때문이다.

공개적으로 내가 자란 (핵)가족의 문제점에 대해서 말하기 시작했을 때 어머니는 무척 노하셨다. 어머니는 내가 웬만큼 사회적으로 자리를 잡고 있는 것만 보더라도 우리 가족이 그다지 큰 문제가 없었다는 것을 뜻한다고 생각하셨다. 하지만 내가 어린 시절이 고통스러웠음에도 불구하고 그나마 잘 자랄 수 있었던 것은 확대된 가족, 즉 우리 친척들 가운데 나에게 희망과 용기를 주고 사랑을 베풀어준 이들이 있었기 때문이다. 그들은 나에게 핵가족 안에서 당연시되는 것과는 다른 사고방식과 행동 패턴이 존재할 수 있다는 점을 보여주었다. 사실 이런 예는 우리 주변에서 많이 들어볼 수 있다. 기능장애적인 핵가족 안에서 괴로움을 겪다가 핵가족 구성원 이외의 다른 사람들 — 정신분석학자인 앨리스 밀러Alice Miller는 이런 사람을 "문명의 수호자enlightened witness"라고 부른다 — 의 도움으로 이겨내는 경우가 많다. 실제로 어릴 때 이런저런 고통을 받으며 자란 경험이 있는 어른들은 친절하고 따듯한 관심으로 자신들에게 다시 희망을 가질 수 있게 해준 누군가를 기억하고 있다. 이런 게 가능했던 것은 가족이 더 큰 공동체의 일부로 존재하고 있었기 때문이다.

가부장적인 핵가족은 역사적으로 보면 극히 최근에 형성된 사회조직이라고 할 수 있다. 하지만 핵가족 제도가 전 세계에 퍼질 가능성은 별로 없다. 왜냐하면 대가족에서 떨어져 나와 핵가족을 이루려면 경제적으로 자립할 수 있어야 하는데 선진국들을 제외하면 그런 여력을 갖춘 나라가 많지 않기 때문이다. 심지어 미국에서도 요즘은 경제적인 이유(비싼 주거비용, 높은 실업률 등)로 장성한 자식들이 집을 떠나지 않거나, 독립을 했다가도 다시 돌아오는 경우가 늘고 있다. 또한 인류학자와 사회학자들은 가부장적인 핵가족 제도가 구성원 모두에게 결코 건전한 환경이 되지 못한다는 연구 결과를 속속 내놓고 있다. 아이들이 확대된 가족(대가족)이나 공동체에서 정신적으로 가장 건강하게 자랄 수 있다는 것은 분명한 사실이다.

아이들은 대가족 속에서 공동체의 힘을 배울 수 있다. 다만 가족 구성원들이 서로 솔직하게 소통할 때에만 그렇다. 문제가 많은 대가족들을 보면 기능장애적인 핵가족처럼 커뮤니케이션이 제대로 되지 않는다는 특징이 있다. 가족들 사이에 비밀이 많으면 그 가족은 하나의 공동체를 만들 수가 없다. "함께 기도하는 가족은 화목합니다The Family that prays together stays together"라는 광고 문구가 유행한 적이 있다. 기도도 의사소통의 한 방법이기 때문에 기도를 활용하면 가족들을 하나로 묶는 데 도움이 될 것이다. 이 광고를 들었던 10대 시절 나는 어른들한테서 억지로 기도를 하도록 강요당하고 있었기 때문에 광고 문구에 공감하지 못하고 대신 이렇게 바꾸곤 했다. "함께 대화를 나누는 가족은 화목합니다." 서로 허심탄회하게 대화를 나누는 것이야말로 튼튼한 공동체를 만드는 지름길이다.

우정; 관계의 기초

만약 우리가 대가족(이것은 우리가 경험하는 최초의 공동체이다) 안에서 사랑을 경험하지 못한다면, 그 다음 대안으로는 친구 관계가 있다. 특히 어린아이들은 좋은 우정을 통해 공동체를 경험하고 사랑을 배울 수 있다. 실제로 많은 사람들은 — 어릴 때뿐 아니라 성인이 되어서도 — 가족 안에서는 얻지 못했던 관심과 존중, 이해, 영적인 성장에 필요한 자양분을 친구들에게서 찾는다. 수전 밀러Susan Miller는 『나를 기죽이지 마세요Never Let Me Down』라는 제목의 감동적인 회고록에서 이렇게 회상했다. "나는 줄곧 사랑이 내 근처 어딘가에 분명히 있을 것이라고 생각했다. 그래서 내 내면을 들여다보고 또 들여다보면서 사랑을 찾았지만 허사였다. 당시 나는 사랑이 어떤 것인지는 알고 있었다. 그것은 내가 아끼던 인형에 대해서 느끼던 감정, 아름다운 것들과 내 친구들에 대해서 느끼던 감정과 같은 것이라고 생각했다. 훗날 가장 친한 친구인 데비를 만나고 난 뒤 나는 사랑이란 우리에게 좋은 느낌을 가지게 만드는 것이라고 더욱 확신하게 되었다. 자신을 미워하게 하거나, 나쁜 감정을 가지게 만드는 것은 사랑이 아니었다. 사랑은 우리를 편안하게 해주고, 자유롭게 해주며 활짝 웃게 만드는 것이었다. 가끔 데비와 싸우기도 했지만 우리는 본질적인 면에서 서로 연결되어 있었기 때문에 그런 것쯤은 아무 문제가 되지 않았다." 사랑이 넘치는 우정은 우리에게 공동체적인 기쁨을 제공하며, 서로 간에 어떤 문제나 갈등이 있을 때에도 그것을 슬기롭게 극복하는 방법을 가르쳐준다.

하지만 우리는 어릴 때부터 친구 사이의 우정은 가족 간의 사랑보다 중요하지 않다는 말을 들으면서 자란다. 그럼에도 우리들 대부분은 우정을 통해 처음 사랑에 눈을 뜨고, 서로를 보살피는 공동체 정신을 만나게 된다. 우리가 배운 것과는 달리 우정에서 배운 이런 사랑의 경험이 가족과 연인을 사랑하게 하는 힘을 준다. 내 친한 친구는 청소년 시절에 어머니를 여의었다. 한번은 내가 "우리 엄마는 나를 너무 달달 볶는다"고 불평을 하자, 그 친구가 가만히 듣고 있더니 이러는 게 아닌가. "나는 엄마가 뭐라고 꾸짖어도 좋으니 엄마 목소리를 한 번이라도 들을 수 있으면 소원이 없겠어." 그러더니 친구는 엄마 잃은 슬픔에 대해 얘기하면서 내게 좀더 인내심을 가지고 엄마를 대하라고 충고했다. 자기도 엄마가 살아 계실 때 왜 좀더 많은 대화를 하지 못하고, 화기애애하게 지내지 못했는지 후회된다고 덧붙였다. 나는 친구의 충고를 듣고 어머니를 좀더 이해하고 어머니와 즐거운 시간을 갖도록 노력하게 되었다. 이처럼 진정한 우정 안에서는 솔직한 비판이 가능하다. 참된 친구라면 상대가 행복해지기를 바라게 되어 있다. 내 친구는 내가 어머니와 사이좋게 지내면서 행복하기를 바랐던 것이다.

그런데 우리는 우정을 너무 당연하게 여기고 부차적인 것으로 밀어놓는 경우가 많다. 특히 연인이 생기면 우정은 뒷전으로 밀려나기 일쑤다. 이렇게 되면 한창 낭만적인 관계에 빠져 있을 때는 눈치채지 못하겠지만 나중에 돌아보면 자신이 큰 실수를 했음을 깨닫게 된다. 연인 관계가 가장 중요하다고 생각하고 거기에 모든 것을 집중하기 위해 친구 관계를 끊어버리면 결국은 연인 관계에서 자신이 종속적인 위치로 떨어지게 된다. 나는 가까운 친구들이 사랑에 빠지자마자 친구 관계를 끊을 때 참담하고 안타까운 심정이 된다. 한번은 아주 절친했던 친구에게 애인이 생겼는데, 나는 그 남자가 전혀 마음에 들지 않았다. 그러자 친구는 나와 모든 연락을 끊었고 나는 마음에 큰 상처를 입었다. 그녀는 모든 것을 애인과 함께했고, 애인의 친구들하고만 지냈다.

그 후 친구와 만나서 서로의 속마음을 터놓고 얘기하면서 우리의 우정은 다시 회복되었다. 물론 이전만큼 자주 만나고 매일 통화하지는 못하지만, 우리를 묶어주었던 우정의 끈은 여전히 건재하다. 나는 참된 연인 관계라면 친구들과의 우정도 소홀하지 않아야 한다고 생각한다. 신뢰는 사랑의 핵심이다. 우리는 사귀는 파트너가 자기 친구들과 계속 유대를 갖더라도 연인 관계가 약해지거나 나쁜 영향을 미치는 일은 전혀 없다는 사실을 믿어야 한다. 오히려 친구들과 끈끈한 우정을 맺을수록 연인 관계도 더 단단해진다는 것을 경험을 통해 알 수 있다.

내가 줄곧 이야기해왔듯이 사랑이란 서로에 대한 관심과 존경, 서로에 대한 이해와 책임감을 통해 자기 자신뿐 아니라 다른 사람의 영적인 성장을 돕는 것이다. 우리가 사랑에 대한 이 정의를 받아들인다면 어떤 사랑이든 그 토대는 똑같다고 할 수 있다. 로맨틱한 사랑이라고 해서 특별할 게 없다. 자기 자신을 사랑하든, 가족이나 친구, 연인 등등 누구를 사랑하든 간에 사랑의 정신은 동일하다는 말이다. 물론 관계의 성격에 따라 행동하고 헌신하는 정도는 다르겠지만, 그 모든 행동들이 사랑의 윤리에 기초해야 한다는 것은 변함이 없다. 그런데 나는 과거에 이를 깨닫지 못하고 잘못된 행동을 한 적이 있다. 가장 오랫동안 연인 관계를 맺은 사람이 있었는데, 당시 나는 그 사람과의 관계를 다른 어떤 인간관계보다 우위에 놓았던 것이다. 그래서 우리 관계가 끝났을 때 나는 거기서 헤어 나오는데 상당히 애를 먹었다. 그 사람과 사귀는 동안 나는 친구 사이에서는 전혀 받아들이지 않았을 행동들, 예컨대 언어폭력이나 신체적인 학대를 묵묵히 참아냈다.

그것은 내가 어릴 때부터 연인 관계야말로 모든 관계 중에서 가장 '특별'하며 무엇보다 중요한 관계라고 배워왔기 때문이다. 1950년대나 그 이전에 태어난 사람들은 남자든 여자든, 결혼이나 결혼에 버금가는 남녀 관계가 다른 모든 관계에 앞선다고 믿도록 사회화되었다. 내가 만약 결혼이나 연인 관계에서 중요한 것은 의무나 강제가 아니라 서로의 영적인 성장이라고 일찍부터 배웠다면 남녀 관계에서 언어나 신체적인 학대가 두 사람의 관계를 돌이킬 수 없게 만든다는 것을 진작 이해했을 것이다. 하지만 아직도 많은 여성들은 남성들의 난폭하고 불쾌한 언동을 묵묵히 참아내고, 부당한 행동을 하더라도 잊고 용서해주는 것이 그 사람을 사랑하고 그 사람에 대해 헌신하는 것이라고 믿고 있다. 그러나 진정 사랑하는 관계라면 난폭하고 무시하는 언동을 당할 때 상대가 그렇게 하지 못하도록 해야 옳다. 그런데도 젊은 시절의 나는 그렇지 못했다. 당시 나는 페미니즘 이론으로 무장하고 있었기 때문에 남녀가 평등해야 한다고 알고 있었음에도 불구하고, 어릴 때부터 받아온 종교적 가르침과 가정교육에 압도당한 나머지 연인 관계가 파탄나지 않도록 하려면 상대 남성이 어떤 언동을 하더라도 묵묵히 받아주어야 한다고 믿었다.

되돌아보면 당시 나는 사랑의 기술에 무지했기 때문에 출발할 때부터 위험을 안고 있었다고 할 수 있다. 우리 두 사람은 14년 넘게 함께 살았지만 사랑이 무엇인지 제대로 알지 못했기 때문에 어린 시절부터 귀에 못이 박히도록 들어온 전통적이면서도 잘못된 남녀 관계만을 반복했을 뿐이다. 누군가를 사랑하기 위해서는 자기 안에서 어떤 변화가 있어야 했지만 그걸 인식하지 못했다. 내가 만약 친구 관계에서처럼 당시 우리 관계에서도 서로에 대한 존경과 관심, 서로에 대한 이해와 책임감이 있어야 한다고 믿었다면 관계를 회복하는 데 성공했거나, 회복하는 데 실패했을 때도 좀더 일찍 그 관계에서 빠져나올 수 있었을 것이다. 많은 여성들이 친구들 사이에서의 감정적, 신체적 학대는 그대로 묵과하지 않으면서 이상하게 남녀 관계에서는 그런 폭력이 주기적으로 일어나더라도 묵묵히 견뎌낸다. 여성들이 친구 관계에서 요구되는 수준을 남녀 관계에서도 지키려고 노력한다면 남성들에게 일방적으로 희생당하는 일은 없을 것이다.

그렇게 시간과 에너지를 한껏 소모하고 난 다음 그 오랜 관계에서 빠져 나왔을 때, 당연히 나는 혼자였고 몹시 외로웠다. 하지만 나는 우정을 통해 다시 회복되었다. 이때의 경험을 통해 나는 반드시 연인 관계가 아니더라도 진정한 사랑을 주고받는 사람들과 더불어 사는 것이 삶을 훨씬 더 충만하게 만든다는 것을 깨달았다. 우리는 이런 교훈을 친구들과 교류 없이 혼자서 외롭고 힘든 시간을 보내고 나서야 얻게 된다. 사랑하는 연인에게 언제 버림받을지 모른다는 두려움 속에 살거나, 실제로 버림받는 경험을 하고 나서야 사랑이라는 것이 꼭 연인 관계에만 존재하는 게 아니라는 사실을 알게 되는 것이다. 낭만적인 관계뿐만이 아니라 우정을 비롯한 어떤 의미 있는 관계에서도 우리는 제대로 사랑을 나눌 필요가 있다. 나는 친구 관계에서는 상대의 정직하지 못한 행동을 용납하지 못하면서도 연인 관계에서는 남성의 거짓말과 거짓 행동을 받아주고 자기 자신도 거짓된 말과 행동을 기꺼이 하는 여성들을 많이 봐왔다. 서로를 사랑하면서 진정한 우정을 쌓아가는 방식은 로맨틱한 관계를 비롯한 다른 관계에서 어떻게 행동해야 하는지를 알려주는 지침이 된다. 그런 지침을 통해 우리는 공동체의 진짜 의미를 배울 수 있다.

연민으로 공감하고 용서로 존중하라

사랑으로 맺어진 공동체에서는 서로 연민을 가지고 공감하고, 너그러움을 가지고 용서한다. 『사랑하기 위해 살다 Life is for Loving』를 쓴 에릭 버터워스 Eric Butterworth 는 「사랑과 용서」라는 장에서 이렇게 말한다. "우리는 사랑 없이는 살아갈 수 없다. 사랑에는 치유하고 위로하고 조화를 이루는 힘이 있다. 그리고 이 사랑은 오직 완전한 용서를 통해서만 이루어진다. 자유와 평화를 원하고 사랑하고 사랑받는 경험을 하고 싶다면 우리 모두는 온전하게 용서할 수 있어야 한다." 용서는 너그러움에서 나오는 행위다. 아무리 화가 나고 분노가 치밀더라도 상대가 자신의 잘못에 대해 죄책감을 느끼고 고뇌에 시달리고 있다면, 자신의 분노와 화를 죽이고 상대를 죄책감과 고뇌의 감옥에서 벗어나도록 해주는 것이다. 용서를 통해 우리는 사랑으로 가는 길을 열 수 있다. 용서는 상대를 존중하는 것이기도 하다. 상대가 왜 그런 행동을 했는지 이해해줄 수 있을 때 우리는 용서의 손길을 뻗을 수 있다.

    용서는 우리가 영적으로 성장하는 데 필수적이지만, 용서한다고 해서 모든 것이 금방 좋아지는 것은 아니다. 사랑을 주제로 한 뉴에이지 관련 서적들은 우리가 사랑하기만 하면 만사형통일 것처럼 얘기한다. 하지만 실제로는 공동체 정신을 가지고 서로 사랑하더라도 거기에 갈등이나 배신이 없을 리 없고, 좋은 의도로 한 행동이 나쁜 결과를 빚을 수도 있다. 그럼에도 사랑은 이런 현실적인 문제 앞에서 삶을 긍정하고 더욱 향상시키는 방향으로 나아가게 해준다. 한번은 동료가 내 연구에 대해서 악의적으로 공격한 적이 있었다. 나는 그녀를 평소에 절친한 친구로 생각하고 있었을 뿐 아니라, 그녀의 연구 실적에 대해서도 좋은 평가를 해주고 있었기 때문에 나로서는 몹시 당황하지 않을 수 없었다. 게다가 그녀는 사실을 왜곡하고 과장했다. 그동안 애정을 가진 친구였기 때문에 내가 받은 상처는 이루 말할 수 없었다. 생각 끝에 나는 그녀가 왜 그런 행동을 했는지, 그녀 입장에서 이해해보기로 했다. 그러자 그녀가 그런 행동을 하게 된 동기를 납득할 수 있었다. 로빈 카사르지안Robin Casarjian은 『용서! 마음의 평화를 위한 대담한 선택Forgiveness! A Bold Choice for a Peaceful Hear』에서 이렇게 말한다. "용서를 하면 자신이 주변 환경의 무력한 희생자라는 생각에서 벗어나 능동적이고 너그러운 마음으로 현실을 만들어간다는 생각을 갖게 된다. (……) 용서는 우리에게 사랑하는 능력을 되찾아준다."

연민과 용서의 마음을 갖게 되자 그녀가 나에게 준 실망과 슬픔에서 벗어날 수 있었고, 이전처럼 여전히 그녀의 연구 실적을 높이 평가해줄 수 있었다. 또한 연민을 통해 나는 그녀가 왜 그런 행동을 했는지 이해하고, 용서할 수 있었다. 그 결과 지금도 나는 그녀를 내 공동체의 일원으로 받아들이고 있다. 그녀가 원한다면 언제든지 내 마음의 한 자리를 차지할 수 있다는 말이다.

혼자 있는 시간

사실 우리 모두는 사랑이 넘치는 공동체를 갈망한다. 그것이 삶을 기쁘게 만들기 때문이다. 그런데 실제로는 많은 사람들이 홀로 되는 것이 두려워 공동체를 원한다. 하지만 홀로 지내는 법을 제대로 아는 것은 사랑의 기술에서 아주 중요하다. 아무런 두려움 없이 홀로 지낼 수 있어야 다른 사람들을 자신의 외로움에 대한 도피처로 삼지 않게 된다. 신학자 헨리 나우웬Henry Nouwen은 생전에 고독이 얼마나 가치 있는 것인지를 줄곧 강조했다. 그는 여러 권의 저서와 에세이를 통해 고독은 다른 사람의 간섭에서 벗어나기 위해서가 아니라, 거짓 자아를 몰아내고 진정으로 자기 자신을 들여다보기 위해서 꼭 필요한 것이라고 강조했다. 그는 『영적 발돋움Reaching Out』에서 외로움loneliness과 고독solitude은 다르며, "현대인들이 겪는 고통의 태반은 외로움에서 온다"고 했다.

나우웬은 이어 "아무리 친구가 많고, 사랑하는 애인이 있고, 남편과 아내가 있고, 어떤 탄탄한 조직에 속해 있어도 완전한wholeness 자아, 통일된unity 자아를 찾고 싶다는 내면의 갈증을 충족시켜주지는 못한다"면서, 그 갈증은 우리가 고독을 기꺼이 받아들여서 자기 안에 '신성한 정신'이 드러나게 될 때 해소될 수 있다고 주장했다. "외로움을 고독으로 바꾸는 것은 쉬운 일이 아니다. 그러나 우리는 외로움에서 도망치려 해서도 안 되고 외로움이 없는 양 애써 부인하려 해서도 안 된다. 속이 텅 빈 외로움을 열매가 풍부한 고독으로 전환시켜야 한다. (……) 외로움은 고통스럽지만 고독은 평화롭다. 외로움은 다른 사람에게 필사적으로 매달리게 하지만 고독은 다른 사람들을 있는 그대로 존중하고, 그들과 더불어 공동체를 만들 수 있게 해준다." 아이들에게 혼자만의 생각과 공상에 잠길 수 있게 조용한 시간과 공간을 허용하면, 성인이 되어서도 고독을 즐길 줄 알게 된다. 젊은이든 노인이든 혼자 있는 것의 두려움을 극복하려면 명상을 하는 것이 도움이 된다. 명상을 하면 고독을 포용할 수 있게 된다. 침묵과 고요 속에 홀로 앉아 있는 습관을 들이면 혼자 있는 시간이 전혀 두렵지 않게 된다.

봉사와 희생정신

고독에 익숙해지면 이제 공동체로 나아가야 한다. 공동체는 우리에게 연대 의식을 심어준다. 이 연대 의식, 유대감을 통해 우리는 서로에게 봉사하는 법을 배운다. 봉사 정신은 공동체적인 사랑에서만 나올 수 있는 것이다. 엘리자베스 퀴블러 로스Elisabeth Kubler Ross는 『생의 수레바퀴The Wheel of Life』라는 제목의 자서전 말미에서 이렇게 말했다. "나는 우리 인생의 가장 큰 보람은 도움이 필요한 사람에게 마음을 여는 것이라고 자신 있게 말할 수 있다. 우리 인생의 가장 큰 행복은 바로 남을 돕는 데서 온다." 봉사가 무엇인지 알려면 예나 지금이나 남성들보다는 역시 여성들에게 주목해야 한다. 봉사를 천직으로 알고 평생을 바친 테레사 수녀 같은 분들이야 워낙 대중적으로 존경을 받고 있지만, 음지에서 이름 없이 인내와 자비, 사랑을 가지고 묵묵히 봉사하는 여성들도 많다. 이런 여성들이야말로 봉사의 모범이라고 할 수 있다.

앞에서 나는 어머니와의 갈등에 대해서 이야기했지만, 사실 어머니의 삶을 돌아보면 어머니가 다른 사람에게 베푼 것들에 대해 경외심을 감출 수 없다. 어머니는 나를 포함한 자식들에게 봉사의 의미와 가치를 몸소 가르쳐주셨다. 나는 어릴 때 어머니가 병든 사람, 죽어가는 사람을 인내심을 가지고 돌보는 것을 지켜보았다. 어머니는 한마디 불평 없이 그들에게 쉴 곳을 주고 필요한 것을 내주셨다. 그 모습을 지켜보며 나는 아무런 대가를 바라지 않고 자기 것을 내주는 일이 얼마나 가치 있는 행동인지 배웠다. 이런 행동을 기억하는 것은 아주 중요하다. 우리는 여성들이 일상생활에서 다른 사람들에게 행하는 봉사나 희생을 너무 쉽사리 잊어버린다. 심지어 성차별주의에 물든 사람들은 여자들이 그런 봉사를 하는 것은 타고난 본성 혹은 운명이기 때문에 당연하다고 생각한다. 여성들이 자발적으로 선택한 일이 아니라는 것이다. 이렇게 생각하는 사람들은 봉사에는 아예 관심도 없을 뿐 아니라 심지어는 봉사의 행위를 폄훼하기도 한다. 여성들의 봉사를 '모성이나 여성적인 본능' 정도로 여기는 사람은 봉사하는 여성들의 가치를 인정하지 않으며, 따라서 그 여성들의 행동에 내재된 관대함도 이해하지 못한다. 그들은 여성들이라고 다 봉사에 관심이 있는 것은 아니며, 심지어 봉사를 우습게 보는 여성들도 많다는 사실에도 눈을 감는다.

한편 봉사와 함께 공동체가 사랑으로 유지되기 위해서 필요한 것은 희생정신이다. 우리는 모든 걸 다 가질 수는 없다. 전체의 행복을 위해서는 무언가를 포기해야 한다. 기꺼이 희생정신을 받아들인다는 것은 우리가 서로 의존하며 서로 연결되어 있다는 사실을 받아들인다는 뜻이다. 마틴 루터 킹은 부유층과 빈곤층의 격차를 줄여야 한다고 강조하면서 이렇게 덧붙였다. "인간은 모두 '상호 의존성'이라는 촘촘히 연결된 그물망의 한 부분이다. 우리는 모두 하나의 운명으로 연결되어 있는 것이다. 따라서 한 사람이 어떤 영향을 직접 받는다면, 나머지 모두가 (그물망을 통해) 간접적으로 그 영향을 받게 된다." 부자와 가난한 사람들 사이의 심연은 적절한 자원 배분을 통해서만 메워질 수 있다. 우리 주변에는 부유층은 아니면서도 자신이 남들보다 좀더 많이 가졌다는 생각에서 다른 사람들과 나누려는 이들이 많다. 이들은 정기적으로 십일조를 내거나, 도움이 필요한 사람을 만나면 적선을 하거나 이런저런 친절을 베풀기도 한다. 이처럼 서로 주고받음으로써 공동체가 튼튼해진다.

지금 할 수 있는 일

사랑이 넘치는 공동체에서 살아가게 되면 낯선 사람을 만나도 두려워하지 않고 오히려 마음을 열고 먼저 인사하게 된다. 낯선 사람에게 말을 건다는 것은 이 지구상에 함께 살고 있는 존재로서 그들을 인정한다는 것이며, 서로가 하나의 그물로 연결되어 있다는 것을 받아들인다는 뜻이다. 서로가 친절하고 예의바르게 대하면 우리는 더욱 더 강하게 연결된다. 스캇 펙은 『평화 만들기』에서 참된 공동체의 목표는 "사랑과 평화 속에서 모두 함께 살아가는 길을 모색하는 것"이라고 말했다. 조직에 참여하고 회의에 참석해야 하는 다른 사회 개혁 운동과는 달리, 공동체를 만드는 일은 자신이 현재 있는 곳에서 바로 시작할 수 있다. 우리는 미소를 나누고, 따뜻한 인사와 짧은 대화를 나누고, 친절하게 행동하거나 친절한 행동에 감사를 표하는 것만으로도 공동체는 이루어질 수 있다. 자기 가족을 더 큰 공동체로 편입시키기 위해 노력할 수도 있다. 얼마 전 남동생에게 우리가 서로 더 자주 볼 수 있도록 내가 사는 도시로 이사 오는 게 어떻겠느냐고 제안했더니 그는 몹시 기뻐했다. 남동생은 내 제안에 가족으로서의 유대감을 한층 더 느꼈던 것 같고, 나는 나대로 동생이 나와 함께 있고 싶어 한다는 것을 알고 동생에게 사랑받는다는 느낌을 받았다. 친구들이 가족들과 소원하다는 말을 털어놓을 때마다 나는 그들에게 관계를 회복하고 치유할 수 있는 길을 적극적으로 찾아보라고 권유한다. 나 또한 마찬가지다. 언젠가 레즈비언인 여동생이, 동성애를 혐오하는 가족들의 모습을 보는 것에 화가 나 가족의 연을 끊고 싶다고 했다. 나는 동생의 분노와 실망에 충분히 공감하며 다른 해결책을 찾아보자고 설득했다. 그러자 시간이 흐르면서 동생은 긍정적으로 변화해갔다. 가족들을 피하는 대신 그들 입장에서 이해하려 하게 되었다. 만약 여동생이 가족들에게 거부당한다고 느꼈을 때 가족들과 거리를 둬야겠다고 결심했다면 이런 변화는 일어나지 못했을 것이다.

가족 구성원들이 안고 있는 상처를 치유하면 우리의 공동체도 더 튼튼해진다. 이것이 곧 사랑을 실천하는 일이기도 하다. 가족들끼리의 사랑은 낯선 사람들과 건설적인 공동체를 만드는 데도 든든한 기초가 된다. 우리가 공동체에서 나누는 사랑은 우리가 어디를 가든 함께 따라다닌다. 이것을 염두에 두면 우리가 어딜 가든 그곳을 사랑이 넘치는 곳으로 만들 수 있다.

존중
사랑의 본질

아무런 계산 없이 순수한 마음으로 누군가에게 무언가를 준다는 것은 주는 사람에게 대단한 기쁨을 선사한다. 이 경우 우리는 세 번의 행복을 경험하는데, 누군가에게 무엇인가를 주겠다고 마음먹을 때, 실제로 무엇인가를 건넸을 때, 그리고 시간이 흘러 자신의 행위를 되돌아볼 때 그렇다. 마음이 너그럽다는 것은 대단한 축복이다. 우리는 누군가에게 무엇을 줄 때 그들과 강하게 연결되어 있다고 느끼게 된다. 또한 평화와 어떤 깨달음을 향해 우리 자신이 한층 더 깊이 들어간 듯한 느낌을 가지게 된다.

_샤론 살스버그

사랑의 질서 vs 권력의 질서

우리는 사랑을 통해 낙원으로 들어갈 수 있다. 그런데 아직 많은 사람들은 낙원의 문턱을 넘어서지 못하고 문밖에서 서성이고 있다. 그것은 사랑을 이루는 데 방해가 되는 것들을 여전히 버리지 못하고 있기 때문이다. 우리는 살아오면서 사랑의 길로 제대로 안내받은 적이 없기 때문에 어디서부터 사랑을 시작해야 할지, 무엇을 어떻게 해야 할지 갈피를 잡지 못한다. 젊은이들이 사랑에 대해 절망하는 주된 이유는 자신들은 해야 할 것을 제대로 했고, 또 제대로 하고 있는데도 원하는 사랑을 만나지 못하기 때문이다. 그래서 그들은 사랑하고 사랑받고 싶다고 애쓸수록 스트레스가 쌓이고 갈등과 불만만 증폭되는 것이다.

내 경우도 20, 30대 때에는 사랑이 무엇인지 다 알고 있다고 확신했다. 그렇지만 '사랑에 빠질 때'마다 고통을 겪어야 했다. 내가 여태까지 살아오면서 가장 강한 파트너십을 느낀 남자가 두 명 있었는데, 둘 다 아버지가 알코올중독에 빠졌었고, 둘 다 정신적으로는 어른이 되지 못한 사내들이었다. 또한 그들은 자기네 아버지와 긍정적인 관계를 맺은 기억이 없었고, 이혼한 어머니 밑에서 자랐다. 두 사람의 어머니는 생계를 위해 직업을 가졌고 재혼도 하지 않았다. 두 남자는 기질적으로 우리 아버지랑 비슷했다. 과묵하고, 일밖에 모르고, 자기감정을 억누르는 타입이었다. 내가 첫 번째 남자를 우리 가족들에게 인사시켰을 때가 생각난다. 언니와 여동생들은 충격을 받았다는 듯이 나에게 속삭였다. "저 사람, 완전히 아버지를 빼다 박았잖아. 넌 아버지를 그렇게 미워하더니 아버지 판박이를 데려왔네." 당시 나는 그들이 터무니없는 소리를 한다고 생각했다. 내가 아버지를 미워했다는 것도, 그 사람이 아버지랑 비슷하다는 것도 받아들일 수 없었다.

그런데 그 사람과 15년을 함께 살고 난 뒤에야 깨달았다. 그 사람이 얼마나 아버지와 많이 닮았는지, 그리고 내가 아버지에게 받지 못한 사랑을 그 사람한테서 얼마나 받기를 갈구했는지. 나는 그가 내 아버지이자 파트너이기를 바랐고, 그를 통해 내 묵은 상처가 치유되기를 바랐던 것이다. 나는 환상을 품고 있었다. 그가 나를 사랑해주고, 어린 시절 받지 못한 보살핌을 준다면, 내 상처받은 영혼이 치유되고 나는 다시 사람을 믿고 사랑하게 될 것이라 여겼던 것이다. 하지만 그에게는 그럴 능력이 없었다. 그는 사랑을 어떻게 하는지 배운 적이 없었다. 그건 나도 마찬가지였다. 우리는 둘 다 사랑의 그림자만 더듬거리다 심각한 실수를 저지르고 말았다. 그는 나에게서 자기 어머니한테서 받았던 것과 같은 무조건적인 사랑과 헌신을 원했고, 반대로 나는 상대가 무엇을 원하는지 전혀 알려고 하지 않는 그의 무관심과, 삶은 원래 이런 것이라는 독단적인 믿음에 좌절하고 말았다.

당연히 나는 그토록 갈구하던 사랑을 얻지 못했다. 나는 다시 한 번 어릴 때부터 낯익었던 갈등이 팽배한 가족의 모습에 직면했다. 우리 두 사람은 젠더 전투를 벌이기 시작했다. 나는 '화성에서 온 남자, 금성에서 온 여자'라는 구별은 온당치 않으며 그런 성性 구별 없이 우리 자신의 내면의 욕망에 따르자고 주장했다. 하지만 그는 남자는 원래 여자와는 다른 감정적 욕구와 욕망을 가지고 있다는 주장을 굽히지 않았다. 그는 내가 '자연이 정해준' 남녀의 역할을 거부하기 때문에 모든 문제가 발생하고 있다고 말했다. 물론 그는 정치적으로 자유주의자였기 때문에 여성도 남성들과 같은 조건에서 직업을 구할 수 있어야 하고, 보수에서도 남녀 차별이 있어서는 안 된다고 믿었다. 그러나 유독 가정 문제와 남녀의 감정 문제로 들어서면 전통적이고 보수적인 입장이 되어, 여자가 가사를 전담하고 남자를 뒷바라지해야 한다고 고집을 피웠다. 대다수 남자들처럼 그도 '엄마 같은' 여자를 원했던 것이다. 그런 여자가 곁에 있으면 어릴 때처럼 자기가 힘들게 어른이 될 필요가 없는 것이다.

그는 심리학자인 댄 카일리Dan Kiley가 자신의 저서 『피터팬 신드롬: 어른이 되지 못한 남자들The Peter Pan Syndrome: Men Who Have Never Grown Up』에서 묘사한 바로 그런 유형의 남자였다. 1980년대 초에 출간된 이 책은 당시 미국 남성들에게 일어나고 있던 심각한 사회

심리학적 현상, 즉 어른이 되기를 거부하는 심리를 파헤쳐 선풍적인 화제를 모았다. "그들은 성인의 나이에 도달했음에도 불구하고 책임감을 가지고 성년의 감정에 직면하려 하지 않는다. 그들은 자신이 무엇을 원하는지 무엇을 느끼는지도 제대로 모른 채, 자기와 가장 가까운 사람에게조차 자기감정을 드러내는 것을 꺼리면서, 자기중심적인 나르시시즘에 빠져서 산다. 그들은 내면적으로 공허함과 외로움에 시달리면서도 가면 뒤에 숨어서 아무렇지 않은 척하고 있다." 이 새로운 미국 남성들은 페미니즘이 초래한 문화혁명을 겪은 세대들이었다. 그들 중 다수가 어릴 때 아버지가 없는 집에서 자랐다. 또한 그들은 더 이상 마초 같은 남자는 필요 없다는 페미니스트들의 주장을 기쁘게 받아들였다. 그런데 전통적인 마초가 되지 않기 위해 그들이 선택한 길은 아예 남자가 되지 않는 것, 즉 소년으로 그대로 남는 것이었다.

  소년으로 머물러 있기로 함에 따라 어머니와 맺어져 있던 탄탄한 끈을 잘라내는 고통을 겪을 필요도 없어졌다. 어머니는 이미 아들을 무조건적인 애정으로 길들여 놓은 터였다. 그들은 이제 어머니처럼 자신을 헌신적으로 돌봐줄 여성만 찾으면 되었다. 그런데 여성들이 엄마처럼 해주지 않자 억눌린 감정이 폭발해버린 것이다. 당시 젊고 전투적인 페미니스트였던 나는 전혀 가장이 될 생각이 없는 남자를 발견하고 처음에는 환호성을 질렀다. 아직 소년티를 벗지 못한 그를 끌어내 어른으로 만드는 것도 나름대로 보람 있는 일로 보였기 때문이다. 그렇게 되면 서로에게 동등한 파트너가 되어 동료애와 연인으로서의 사랑을 함께 누리게 될 것이라 믿었던 것이다. 그러나 그가 어른이 되기를 바랐던 나는 대가를 치러야 했다. 그의 소년 같은 쾌활함은 사라지고 내가 결코 원하지 않았던 마초 같은 사내가 된 것이었다. 그는 나를 대놓고 공격했다. 마치 내가 그를 달콤한 말로 속여 아이에서 어른으로 만들기라도 한 양, 그래서 자신을 제대로 된 어른이 될 수 있을지 두려움에 휩싸이게 만든 양 비난을 했다. 결국 우리 관계는 끝장나고 말았다. 그 무렵 나는 페미니즘 정신에 충실하면서 자아실현을 이뤄가고 있었으나, 한편으로는 사랑이 사람을 변화시킬 수 있다는 믿음을 상실해버렸다. 그와의 관계를 통해 큰 상처를 받았던 것이다. 나는 아직 우리 문화가, 남녀가 관습에 얽매이지 않는 사랑을 나눌 정도로 성숙하지는 않다고 느꼈다.

두 번째 남자는 첫 번째 파트너보다 훨씬 어렸다. 하지만 그도 남자라면 가정을 지배해야 한다고 믿는 기존 사회의 가치관에 물든 나머지 우리 사이에는 '권력투쟁'의 기미가 싹트기 시작했다. 원래 그는 권위적인 타입이 아니었다. 그러나 사람들이 우리 관계를 권력의 관점 — 가정에서 누가 주도권을 쥐는가 — 으로 바라보게 되자 태도를 바꾸기 시작했다. 사람들은 나이 많은 내 이전 파트너가 과묵한 것에 대해서는 그가 가정을 휘어잡고 있는 표시라고 해석하면서도, 내 어린 파트너의 과묵함에 대해서는 내 기가 너무 세서 주눅이 든 것으로 받아들였다. 내가 두 번째 남자에게 매력을 느꼈던 까닭은 그가 보여주는 남성성이 가부장적인 규범과는 거리가 멀었기 때문이었다. 그러나 곧 그는 자신의 남성성이 기존 사회에서는 긍정적으로 받아들여지지 않는다는 사실을 깨달았고, 그 결과 남녀의 역할에 대한 관습적인 사고에 충실하게 되었다. 남녀 차별적인 태도를 가지게 된 것이다. 나는 그가 변해가는 모습을 지켜보면서 한 남자가 가부장제를 거부하려고 하면 기존 사회가 얼마나 냉소적으로 구는지를 알게 되었다. 두 남자는 세대가 다르다고 할 만큼 나이 차이가 많이 났지만, 둘 다 사랑에 관한 한 더 깊은 사고를 하지 못하기는 마찬가지였다. 그들은 공적인 영역에서는 남녀평등을 지지하면서도, 사적으로 깊이 들어가면 사랑이란 여자만의 문제라고 보고 별로 고민하지 않았다. 그들에게 남녀 관계란 자신들이 필요로 하는 것을 모두 챙겨주고 보살펴주는 여성을 만나는 것 정도에 불과했다.

'화성에서 온 남자, 금성에서 온 여자'라는 식으로 남녀를 차별적으로 대하는 사회에서는 남자는 필연적으로 권력을 원하고, 여성은 감정적인 친밀함과 유대감을 원하도록 구조화된다. 이런 세계에서는 누구도 사랑을 제대로 알아가는 기회를 갖지 못한다. 왜냐하면 이 세계의 질서는 권력관계이지 사랑이 아니기 때문이다. 이런 교육을 받고 자라는 소년과 소녀, 남자와 여자들에겐 사랑이란 중요한 것이 아니며, 설사 중요하더라도 권력을 쥐고, 지배하고, 주도권을 잡는 것에 비하면 아무것도 아닌 것으로 밀려난다. 헌신적으로 남편(남자 파트너)을 받들고 뒷바라지하는 여성들이 얼핏 보기에는 사랑 때문에 그렇게 하는 듯하지만, 사실은 권력을 쥐기 위한 은밀한 수단인 경우가 많다. 그들은 남자 파트너들과 마찬가지로, 실제로는 권력과 주도권을 잡기 위한 행동을 하면서도 입으로는 사랑 때문에 그렇게 하는 것이라고 둘러댄다. 물론 그렇다고 그들 사이에 서로에 대한 애정과 보살핌이 아예 없다고 주장하는 것은 아니다. 그런 건 분명히 있다. 오히려 그런 애정과 관심이 있기 때문에 실제로는 '권력 다툼'을 벌이면서도 사랑한다고 스스로에게 암시를 걸면서 서로의 관계를 끌고 가는 것이다. 서로가 권력을 향해 가학적-피학적으로 행동하면서도 애정과 관심, 다정함, 서로에 대한 충실함이 동시에 공존하기 때문에 자신들은 권력 다툼을 하고 있는 것이 아니라고 스스로를 속이는 것이 가능한 것이다. 그래서 이들은 언젠가는 사랑이 권력을 이길 것이라는 헛된 희망을 품기도 한다.

하지만 슬프게도 한쪽이 다른 한쪽을 지배하려는 상황에서는 결코 사랑이 피어날 수 없다. 나도 마찬가지였다. 두 관계 모두에서 나는 달콤하면서도 씁쓸한 맛을 봐야 했다. 내 파트너들은 사랑에 필요한 요소들은 모두 갖추고 있었지만, (권력이 아니라) 사랑이 시대의 질서가 되어야 한다는 믿음에는 이르지 못했다. 사랑이 무엇인지 제대로 모르는 사람은 연인 관계에서 가장 중요한 것은 서로가 만족하고 영적으로 성장하는 것이라는 사실을 받아들이지 못한다. 그런 사람은 권력의 역학 관계 — 자신은 위에 있어야 하고 상대는 자기 아래에 있어야 한다는 것, 즉 지배를 위한 가학적-피학적인 투쟁 — 만을 믿기 때문에, (사랑이 아니라) 그러한 패러다임 속에서 더 편안함을 느끼는 것이다. 또한 그런 사람은 상대가 언제든지 배신할 수 있다는 두려움 때문에 상대를 깊이 신뢰하지 못한다. 권력의 역학에 빠져 있을 때는 다른 것을 알 필요가 없다. 단지 권력 게임의 규칙만 알면 되는 것이다. 게임의 규칙만 알면 무슨 일이 일어나든지 예측과 대처가 가능하다. 하지만 사랑을 실천하는 것은 그와 반대로 안전지대가 아니다. 우리는 손해를 감수하고, 상처나 고통을 받을 각오를 할 때에만 제대로 사랑을 할 수 있다. 통제할 수 없는 어떤 힘에 의해 언제든지 영향을 받을 수 있다는 것을 받아들일 때에야 제대로 사랑을 할 수 있다.

여자, 그리고 남자

어린 시절에 사랑을 받아야 할 공간에서 제대로 사랑을 받지 못하고 오히려 상처를 입고 자란 사람들은 그것이 굉장한 트라우마가 되어, 성인이 되어서도 그런 공간을 어색해하고 심지어는 위협적인 것으로 받아들이게 된다. 이런 현상은 특히 남성들에게 두드러지게 나타난다. 왜냐하면 여성들은 설사 어린 시절에 그런 트라우마를 겪더라도, 우리 사회가 여성들에게는 계속 사랑에 관심을 갖도록 유도하기 때문이다. 물론 이것은 남녀 차별적인 사고에 바탕을 둔 것이긴 하지만, 어쨌든 남자들보다는 여자들이 사랑에 관해 더 많이 생각하고 더 높은 가치를 부여하도록 하는 분위기가 있다. 여자들은 드러내놓고 사랑에 관한 자기 생각을 표현하고 주장하더라도 당연하게 여기지만 남성들에 대해서는 그렇지 않은 것이다. 그렇다고 해서 여성들이 남자들보다 사랑을 더 잘하는 것은 아니다.

가부장제 아래에서는 여성이라고 해서 남성보다 감정적으로 사랑을 하기 위한 준비가 더 잘 되어 있는 것은 아닌 것이다. 실제로 많은 여성들은 사랑에 대한 두려움 때문에 파트너를 찾는 데 더 강박적으로 매달린다.『규칙들: 남자를 사로잡는 비결Rules: Time-tested

Secrets for Capturing the Heart of Mr. Right』같은 인기 있는 책들은 여성들에게 짝을 구하기 위해서는 남자들을 교묘하게 속일 줄 알아야 한다고 가르친다. 이런 책이 베스트셀러가 되는 것을 보면 우리 시대가 사랑에 대해 얼마나 냉소적인지 알 수 있다. 이들은 낡고 낡은 남녀 차별주의를 퍼뜨리면서 남녀 사이에는 상호 존중이나 열린 마음, 서로에 대한 깊은 관심 따위는 있을 수 없다고 말한다. 그들은 남녀 관계란 항상 권력관계이기 때문에 속임수와 강압을 서슴지 말아야 하며, 이를 통해 남자로 하여금 — 설사 남자가 그렇게 하기를 원하지 않더라도 — 당신이 원하는 모든 것을 들어주도록 만들어야 한다고 강조한다. 이들은 여성들이 권력 게임에서 이기기 위해 간계를 꾸미고 실행하는 방법에 대해서는 열띠게 설명하면서도, 어떻게 남자에게 사랑을 주고 사랑을 받을 수 있는지에 대해서는 아무런 지침도 제공하지 않는다.

　이처럼 대중적인 인기를 끄는 자기계발서들은 남녀 차별을 정당화한다. 이런 자기계발서는 우리가 관습적으로 가지고 있는 남녀 차별적인 사고가 남성들이 자신들의 지배를 위해 정치적으로 강제한 것이 아니라, 지극히 자연스러운 감정이자 인간의 신비한 특성인 것처럼 오도한다. 또한 남자들이 솔직하게 자신의 감정을 털어놓지 않거나 털어놓지 못하는 것은 남성의 우월함을 드러내는 것이며 긍정적인 가치라고 적극적으로 옹호하면서, 여성들은 그러한 남성의 특질들을 군말 없이 받아들여야 한다고 주장한다. 더불어 남자들이 감정에 솔직하지 못한 것은 사회화 과정을 통해 학습된 행동이며, 남성들을 감정적으로 고립시키는 원인이 된다는 사실을 인정하지 않는다. 『화성에서 온 남자, 금성에서 온 여자』를 쓴 존 그레이는 남자들의 이런 성격을 "자신만의 동굴 속으로 들어가고자 하는" 특성이라고 간주하면서, 따라서 혼자 있고 싶어 하는 남자들을 방해하는 여성이 구박을 당하거나 벌을 받는 것은 당연하다고 주장했다. 그레이는 변화가 필요한 것은 여성이라고 믿는 것이다. 남녀평등에 반대하는 이런 책들은 여성들이 아이의 양육에 모든 것을 바치는 것은 타고난 본능이자 지극히 자연스러운 행동이며, 평등주의자들이 말하듯이 가부장제가 여성들에게 학습시킨 것이라고는 생각하지 않는다. 게다가 뉴에이지 관련 서적들은 음양의 조화니, 남성과 여성의 완전한 일체화니 하면서 신비감을 불러일으키는 용어들을 사용하지만 결국은 전통적인 남녀 차별주의를 그럴듯하게 포장한 것에 지나지 않는다.

그것이 어떻게 포장된 것이든 간에 우리가 남녀 차별주의적 사고에 집착하는 한 사랑을 제대로 이해하는 것은 불가능해진다. 그런 사고는 남녀 사이의 갈등을 초래할 수밖에 없고, 남녀가 서로 다른 성 역할을 가지고 있다고 믿게 함으로써 남성과 여성 모두에게 피해를 입힌다. 사랑의 기술을 실천하기 위해서는 우선 사랑을 선택해야 한다. 즉 사랑을 알고 싶고, 사랑하고 싶어 하는 자신의 감정을 솔직하게 받아들여야 한다. 지금 사랑의 힘 따위는 믿지 않는 냉소주의에 깊이 빠져 있는 사람이라면 일단 무조건 사랑을 믿어야 한다. 그래야 사랑의 길로 들어서는 첫걸음을 내딛게 된다. 디팩 초프라Deepak Chopra는 『사랑의 길The Path to Love』에서 사랑이 많은 것을 가능하게 한다는 점을 우리가 믿어야 한다고 말한다. "사랑의 결핍으로 초래된 극심한 공허감은 사랑하고 사랑받는 법을 새롭게 배울 때 완전히 채워질 수 있다. 우리는 사랑이 중력처럼 실재하는 힘이며, 매 순간 사랑 속에서 살아가는 것이 결코 환상이 아니라 지극히 자연스러운 상태라는 사실을 진심으로 믿어야 한다." 하지만 현실의 많은 남성들은 사랑의 필요성에 대해서 공감할 기회를 거의 갖지 못한다. 그들은 남녀 차별적인 사고에 물들어 있기 때문에 자신들이 얼마나 사랑을 갈구하고 있는지, 여성들을 가이드 삼아 사랑의 길로 들어설 수 있다는 사실을 알지 못한다.

여성들은 어린 시절에 부모나 보호자, 혹은 대중매체를 통해 어떻게 다른 사람을 보살펴야 하는지에 대한 기본적인 교육을 받는다. 그리고 이런 보살핌은 사랑을 이루는 한 요소이다. 다른 사람의 감정에 동화되고, 아이들을 돌보며, 무엇보다 중요한 건 다른 사람의 말을 귀담아듣는 법을 훈련하는 것이다. 하지만 이런 훈련은 나중에 커서 아이들을 키우기 위한 목적으로만 행해지기 때문에 남자들을 어떻게 사랑하고, 사랑에 관한 지식을 어떻게 남자들과 공유하는지에 대한 실천으로까지는 연결되지 않는다. 그래서 대부분의 여성들이 성인이 되면 사랑과 보살핌에 대해서는 기본 교육조차 되어 있지 않은 가부장적인 남자들과 살아나가기 위해서 어릴 때 배웠던 서로에 대한 보살핌과 존경 ─ 이것은 사랑을 이루는 중요한 요소들이다 ─ 을 헌신짝처럼 내버리게 된다. 아이가 자기 이름을 함부로 부르거나 멸시하면 가만있지 않을 여성들이 남자 파트너(남편)의 그런 행동에 대해서는 별다른 저항을 하지 않는 것이다. 자식에게는 자신을 존경하도록 요구하는 여성들이 남자들과의 관계에서는 그런 존중을 그다지 중요시하지 않는다. 그렇게 요구했다가는 파트너와의 관계가 망가질까 봐 두렵기 때문이다.

첫 번째 관문

자식이 거짓말하는 것을 허용하는 부모는 거의 없지만, 남자 파트너의 거짓말이나 진실을 감추는 행동에 대해서는 묵묵히 받아들이거나 용서하는 여성들이 의외로 많다. 서로에게 솔직한 것은 사랑으로 가기 위한 첫 번째 관문이다. 상대를 속이면서 사랑한다는 것은 있을 수 없다. 일단 서로에게 정직하기로 했다면 사랑의 길로 접어들기 위한 그 다음 관문은 커뮤니케이션이다. 마리안 윌리엄슨은 『미국 치유하기』에서 상대의 말을 귀담아듣는 것이 얼마나 중요한지 강조하면서, 사랑의 첫 번째 책무는 경청하는 것이라는 철학자 폴 틸리히Paul Tillich의 말을 인용한다. "우리가 깊이 있게 소통하는 법을 배우려면 우선 경청해야 한다. 서로에게 뿐만이 아니라 자신의 내면에서 우러나오는 말을 귀담아듣고, 또한 신의 말씀을 경청해야 한다. 경건한 침묵은 자신의 마음을 치유하고, 국가의 병도 치유할 수 있는 아주 강력한 도구이다. (……) 그런 뒤에야 치유를 위한 다음 단계, 즉 서로 진실을 주고받음으로써 그 진실의 힘으로 서로를 치유할 수 있는 단계로 나아갈 수 있다." 경청한다는 것은 다른 사람의 말에 귀 기울인다는 의미일 뿐 아니라 자기 내면의 목소리와 마음의 소리에 귀 기울인다는 뜻이기도 한다는 말이다.

자신의 내면에 얼마나 사랑이 없는지를 깨닫고, 고통스럽지만 그 사랑의 부재를 솔직히 털어놓는 것은 우리가 다시 사랑의 길로 들어설 수 있는 한 방법이다. 이성애 관계든 동성애 관계든, 한쪽이 마음의 상처를 받고 있다면 그 원인은 대개 상대 파트너가 이 고통에 찬 목소리를 제대로 들으려 하지 않기 때문이다. 내가 만난 많은 여성들은 파트너들이 자기가 하는 이야기를 들으려 하지 않고, 그렇다고 파트너들이 적극적으로 무슨 이야기를 하려 하지도 않을 때 매우 힘들다고 털어놓았다. 그런 여성들이 고통에 겨워 속마음을 털어놓으면 남자들은 "바가지 그만 긁어라"며 몰아대거나, 아니면 "그런 잔소리 이제 질렸다"는 식으로 반응하기 일쑤다. 이런 반응을 접하게 되면 여성들은 자존심이 무너지는 느낌을 받게 된다. 여자들 중에는 어릴 때 자신이 받은 상처를 말했다가 창피나 모욕을 당한 경험들을 갖고 있는 경우가 많다. 그렇기 때문에 파트너가 자기 이야기를 아예 들으려 하지 않으면 어린 시절의 경험이 중첩되면서 굉장히 절망하게 된다. 남자들이 여자들의 하소연을 경청하지 않고, 그들의 이야기에 공감하거나 동정심을 갖지 못하는 것은 자신들이 무력하다는 것을 들키기 싫어서인 경우가 많다. 남자들은 자신이 약하거나 힘이 없다는 것을 보여주기 싫어한다. 그래서 어떤 경우에는 폭력을 써서라도 여자의 입을 막고자 하는 것이다. 따라서 남녀의 이런 역학 관계를 서로 이해한다면, 적절한 때 아주 짧은 대화를 나누는 것만으로도 문제 해결에 다가설 수 있다. (하지만 좀체 자기 마음을 열지 않는 신경질적이고 성마르고, 자기밖에 모르는 사람에게는 당신의 고통을 털어놓아 봐야 소용이 없을 것이다.) 서로가 마음을 터놓고 이야기하는 시간을 정해놓으면 소통과 유대감을 높이는 데 도움이 될 수 있다. 진정 사랑한다면 설사 그 이야기가 서로에게 고통스럽더라도 끝까지 경청하겠다는 마음을 가져야 한다.

고통 없는 사랑은 없다

스캇 펙은 『아직도 가야 할 길』에서 사랑할 때 서로에게 충실한 것이 얼마나 중요한지를 강조한다. 특히 관계가 처음 시작되었을 때는 스스로 절제하고 상대에게 헌신하는 태도가 절실히 필요하다고 말한다. "상대에게 충실한 것은 진정한 사랑을 위한 튼튼한 토대가 된다. 물론 상대에게 충실하다고 해서 그 관계가 반드시 성공으로 이어진다고 장담할 수는 없다. 하지만 그것이 관계가 성공하기 위한 가장 중요한 요소임은 분명하다. (……) 사랑은 자기 자신과 상대의 영적인 성장이라는 것을 이해하는 사람이라면 관계를 지속시킬 때 그런 성장이 촉진된다는 것을 안다." 하지만 우리 사회에는 고통스럽거나 괴로운 상황을 진득하게 견디는 것은 잘못이라는 생각이 팽배해 있다. 그래서 관계에서 조금이라도 감정적인 고통을 맛보면 쉽게 좌절하면서, 어떻게든 관계를 지속시키면서 문제를 해결하려고 애쓰기보다는 관계를 끊어버림으로써 아예 고통스러운 관계에 말려들지 않으려고 하는 경향이 있다.

사랑을 할 때 당사자들이나, 다른 사람들과의 사이에서 갈등이 일어나면 낙담하는 것은 당연한 반응이다. 특히 난관이 쉽게 극복되지 않을 때는 더 그렇다. 그렇지만 우리 시대의 사람들은 갈등을 해결하려는 의지를 보이기보다는 갈등이 생기자마자 바로 도망가 버리는 쪽을 택하는 것이다. 심지어 파트너에게 충실해야 한다는 의무감에서 벗어나기 위해 의도적으로 불필요한 갈등을 만들어내기도 한다. 이렇게 되면 사랑의 은총을 제대로 느껴보기도 전에 사랑으로부터 도피하는 꼴이 된다. 이런 사람들은 고통이라는 문턱을 넘어서야 사랑의 환희를 맛볼 수 있다는 사실을 잊고 있다. 고통으로부터 도망가게 되면 우리는 영원히 사랑의 기쁨을 알 기회를 놓치는 셈이다.

우리는 사랑에 대해 잘못된 개념을 가지고 있다. 즉 사랑을 하면 아무런 고통이 없고, 항상 환희에 차 있게 된다고 믿는 것이다. 사랑을 하더라도 괴로움과 고통은 끝나지 않는다는 현실을 받아들이기 위해서는 이런 잘못된 개념을 버려야 한다. 사랑의 부재에서 사랑으로 가는 과정은 고통에 찬 길일 수 있다. 그러나 "눈물로 밤을 지새우더라도, 아침이면 기쁨이 찾아오리"라는 오래된 흑인 영가의 가사처럼 고통을 겪어내야만 사랑의 기쁨을 누릴 수 있다. 그것은 자학적인 괴롭힘과는 다른 건설적인 고통이다. 사랑의 약속이 원하는 대로 성취되지 않을 때 좌절에 빠지지 않고, 이 고통의 미로를 지나면 낙원이 도래할 것이라고 믿고 나아가는 것은 몹시 어렵지만 가장 보람찬 일이기도 하다. 기 코르노Guy Corneau는 『사랑의 교훈Lessons in Love』에서 많은 남성들이 사랑 없는 삶을 선택하는 까닭은 사랑을 하면 감정적인 고통을 겪어야 한다는 사실을 두려워하기 때문이라고 설명한다. "이들은 사랑할 때 초래되는 감정적인 고통과 갈등들을 처리할 자신이 없기 때문에 사랑에 뛰어들 생각을 하지 않는다."
그래서 여성들이 남성들을 일깨워서 사랑을 알게 하고 제대로 삶을 느끼도록 만들려고 하면, 남성들은 여성들을 비웃고 조롱한다. 사실은 그런 남성들이야말로 여성들의 숨결이 필요한 '잠자는 미녀'들이다. 사랑하며 사는 것이 무엇인지 모르는 남성들에게 여성들이 사랑을 가르치지 못한다면 이 세계는 훨씬 더 폭력적이고 삭막해질 것이다. 하지만 아무리 여성들이 사랑의 기운을 불어넣으려고 해도 남성들이 깨어나기를 거부하고 성장하기를 거부한다면 아무런 소용이 없다. 남성들이 이 정도로 강하게 버틴다면 여성들로서도 어쩔 수 없는 일이다.

가부장제 사회는 한편으로는 여성들이 남성들을 사랑의 길로 이끌도록 부추기면서도 다른 한편으로는 남성들이 그런 여성들의 시도를 거부하도록 조장한다. 그래서 남성들은 자신들의 감정적인 욕구를 (여성을 통해) 해결할 수 있는 반면 여성들은 그런 기회가 차단되는 결과를 초래했다. 누구나 그렇지만 감정적인 욕구가 해결되면 심리적으로 훨씬 안정감을 얻게 된다. 따라서 남성들은 (심리적으로 불안정한) 여성들보다 더 우위에 서게 되고 여성들을 지배하기도 유리해진다. 만약 여성들도 남성들을 통해 감정적인 욕구가 해결된다면 남성 지배적인 구조는 위력을 잃게 될 것이다. 그러나 현실은 이와는 반대로 돌아가고 있다. 한때 페미니스트들이 자기감정을 제대로 표현하지 않는 남성들을 비판하자 이에 대응해 자기감정을 겉으로 드러내야 한다는 움직임이 남성들 사이에서 일어났다. 하지만 결과는 자신들의 감정을 드러내되 좀더 '안전한 방식'으로, 즉 그들끼리만 감정을 공유하는 식으로 흘러갔다. 이 운동을 주도했던 시인 로버트 블라이Robert Bly는 남성과 사랑의 관계에 대해서는 거의 언급하지 않았다. 이 운동에 참여한 남성들은 여성들에게 전혀 도움의 손길을 내밀지 않았으며, 그로 인해 사랑의 길에 들어설 수 있는 기회를 얻지 못했다.

우리는 괜찮은 안내자가 있을 때 훨씬 수월하게 사랑의 길에 들어설 수 있다. 안내자를 믿고 따른다면 아무런 두려움 없이 사랑을 받아들이게 된다. 사실 우리는 일상생활에서도 낯선 사람에게 자신을 완전히 맡기는 경우가 얼마나 많은가. 예를 들어 병이 났을 때 일면식도 없는 의사에게 우리 몸을 맡기는 것은 그들이 병을 잘 치료해주리라는 믿음 때문이다. 그건 사랑에서도 마찬가지일 수 있다. 그런데도 우리는 한평생을 같이 할 수도 있는 사람(연인)에게 자기 (사랑의) 병을 고치도록 믿고 맡기기보다는 두려워하면서 그 사람을 피하는 쪽을 택한다. 이런 선택은 결코 올바른 것이 아니다. 우리가 정말로 사랑을 통해 변화하기를 바란다면 그런 두려움을 이겨내야 한다.

감정의 영역을 넘어서

사랑을 하기 위해서는 시간이 충분해야 한다. 그렇지만 우리 사회는 일(직업)에 너무 많은 시간을 쏟도록 짜여 있기 때문에 사랑할 시간이 별로 없다. 시간이 나더라도 육체적으로나 정신적으로 이미 너무 지쳐 있는 경우가 태반이다. 사랑할 시간을 확보하기 위해 일하는 시간을 줄이거나 심지어 직장을 떠나는 사람들도 많은 실정이다. 〈헨리의 이야기Regarding Henry〉나 〈피셔 킹Fisher King〉 같은 영화들은 불치병에 걸린 상류층 남자가 죽음에 임박해서야 자신이 얼마나 인생을 낭비했는지 후회하는 이야기를 감상적으로 그리고 있다. 하지만 현실의 상류층들은 사랑할 시간을 가지기 위해 일을 그만두는 예가 수두룩하다. 그들이 그렇게 할 수 있는 이유는 일을 그만둬도 경제적으로 아무런 문제가 없기 때문이다. 어쨌든 일중독에 빠진 연인을 사랑의 길로 안내하기 위해 애쓰다가 결국엔 좌절하게 되는 경우가 많다. 만약 세금으로 모든 사람이 의무적으로 다녀야 하는 '사랑을 가르치는 학교'를 세운다면 우리 사회의 실업자 문제가 사라질지도 모른다. 사랑을 하기 위해 일하는 시간을 줄이고 일자리를 나누는 것이 규범으로 자리 잡을 것이기 때문이다. 사랑을 삶의 중심에 놓게 되면 일과 직업의 의미도 전혀 달라진다.

사랑을 하면 상대에게 더 많은 것을 주고 싶어진다. 연인 관계가 파탄이 나는 주된 이유는 이기주의에 젖어 상대를 받아들이려 하지 않기 때문이다. 로버트 스턴버그Robert Sternberg는 『당신 식대로 사랑하라Love the Way You Want It』에서 이렇게 말한다. "나에게 관계가 깨지는 단 하나의 원인을 꼽으라고 하면 주저 없이 이기주의라고 답하겠다. 우리는 나르시시즘이 극에 달한 시대에 살고 있기 때문에 다른 사람이 뭘 필요로 하는지에 대해 주의를 기울이는 법을 배우지 않거나, 배우더라도 금방 잊어버린다. 만약 당신이 현재 맺고 있는 인간관계에 문제가 있고 그것을 개선시키기 위해 단 한 가지만 변화시키고 싶다면, 말 그대로 단 하룻밤 사이에 개선할 수 있는 방법이 있는데 그건 바로 상대의 관심사를 당신 자신의 관심사와 같은 수준에 놓는 것이다." 연인 관계뿐만 아니라 모든 인간관계에서 가장 중요한 것은 상대가 당신의 관심을 필요로 할 때 그것을 재빨리 간파하는 것이다. 인간관계에서 다른 사람에게 관심을 쏟는 것은 대단히 중요하다.

모든 것을 흔쾌히 나누는 것은 상대에게 사랑을 표현하는 구체적인 방법 중 하나다. 그것은 시간이 될 수도 있고, 관심이 될 수도 있고, 물질적인 것, 기술, 돈 등등 무엇이든 될 수 있다. 언뜻 어려워 보이지만 일단 사랑의 길에 들어서기만 하면 스스럼없이 주는 것이 얼마나 쉬운지를 알 수 있다. 사랑하는 사람이 상대에게 줄 수 있는 것 중에 가장 가치 있는 것은 용서다. 용서를 하면 상대를 무조건 비난하지 않게 되고, 사랑에 문제가 생겼을 때 그것이 상대 탓이라고 몰아붙이지 않게 된다. 용서는 우리가 사랑에 대해 책임감을 가지고 적극적으로 대처하게 만들기 때문에 사랑의 결핍을 느끼더라도 상대에게서 원인을 찾기보다는 스스로 해법을 찾아내게 된다. 또한 우리는 용서를 통해 자기 자신을 사랑하게 되고, 주변 사람들이 자기에게 주는 사랑도 알아차릴 수 있다. 자신과 다른 사람들을 사랑하면 화나 분노도 사라지게 된다. 그리고 용서는 우리의 마음을 활짝 열어서 언제든지 사랑을 받아들일 수 있도록 하며, 진심으로 자신이 가진 것을 상대에게 줄 수 있도록 만든다.

자기 것을 기꺼이 내놓게 되면 누구하고든 유대감을 형성할 수 있다. 우리는 기부를 통해 이 세상은 모든 사람이 충분히 나눠 가질 수 있을 만큼 풍족하다는 것을 이해하게 된다. 기독교에서는 우리가 가진 것을 나누게 되면 "천국의 문이 열려", "하나님의 은총이 넘쳐나게 된다"고 가르치고 있다. 가부장제 사회에 사는 남성들이 자신들의 지배욕을 던져버리고 사랑의 길로 접어들 수 있는 가장 빠른 길은 자신들이 가진 것을 흔쾌히, 너그럽게 내놓는 것이다. 페미니스트들이 남자들에게 아이를 키워보도록 권장하는 까닭도 여기에 있다. 어린아이들을 돌보다 보면 봉사가 얼마나 큰 기쁨을 주는지를 절실하게 깨닫게 되기 때문이다.

우리는 자신이 가진 것을 내놓음으로써 인간이 얼마나 상호 의존적인 존재인가를 배우게 된다. 남녀가 서로 권력을 쥐기 위해 벌이는 '전쟁'을 멈추려면 이 인간의 상호 의존성을 연대의 기초로 삼아야 한다. 중요한 것은 남자냐 여자냐가 아니라 개개인의 영적인 성장이며, 이를 위해 서로 힘을 합쳐야 한다는 사실이다. 그렇게 되면 우리는 삶에서 더 많은 기쁨을 발견할 수 있다. 샤론 살스버그는 『마음을 이 세상만큼 넓게Heart As Wide As the World』라는 책에서 이렇게 말했다. "너그러움과 관용의 마음을 갖게 되면 집착과 애착에서 오는 고립감을 이겨낼 수 있다. 정신이 깨어 있기 위해서 가장 중요한 것은 관대한 마음을 가지는 것이다." 그는 또한 너그러움은 연인들 사이도 더욱 강하게 연결시켜준다고 강조했다. 제대로 주는 법을 알면 어떻게 받아야 하는지도 알게 된다. 사랑을 하면 서로 주고받는 것이 일상적인 의식이 된다. 관대한 마음은 항상 열려 있어서 무엇이든 받아들일 준비가 되어 있다. 그런 상태에서는 자신이 상대에게 버림받게 될까 봐 두려워할 필요도 없다. 누군가와 항상 함께한다는 느낌이야말로 진정한 사랑이 주는 가장 값진 선물이다.

　자신이 가진 것을 주는 행위는 자기 영혼을 치유하는 기능도 한다. 예로부터 서로 선물을 주고받으면 사랑을 알게 된다는 가르침도 있다. 사랑은 저절로 생기는 감정이 아니라, 구체적으로 행동할 때 생기는 정서적인 것이다. 자기 자신을 사랑하든 다른 사람을 사랑하든 사랑을 구현하기 위해서는 단순하고 정적인 감정의 영역을 넘어서야 한다. 다시 말하면 사랑은 실천인 것이다. 사랑을 위해 실제적인 행동을 할 때 자기 비하나 무력감에서 벗어날 수 있다. 사랑은 그냥 오는 것이 아니라, 사랑의 길을 따라 구체적인 단계를 밟아나갈 때 얻어진다. 이를테면 서로 소통하는 법을 배워야 하고, 경건한 침묵 속에서 자기 내면의 목소리를 경청하고, 다른 사람의 목소리에 귀 기울이는 법도 배워야 한다. 또한 사랑하는 사람의 기쁨의 소리뿐만 아니라 고통의 소리에도 기꺼이 귀를 열어둠으로써 공감하고 동정하는 법도 배워야 한다. 사랑의 길은 험난하지도 않고 신비스럽지도 않다. 그저 첫발을 내딛고 그 길로 들어서겠다고 결심하기만 하면 된다. 그 길이 어디에 있는지 모른다고 걱정할 필요도 없다. 우리에게 길을 가르쳐주고 끝까지 안내해줄 깨어 있고 열린 마음이 이 세상에는 늘 존재하기 때문이다. 그들을 따라가다 보면 사랑의 핵심에 도달하고, 잃어버렸던 사랑의 기쁨을 되찾게 될 것이다.

Chapter 10

로맨스
달콤한 사랑

달콤한 사랑은 말합니다.

당신이 원하는 걸 드리고 싶어요.

내가 언제, 어디서, 무엇을, 어떻게 해드리면

당신이 기뻐하실까요…….

나는 당신 것입니다. 나는 당신을 위해 태어났으므로.

그러니 내가 어떻게 해드리면 당신이 기뻐할까요?

_아빌라의 성녀 테레사

낭만적 사랑의 함정

사랑으로 돌아가기 위해, 우리가 늘 가지길 소망했지만 결코 손에 넣지 못했던 그 사랑을 얻기 위해, 갖기를 원하지만 아직 다른 사람에게 줄 준비는 되어 있지 않은 그 사랑을 얻기 위해, 우리는 로맨틱한 관계를 추구한다. 우리는 다른 어떤 관계보다 로맨틱한 관계가 우리를 구원해줄 거라고 믿는다. 물론 참된 사랑에는 구원하는 힘이 있다. 다만 우리가 구원받을 마음의 준비가 되어 있을 때만 유효하다. 사랑이 우리를 구해주는 것은 우리가 구원받기를 원할 때이다. 사랑을 갈구하는 사람들 중에는 어린 시절 자신이 가치가 없는 존재라는 느낌을 받으며 자란 경우가 많다. 그래서 아무도 자신을 있는 그대로 사랑해주지 않으리라는 생각에 사랑을 받기 위해 거짓된 자아를 만들어내게 된다. 그 결과 성인이 되어서도 거짓 자아를 가진 채 연인을 만난다. 하지만 이런 사랑은 결국 오래가지 못한다. 왜

나하면 언젠가는 참자아가 조금이라도 드러나게 되어 있고 그렇게 되면 상대가 실망을 하기 때문이다. 연인에게 거부당하면 어린 시절에 느꼈던 그 생각이 다시 살아나게 된다. 아무도 있는 그대로의 자신을 사랑하지 않을 거라는 그 불길한 느낌말이다.

로맨틱한 관계가 진정한 사랑으로까지 이어지는 경우는 몹시 드물다. 대개는 로맨틱한 관계 자체에 집착한 나머지 결국 어릴 때부터 보아왔던 문제투성이의 '가족 드라마' 속으로 떨어지고 마는 것이다. 그럼에도 우리는 자신에게는 그런 일이 일어나지 않으리라고 믿는다. 우리 문화는 로맨틱한 관계를 맺을 사람만 만나면 모든 게 다 잘 풀리고 사랑도 이루어진다고 믿도록 가르친다. 어린 시절에 어떤 일을 겪고, 고통과 슬픔, 소외와 공허함을 경험했을지라도 연인만 잘 만나면 낭만적인 사랑 속에서 행복할 거라고 속삭인다. 남자들은 꿈속에 그리던 여인을 만나리라 믿고, 여자들은 어느 날 '백마 탄 왕자님'이 나타나리라 믿으며 산다. 우리가 상상하는 그런 이상적인 여인과 멋진 왕자님이 불현듯 자기 앞에 출현하리라 믿는 것이다. 그러나 우리는 이상적인 연인이 출현하기를 기대하면서도 실제로 그런 존재를 만났을 때 그들과 무엇을 할지에 대해서는 구체적으로 생각하는 경우가 거의 없다. 우리가 원했던 사랑이 어떤 것이었는지, 그 사랑을 이루기 위해서는 어떻게 해야 하는지에 대해서는 도무지 아는 것이 없다. 대개의 경우 연인에게조차 자신의 마음을 거리낌 없이 활짝 열어 보일 준비가 되어 있지 않다.

소설가 토니 모리슨Toni Morrison은 『가장 푸른 눈The Bluest Eye』에서 '로맨틱한 사랑'이라는 개념은 '인간 사고의 역사를 통틀어서 가장 자기 파괴적인 개념 중 하나'라고 정의했다. 그것이 왜 파괴적인가 하면 상대를 선택하려는 의지나 선택할 수 있는 능력 같은 건 전혀 없어도 얼마든지 로맨틱한 사랑에 빠질 수 있다고 믿게 만들기 때문이다. 오랜 전통 속에서 계속 이어져온 이런 환상 때문에 우리는 사랑하는 법 같은 건 배울 필요가 없다고 믿게 되었다. 우리는 이런 환상을 계속 유지하기 위해 사랑을 로맨스로 대체하고 있는 것이다.

그렇다면 로맨스란 무엇인가. 그것은 대중매체, 특히 영화가 널리 퍼뜨려왔듯이 여성들이 설계하고 계획하는 하나의 프로젝트이다. 사람들은 원래 여성들이 사랑에 대해 로맨틱하고 감상적이라고 상상하는 경향이 있다. 그래서 남성들은 여성들이 이끄는 대로 따라가기만 하면 된다고 생각한다. 심지어 동성애 관계에도 이런 패러다임이 퍼져 있어 이성애자들이 규정한 남성의 역할과 여성의 역할을 각각 떠맡아, 주도하는 사람과 따라가는 사람이 나뉘는 경우가 많다. 당연하게도 '사랑에 빠진다'는 개념을 만들어낸 건 관계를 이끌어가는 여성 쪽이었다. 이들은 로맨틱한 사랑이란 파트너를 만났을 때 알 수 없는 화학작용이 일어나 그냥 한눈에 딱 꽂히는 것이기 때문에 우리의 선택이나 의지 따위와는 아무런 상관없이 저절로 일어나는 것이라고 믿는다. 그냥 그런 상황에 압도당할 수밖에 없다는 것이다. 사랑에 관한 이런 생각은 가부장적인 사고방식에 길든 남성들에게는 매우 유리하게 작용한다. 왜냐하면 이런 남성들은 자신들이 느끼는 감정을 솔직하게 인정하고 표현하는 훈련이 되어 있지 않기 때문이다. 토머스 머튼은 『사랑과 욕구』라는 에세이에서 이렇게 말한다. "'사랑에 빠진다fall in love'라는 표현은 사랑과 삶에 대한 어떤 태도를 반영한다. 그 표현 속에는 대상에 대한 두려움과 외경심, 매혹, 혼란이 섞여 있다. 거기에는 피할 수 없는 존재, 그러나 완전히 신뢰할 수도 없는 존재 앞에서 느끼는 의혹과 불신, 망설임이 내포되어 있다." 자신이 느끼는 감정을 제대로 모르면 스스로 사랑을 선택하기도 쉽지 않다. 따라서 그냥 '빠져버리는 것'이 마음 편하다. 자신이 선택한 것이 아니라 자신도 모르게 '빠져버린 것'이기 때문에 자기 행동에 책임질 필요도 없기 때문이다.

'의지'를 가지고 '선택'하라

1950년대의 에리히 프롬부터 오늘날의 스캇 펙에 이르기까지 많은 정신분석학자들이 '사랑에 빠진다'는 개념을 비판해왔음에도 불구하고, 아직도 우리가 그런 환상에 매달리고 있는 까닭은 '사랑에 빠지는 것'이 '의지를 가지고 사랑을 선택하는 것'보다는 훨씬 수월하기 때문이다. 누군가에게 정신없이 빠져들어서, 황홀한 느낌에 사로잡힐 수 있다고 믿음으로써 선택과 의지라는 힘겨운 과정을 피하려는 것이다. 『사랑의 기술』에서 에리히 프롬이 거듭 주장하듯이 사랑은 '행동'이다. 즉 "본질적으로 자신의 의지가 담긴 행동"이다. 프롬은 이렇게 말한다. "누군가를 사랑한다는 것은 단지 감정적으로 굉장히 끌린다는 뜻이 아니다. 그것은 하나의 결정decision이고 판단judgement이며, 또한 하나의 약속promise이다. 사랑이 단지 감정일 뿐이라면 서로 영원히 사랑하자는 맹세는 아무런 근거나 토대가 없는 공허한 것이 되어버린다. 왜냐하면 감정이란 왔다가도 언제든지 떠나갈 수 있는 것이기 때문이다." 스캇 펙은 프롬의 정의에 기초해서 사랑이란 "자기 자신과 다른 사람의 영적인 성장을 위해 자아를 확장하려는 의지"라고 강조하며 이렇게 말한다. "사랑을 갈망하는 것 자체는 아직 사랑이 아니다. 사랑은 실제로 '행해질 때' 존재하게 된다. 사랑은 의지에 따른 행위, 즉 의도와 행동이 함께 따르는 것이기 때문이다. 또한 의지에는 선택이 포함된다. 아무나 다 사랑을 하는 것은 아니다. 사랑하려는 '의지'를 가지고 사랑을 '선택'할 때 사랑을 하게 되는 것이다." 프롬과 펙이 우리에게 이러한 뛰어난 통찰과 지혜를 주고 있음에도 불구하고 아직도 많은 사람들은 사랑에 '빠지는 것'보다 사랑을 '선택하는 것'이 더 진실되고 더 진정한 것이라는 사실을 받아들이길 꺼린다.

저명한 심리치료사인 해리엇 러너는『삶을 지탱하는 것들Life Preservers』에서 우리가 로맨틱한 관계를 얼마나 열망하는지 설명하면서 이렇게 덧붙인다. "많은 사람들은 자신의 파트너가 '성숙하고 지적이고, 성실하고, 믿음직스럽고, 사랑스럽고 세심하며, 감정이 풍부하고 개방적이며, 친절하고 배려심이 넘치고, 유능하고 책임감이 강하기'를 바란다. 하지만 가전제품이나 차를 살 때처럼 좀더 객관적이고 분명한 기준을 가지고 파트너를 평가하는 사람은 거의 없다." 파트너를 객관적이고 분명한 기준을 가지고 평가할 수 있으려면 한 걸음 뒤로 물러나서 먼저 자기 자신을 비판적으로 돌아보고 자신이 무엇을 원하고 갈망하고 욕망하는지 냉정하게 살펴볼 수 있어야 한다. 내 경우를 예로 들면 종이를 한 장 펴놓고 내가 파트너에게 받고 싶은 사랑을 과연 내 자신이 파트너에게 줄 수 있는지 따져본 적이 있는데, 판단하기가 쉽지 않았다. 또한 내가 파트너에게 원하는 것을 써보기도 했는데 그것은 더 힘들었다. 목록은 열 개밖에 채우지 못했다. 게다가 그 항목들을 당시 내가 마음에 두고 있던 남자에게 적용시켜보았더니 내가 원하는 것과 그 사람에게서 발견한 것들 사이에 큰 차이가 있다는 사실을 알고 마음이 몹시 아팠다.

먼저 자신이 무엇을 원하고 욕망하는지를 살펴본 다음에 파트너를 구하라고 말하면 두려움을 느끼는 사람이 많다. 자신의 욕구와 욕망을 충족시켜줄 만한 파트너가 아예 없을지도 모른다고 생각하기 때문이다. 그래서 대부분은 자신이 원하는 조건을 충족시키지 못하는 파트너일지라도 아예 없는 것보다는 낫다고 생각한다. 한마디로 우리는 참된 사랑을 알고자 하기보다는 파트너를 얻는 것에 더 관심을 갖는 것이다.

나는 틈날 때마다 사람들에게 자신의 의지와 의도를 분명히 가지고 사랑에 접근하라고 강조한다. 하지만 그들은 내 말대로 하면 평생 로맨스를 맛볼 기회가 없을 거라며 두려워한다. 사실은 전혀 그렇지 않다. 내가 누누이 강조하는, 사랑을 이루는 핵심 요소인 상대에 대한 배려와 존중, 상대에 대한 지식을 바탕에 깔고 로맨틱한 사랑에 접근하면 오히려 로맨스가 더욱 강렬해진다. 갑작스럽게 사랑에 '빠지는' 것보다는 파트너가 될지도 모를 사람과 시간을 두고 서로의 생각과 욕망에 대해 얘기를 나누는 것이, 그렇지 않았을 때 마주치는 두려움과 고통에서 벗어날 수 있는 지름길이다. 한 친구는 사귀는 남자와 육체적인 관계를 가질 때마다 극심한 공포에 떨게 된다고 털어놓은 적이 있다. 그 남자를 잘 알고 자기도 그 남자를 원하는데도 말이다. 그녀가 그렇게 두려워하는 까닭은 자신의 몸에 대해 수치심을 갖고 있고, 어릴 때부터 자기도 모르게 배워온 어떤 심리적인 이유 때문이다. 그래서 여태까지 여러 명의 남자를 만났지만 그녀가 가지고 있던 수치심이 사라지기는커녕 오히려 더 강해질 뿐이었다. 남자들도 그녀의 고통을 대수롭지 않게 여겼다. 나는 그녀에게 이렇게 조언했다. 새로운 남자를 만나서 점심 식사를 함께하며 서로의 성적 쾌락에 대해 얘기를 나눠보라고 말이다. 각자가 어떤 것을 좋아하고 어떤 것을 싫어하는지, 어떤 것을 원하고 어떤 것을 두려워하는지 마음을 터놓고 얘기해보라고 했다. 나중에 그녀는 내 말대로 새로운 남자를 만났는데, 그날 점심 식사 시간이 믿을 수 없을 정도로 에로틱했다면서, 육체적인 관계를 가질 때도 훨씬 편하게 대할 수 있게 되었다며 좋아했다.

섹스에 대한 갈망, 사랑에 대한 갈망

성적인 매력은 두 사람을 친밀하게 엮어주는 촉매작용을 하지만 그것이 곧 사랑의 징표는 아니다. 흥분되고 쾌락에 넘치는 섹스는 서로 모르는 두 사람 사이에서도 일어날 수 있다. 그런데도 우리 사회의 대다수 남성들은 성적으로 강하게 끌리는 여성이야말로 자신이 사랑해야 하고 사랑할 수 있는 파트너라고 단정 짓는다. 그래서 자신의 페니스에 이끌려, 즉 성적인 욕망에 유혹당해 관심사나 가치관을 전혀 공유하지 않는 여성과도 기꺼이 파트너 관계를 맺는 것이다. 가부장제 사회에서는 남성들이 섹스를 '잘해야 한다'는 압박을 워낙 강하게 받는 나머지, 성적으로 만족할 수 있는 상대라면 다른 조건들은 아무것도 따지지 않는 경향이 있다. 그래서 배우자나 파트너에게는 성적인 만족만 구하고, 그 외의 욕구들은 친구들을 만나거나 일에 파묻힘으로써 보완하는 것이다. 이렇게 오랜 세월을 살고 난 뒤에야 자신들이 얼마나 사랑의 부재 속에 놓여 있는지 깨닫게 된다. 하지만 이들은 이런 실패를 인정하지 않으려고 한다. 왜냐하면 이를 인정하는 것은 성차별적인 사고가 잘못됐다는 것을 인정하는 것이기 때문이다.

여성들은 남성과는 달리 성적인 매력에만 이끌려 남자를 고르지는 않는다. 물론 많은 여성들이 성적인 쾌락이 중요하다고 인정한다. 하지만 이들은 친밀한 관계가 되기 위해서는 성적인 매력만 가지고는 안 된다는 것도 알고 있다. 솔직히 말하면 성차별주의자들은 여성들을 아이들과 남성들을 보살펴주는 역할로 한정짓기 위해, 여성들은 성적인 쾌락보다는 정서적인 욕구에 민감하다고 말한다. 그래서 여성들은 육체적인 관계보다는 정서적인 관계에 더 관심을 갖도록 사회화되는 것이다. 페미니즘 운동과 성해방 운동의 결과 여성들도 자신의 성적인 욕망을 분명히 드러낼 수 있게 되었지만, 이전까지는 성적 욕망은 숨기고 '사랑'을 향한 열망만 공개적으로 표현할 수 있었다. 그렇지만 여성들은 아직도 자신들이 원하는 사랑을 발견하지 못했다. 남성과 마찬가지로 여성들도 사랑의 부재에 시달린다. 왜냐하면 여성이 원하는 것과 남성이 원하는 것이 일치하지 않기 때문이다. 문제가 있는 관계일지라도 성적인 열망을 서로 공유하고 있으면 관계가 지속되고 공고할 수도 있다. 하지만 그것은 결코 사랑의 토대가 될 수 없다.

이것은 우리 삶의 큰 비극 중 하나이다. 많은 여성들과 일부 남성들이 자신에게 상처를 주는 파트너와 성적으로는 가장 강렬한 쾌락을 나누는 딜레마에 빠져 있다. 그러나 육체적으로 아무리 강하게 연결되어 있다 하더라도 그것이 상대에 대한 존중과 배려, 신뢰, 상대에 대한 이해와 헌신을 낳는 촉매제가 되지는 못한다. 아주 가끔 섹스를 하거나 전혀 하지 않는 커플일지라도 평생에 걸쳐 사랑을 나눌 수는 있다. 육체적인 쾌락은 사랑으로 맺어진 관계를 더욱 강하게 이어주는 접착제 역할을 할 수 있지만, 육체적 쾌락만으로는 사랑이 태어날 수 없다. 사랑은 육체적인 쾌락이 없어도 충분히 존재할 수 있고 또 만족스러울 수 있다. 여성들은 진정한 사랑과 지속적인 육체적 쾌락 가운데 굳이 하나를 택해야 한다면 대부분 진정한 사랑 쪽을 택할 것이다. 물론 사랑하는 사람과 만족스러운 성적 즐거움을 나눌 수 있다면 굳이 이런 양자택일의 딜레마에 놓일 필요는 없을 것이다.

가장 멋진 섹스the best sex와 가장 만족스러운 섹스the most satisfying sex는 다르다. 나는 몇몇 남자들과 '대단히 멋진 섹스'를 나누었던 적이 있다. 그들은 대개 친절한 척 가장하는 폭력주의자였다. 여성이 원하는 것을 한눈에 읽어내는 재주가 있는 유혹의 달인이었다. 하지만 내가 그들을 신뢰하고 나자, 그들은 서서히 혹은 갑작스럽게 더 이상 내가 원하는 것을 주지 않게 되었다. 반면에 나는 섹스에 대한 기교나 요령은 부족하지만 사랑으로 맺어졌던 남자들과는 '아주 만족스러운 섹스'를 나누었다. 대개의 여성들은 오랫동안 받아온 성차별적인 교육 때문에 자신의 성적 쾌락을 어떤 관점에서 바라보아야 하는지 훈련이 되어 있다. 즉 육체적인 만족이 남녀 관계의 친밀도를 나타내는 절대적인 기준은 아니라고 생각하도록 은연중에 교육받아온 것이다. 그래서 페미니스트나 깨인 여성들은 이런 사회화 과정에 반발해 남성들만큼이나 여성의 성적 만족도 중요하다고 강조했다. 하지만 그들도 결국 사랑이 존재하는 친밀한 관계 속에서의 성적인 만족을 더 중요시하고 선호한다. 만약 남성들이 섹스를 갈망하는 것만큼 사랑에 대해서도 그렇게 갈망하도록 교육받는다면, 우리 문화는 혁명적으로 변화하게 될 것이다. 하지만 현실에서는 여전히 남성들은 섹스를 얼마나 더 잘 할 수 있는지, 어떻게 해야 만족할 만한 섹스를 할 수 있는지에만 관심을 쏟을 뿐, 파트너와 어떻게 해야 깊은 사랑을 주고받을 수 있을지에 대해서는 거의 고민하지 않는다.

사랑의 언어를 바꿔라

사람들은 섹스가 중요하다고 하면서도 정작 자신의 성적 욕구나 갈망에 대해서는 제대로 표현할 줄을 모른다. 사랑에 대한 갈망을 제대로 드러내지 못하는 것처럼 말이다. 그러나 역설적이게도 성행위를 통해 전염되는 치명적인 질병이 나타나자 보다 많은 커플들이 자신들의 성적 행동에 대해 대화를 나누게 되었다. 이 과정에서 그동안 섹스에 대해 "말을 너무 많이 하면" 로맨틱함이 사라진다고 주장하던 사람들이(그들은 대개 남성이었다) 파트너와 이야기를 많이 나누어도 성적 쾌락에는 아무런 영향을 미치지 않는다는 점을 발견하게 되었다. 아니 오히려 섹스의 성격을 바꾸어놓았다. 즉 이전에는 서로의 성적 취향에 대해 아무것도 모르는 것이 흥분과 쾌감을 불러일으켰다면, 이제는 서로의 취향을 더 많이 아는 상태에서 흥분과 쾌감을 느끼게 된 것이다. 말을 많이 나누면 로맨틱함이나 에로틱함이 줄어들 거라고 지레 겁먹었던 많은 사람들은 이렇게 생각을 급진적으로 바꾸었을 뿐 아니라, 이전의 자기들 생각이 얼마나 잘못되었는지를 알고 깜짝 놀랐다. 나는 이러한 변화를 바라보면서 우리가 습관적으로 하는 생각과 행동의 기본 틀이나 패러다임도 충분히 바꿀 수 있다고 믿게 되었다. 즉 사랑은 "빠지는 것"이라고 믿는 태도를 버릴 수 있겠다는 믿음이 생겼다. 그렇게 되면 우리는 어떤 사람을 만났을 때 한눈에 '딱' 반하는 감정이란 그렇게 대단한 것이 아니며, 그 사람과 뭔가 '연결'되어 있다는 것은 신비로운 감각이긴 하지만 그 자체가 곧 사랑은 아니라는 것, 앞으로 사랑으로 연결될 수도 있고 아닐 수도 있다는 것을 알 수 있을 것이다. 또한 그것이 사랑으로 연결된다고 하더라도 그 '딱' 오는 순간적인 느낌은 앞으로 두 사람의 관계에서 핵심적인 역할을 할 수도 있고, 그렇지 않을 수도 있다는 사실을 받아들이게 될 것이다. 나아가 "나 사랑에 빠진 것 같아"라고 말하기보다 "어떤 사람을 만났는데 그 사람을 통해 사랑을 알아가게 된 것 같아"라고 말하면, 사랑을 바라보는 우리의 태도에 많은 변화가 찾아올 것이다. 또는 "난 사랑에 빠졌어"라고 말하기보다는 "나 지금 사랑하고 있어"라거나 "나 사랑할 거야"라고 말하는 것만으로도 많은 변화를 끌어낼 수 있을 것이다. 이처럼 우리가 사용하는 언어를 바꾸지 않는다면 로맨틱한 사랑을 둘러싼 우리의 태도도 쉽게 바뀌지 않을 것이다.

여성들은 로맨틱한 사랑에 대해 말할 때 쓰는 관습적인 표현들을 은연중에 불편해한다. 로맨틱한 관계가 잘 풀리지 않는 이유 중 하나는 이런 관습적인 표현이나 그 표현 뒤에 숨겨진 사고방식 탓이라고 느끼기 때문이다. 돌이켜보면 로맨틱한 관계에 대한 표현들은 관계가 앞으로 어떻게 진전될지 미리 잘 알려주었던 것처럼 보인다. 그래서 나는, 나 자신이나 파트너와의 관계에서 정서적인 결핍감을 느끼고 난 뒤부터 사랑에 관해 말하고 생각하는 나의 방식을 바꾸기로 마음먹었다. 즉 사랑에 대해서는 물론, 내 느낌과 의도, 의지에 대해 분명한 언어와 표현으로 정의를 내리기로 했다. 그렇게 하자 이후로는 더 이상 과거와 같은 패턴으로 관계를 맺는 일이 없어졌다.

완전한 열정과 진정한 사랑

나는 그동안 사랑을 추구하는 과정에서 이런저런 실망감을 많이 맛보았지만, 여전히 사랑에는 우리를 변화시키는 힘이 있다는 사실을 믿는다. 나는 숱하게 실망했지만 결코 내 마음을 닫아걸지 않았다. 그런데 내가 만난 사람들 중에는 사랑에 절망한 나머지 사랑에 대해 깊은 냉소를 품고 있는 이들이 많았다. 사랑에 지나치게 가치를 부여하지 말라고 말하는 이들도 많다. 우리 문화는 사랑을 매혹적인 환상이나 신화로는 높이 받들면서, 실제로 어떻게 해야 사랑을 북돋울 수 있는지에 대해서는 별로 주목하지 않는다. 사랑에 대해 실망한 사람들은 주로 로맨틱한 사랑에서 쓴맛을 보았다. 로맨틱한 사랑에서 실패를 맛보는 이유는 간단하다. 우리가 사랑의 기술을 배우지 못했기 때문이다. 우리는 흔히 완벽한 열정을 완벽한 사랑이라고 착각한다. '완벽한 열정'은 자신이 바라는 모든 것을 갖춘 것처럼 보이는 파트너를 만났을 때 생긴다. 내가 '갖춘 것처럼 보이는'이라고 한 것은 누군가와 강하게 연결되어 있다고 느끼면 눈에 콩깍지가 씌기 때문이다. 사람은 자기가 보고 싶은 것만을 보는 법이다. 토머스 무어는 『소울 메이트Soul Mates』에서 로맨틱한 환상이 주는 마법은 나름대로 효용이 있다고 주장했다. 왜냐하면 "그 덧없는 환상을 통해 영혼이 성장하기 때문"이라는 것이다. 이처럼 완전한 열정에는 쾌감과 위험이 동시에 존재한다. 그런데 완전한 사랑을 찾는 사람에게 완전한 열정은 완전한 사랑을 찾아가는 예비 단계일 뿐이다.

완전한 열정이 완전한 사랑으로 이행하기 위해서는 그 열정을 따라다녔던 덧없는 환상이 사라지고, 거기에 쏟아부었던 강렬하고 압도적이며 에로틱한 에너지를 다시 자아를 발견하는 쪽으로 되돌릴 수 있어야 한다. 완전한 열정이 차갑게 식는 순간은 환상이 주는 마법에서 깨어나 그동안 자기 자신으로부터 멀리 떠나 있었다는 사실을 새삼 깨닫게 될 때이다. 열정이 식고 난 뒤 현실을 용기 있게 직시하면서 자신의 참된 자아를 감싸 안을 때 완전한 열정은 완전한 사랑으로 전이된다. 이처럼 관계의 새로운 시작이 완전한 열정과 완전한 사랑을 이어주는 촉매가 된다는 사실을 알게 되면 우리는 더 큰 영감과 힘을 가지고 사랑을 선택할 수 있다. 또한 스스로의 의지와 의도를 통해 사랑을 선택하고, 상대방에 대한 배려와 존중, 상대에 대한 지식과 책임감을 가지고 사랑을 하게 될 때 우리의 사랑은 만족스러운 것이 된다. 사랑에는 기대할 만한 것도 없고, 진정한 사랑 같은 건 존재하지 않는다고 애써 믿으려고 하는 사람들이 있다. 그런 잘못된 믿음에 집착하는 까닭은 차라리 그렇게 절망하는 것이 삶에서 가장 중요한 사랑을 얻지 못한 자신의 처지를 인정하는 것보다 훨씬 마음이 편하기 때문이다.

나는 지난 2년 동안 줄곧 사람들에게 사랑에 관해 많은 이야기를 해왔다. 내 주제는 변함없이 '진정한 사랑 true love'이었다. 처음에는 친구들과, 내 강의를 듣는 청중들, 버스나 비행기, 식당의 옆자리에 앉은 사람들에게 "나는 진정한 사랑을 찾고 있습니다"라고 말을 걸었다. 그것은 내 마음에서 우러나오는 갈망이었다. 하지만 얘기를 들은 사람들은 내가 찾는 것은 허상일 뿐이라며 냉소적인 반응을 보였다. 가끔은 극히 소수이지만 나와 마찬가지로 진정한 사랑을 믿는 사람들도 있었다. 하지만 이런 사람들도 나에게 "당신은 진정한 사랑을 '찾을 수'는 없을 겁니다. 그것은 어느 날 '저절로' 올 것입니다"라고 말했다. 나는 진심으로 '진정한 사랑'이 어딘가에 존재한다고 믿지만, 그런 사랑이 신비한 방식으로 온다는 생각, 즉 인간의 의지나 노력과 상관없이 '저절로' 도래한다는 생각도 받아들일 용의가 있다. 그들이 말한 대로 어쩌면 우리가 그것을 찾든 찾지 않든 진정한 사랑은 자기 발로 올지도 모른다. 그렇지만 우리가 사랑을 '찾아 나서면' 적어도 사랑을 잃지는 않게 된다. 사랑 때문에 상처받고 실망하고, 더 이상 사랑을 믿지 않게 된 사람들일지라도 정말이지 마음을 열고 사랑을 받아들일 태세를 갖추어야 한다. 그래야 사랑이 들어올 수 있다. 마음을 활짝 여는 것이야말로 사랑을 '찾는' 한 가지 방법이다.

나는 진정한 사랑을 맛본 적이 있다. 그 경험 때문에 나는 사랑을 더욱 갈구하고 욕망하게 되었다. 내 생애 처음으로 만난 진정한 사랑은 꿈속에서 먼저 모습을 나타냈다. 어느 날 영화 관련 토론회에 참석해달라는 요청을 받았는데, 별로 내키지 않았다. 그런 자리에 가면 한꺼번에 너무 많은 지식과 정보의 세례를 받게 되는데 난 그런 걸 싫어했다. 마치 과식한 것처럼 더부룩해지기 때문이다. 그런데 꿈속에 그 토론회에 참석하면 내가 원하던 남자를 만날 수 있을 거라는 말을 듣게 된 것이다. 꿈에 나타난 이미지들이 어찌나 선명하고 생생하던지 잠에서 깨어났을 때는 토론회에 꼭 가야겠다는 쪽으로 생각을 굳혔다. 친구에게 전화해 꿈 이야기를 해주었더니 함께 토론회에 가겠다고 했다. 내 꿈이 맞는지 자기가 증인이 되겠다는 것이었다. 몇 주 뒤, 우리가 현장에 도착했을 때는 무대 위에서 몇 사람이 한창 토론을 진행하고 있었다. 그런데 토론자들 속에서 내가 꿈에서 보았던 남자를 발견했다. 토론이 끝난 뒤 나는 그를 만났고 우리는 많은 이야기를 나누었다. 처음 만났는데도 마치 오랫동안 보지 못했던 친구나 친척을 다시 만난 것처럼 반갑고 편안했다. 저녁 식사도 함께했다. 처음 보았을 때부터 우리 사이에는 서로를 잘 이해하고 있다는 느낌이 흘렀다. 서로 잘 아는 사람 같았다. 그런데 대화가 한참 진행되었을 때 그가 자기에게는 충실해야 하는 관계가 있다고 말했다. 그 순간 나는 몹시 당황해서 어쩔 줄을 몰랐다. 우주에 있는 어떤 성스러운 힘에 이끌려 그토록 원하던 남자를 만나게 되었는데 그 소망이 실현될 가능성이 전혀 없다니, 믿기지 않았다. 물론 그때 내가 바랐던 것은 로맨틱한 관계였다. 아무튼 그때의 경험은 '진정한 사랑'을 알아가는 힘든 과정의 시발점이었다.

그 남자와의 만남을 통해 내가 깨닫게 된 것은 '진정한 사랑'을 만나면 우리의 삶이 크게 변모할 수 있다는 점이었다. 그리고 그 만남은 반드시 성적인 쾌락으로 연결되지 않아도 상관없으며, 심지어 서로가 헌신해야 하는 관계나 지속적으로 만나는 관계가 아니어도 상관없다는 것을 알게 되었다. '진정한 사랑'에 대한 신화 ― 동화에 나오듯이 두 영혼이 만나 오래 오래 행복하게 살았다는 식의 이야기 ― 는 어린 시절의 환상일 뿐이다. 그럼에도 남자든 여자든 많은 이들이 이 어릴 적 환상을 어른이 되어서도 버리지 못한 결과, 삶을 변화시킬 정도의 강렬한 만남이라면 지속적인 관계로 나아가야 한다고 믿는 잘못을 저지르는 것이다. 진정한 사랑이라고 해서 항상 '오래 오래 행복하게 살았다'는 식으로 귀결되는 것은 아니며, 설사 관계가 그토록 오래 지속되더라도 그 사랑을 유지하기 위해서는 두 사람이 많은 노력을 기울여야 한다.

모든 관계에는 기복이 있기 마련이다. 그런데도 로맨틱한 환상은 관계에 어려움이 찾아오거나 열정이 조금이라도 식으면 사랑이 부족해서 그런 것이라고 규정해버리도록 사람들을 오도한다. 그런 나

관과 냉정은 사랑을 이뤄가는 과정의 일부이다. 실제로 진정한 사랑은 어려움 속에서 더욱 꽃피는 법이다. 진정한 사랑이 가능한 것은 우리에게는 영적으로 성장하고 확장함으로써 보다 완전해지고 싶다는 열망이 있기 때문이다. 변화하기 위해서는 도전정신도 필요하지만 동시에 일종의 상실감도 받아들여야 한다. 진정한 사랑을 경험할 때 자신의 삶이 위험에 처했다는 느낌, 혹은 자신의 삶이 위협받는다는 느낌을 받는 경우가 있다.

'진정한 사랑'은 일상적으로 느끼는 진부한 애정과는 다르다. 즉 흔하게 일어나는 상대에 대한 관심이나 보살핌, 선의 등과는 다른 것이다. 어떤 사람의 스타일이나 생각하는 방식, 외모 등에 끌려 그 사람에게 매력을 느끼는 건 다반사로 일어나는 일이다. 기회가 닿으면 이런 사람과 가슴 두근거리는 사랑을 할 수도 있을 것이다. 그런데 존 웰우드는 『사랑과 깨달음』에서 이처럼 우리에게 친숙한 사랑의 방식을 '마음과 마음의 연결heart connection'이라고 부르면서, 진정한 사랑인 '영혼과 영혼의 연결soul connection'과 구분했다. "'영혼과 영혼의 연결'은 상대의 외양 뒤에 숨겨진, 상대의 본질적인 아름다움에 서로 공명하는 것이다. 이 경우 두 사람은 보다 깊은 차원에서 서로 연결된다. 이러한 연결은 서로에게 연금술적인 변화를 일으킬 수 있는 촉매로 작용한다. 이것은 '신성한 결합'으로서, 서로가 자신의 가장 깊은 내면에 있는 잠재력을 발견하고 실현하도록 돕는다. '마음과 마음의 연결'이 상대를 있는 그대로 인정하는 것이라면 '영혼과 영혼의 연결'은 더 깊은 차원, 즉 상대의 잠재적인 가능성을 발견하고 사랑하도록 만든다. 그리고 그 가능성은 서로의 사랑의 힘에 의해 현실화된다." 사실 누군가와 '마음과 마음이 연결'되는 것은 그다지 크게 어려운 일은 아니다.

우리는 살아가면서 특별한 '느낌'이 오는 사람들을 많이 만나게 되고, 그런 느낌을 발전시켜 사랑의 길에 들어서기도 한다. 하지만 이것은 '영혼과 영혼의 연결'과는 다르다. 더 깊은 차원에서 다른 사람과 맺어지는 '영혼의 결합'은 우리의 의지와는 상관없이 일어난다. 우리는 가끔 그 사람과 사귀고 싶은 마음이 전혀 없는데도, 왠지 모르게 그 사람에게 계속 끌리는 느낌을 받는 경우가 있다. 내가 아는 몇몇 커플들은 진정한 사랑을 하고 있는데, 그들이 처음 만났을 때 얘기를 들어보면 상대편에게 아무런 매력을 느끼지 못했는데도 이상하게 서로가 강한 끈으로 연결되어 있는 것 같은 느낌을 받았다고 했다. 또한 그들을 연결하는 끈의 느낌이 결코 편안하거나 단순하지도 않았다고 했다. 이런 이야기를 들으면 많은 사람들이 혼란스러울 것이다. 왜냐하면 우리가 아는 '진실한 사랑'의 판타지는 편안하고 단순한 것이기 때문이다.

진정한 사랑은 혁명과 같다

우리는 대개 '진정한 사랑'은 그야말로 사랑과 빛으로 충만해 있어서 몹시 즐겁고 유쾌하고 로맨틱할 것이라고 상상한다. 하지만 사실 '진정한 사랑'은 고된 일과 같다. 시인 릴케는 현명하게도 이런 사실을 꿰뚫고 있었다. "사람들은 사랑에 대해 오해하고 있다. 그들은 사랑을 즐거움과 기쁨이 가득한 놀이로 생각한다. 즐겁고 기쁜 놀이가 일하는 것보다는 훨씬 행복하기 때문일 것이다. 하지만 이 세상에서 일보다 더 행복한 것은 없다. 그리고 사랑은 이 세상에서 가장 행복한 것이기 때문에 일이 될 수밖에 없다." 진정한 사랑의 핵심은 상대의 진정한 모습을 알아보는 것이다. 하지만 보통 사람들은 자신이 좋아하는 사람을 만나면 자신의 가장 좋은 모습만을 보여주려고 하고, 심지어는 상대의 눈길을 끌기 위해 상대가 좋아할 만한 거짓된 자아를 꾸며내기도 한다. 그러나 시간이 흐르면서 더 이상 '가짜 자기'를 지속하기가 힘들어 가면을 벗으면 상대는 깊은 실망감에 빠진다. 자신이 사랑했던 사랑이 여태까지 알았던 그 사람이 아니어서 낯설게 느껴지고, 사람을 잘못 보았다는 생각 때문에 마음에 깊은 상처를 입고 가슴이 찢어지는 듯한 고통을 당하게 되는 것이다. 그들은 상대의 진실된 모습이 아니라 자신들이 보고 싶은 것만 보아왔던 것이다.

그러나 진정한 사랑은 다르다. 진정한 사랑을 하면 상대의 진짜 본모습을 보게 된다. 그런 관계를 맺게 되면 처음에는 두렵고 불안하다. 왜냐하면 자신을 숨길 곳이 아무 데도 없기 때문이다. 자신이 적나라하게 다 드러난다고 느끼기 때문이다. 하지만 이런 사랑이 서로를 영적으로 성장시키고 서로를 더 나은 방향으로 성숙시키고 변화시키고 있다고 느끼게 되면서 기쁨과 환희에 젖게 된다. 에릭 버터워스는 이렇게 말한다. "진정한 사랑은 독특한 통찰력이라고 할 수 있다. 따라서 진정한 사랑을 하게 되면 이 통찰력을 통해 상대를 총체적으로 꿰뚫어보게 된다. 그것은 상대에 대해 어떤 환상도 가지지 않은 채, 상대의 현재 모습을 온전히 받아들이는 동시에 잠재적인 모습까지 인지하게 된다는 뜻이다. 즉 진정한 사랑은 상대의 현재 모습을 아무런 조건 없이 받아들이는 한편, 상대가 자신의 잠재력을 온전히 펼쳐서 목표를 이룰 수 있도록 기꺼이 돕겠다는 확고한 의지이기도 하다. 또한 진정한 사랑을 하게 되면 상대의 잠재력과 목표를 상대보다도 더 잘 볼 수 있게 된다." 그렇지만 사람들은 대개 사랑이란 상대의 현재 있는 그대로의 모습을 받아들이는 것이라고 생각한다. 잠재력과 가능성까지 보려고는 하지 않는다. 물론 사랑한다는 이유로 상대를 자신이 원하는 이상적인 모습대로 탈바꿈시키려고 해서도 안 될뿐더러 그렇게 될 수도 없다. 상대의 의지와 상관없이 변화를 강요해서는 안 된다. 반면 진정한 사랑을 하게 되면 자기 스스로 변화하려고 노력할 뿐 아니라, 사랑하는 사람의 영향으로 보다 완전한 자신으로 거듭 태어나려는 의지를 불태우게 된다. 그리고 그 과정은 서로의 동의 아래 이루어진다. 진정한 사랑을 하고 있는 커플들과 오랫동안 대화를 해보고 내린 결론은, 진정한 사랑의 가장 공통된 특징은 '무조건적'이라는 점이다. 진정한 사랑을 하는 사람들은 상대에 대해 어떤 조건도 내걸지 않는다. 서로가 상대를 통해 자신을 변화시키려고 건설적으로 투쟁하고 노력하는 가운데 진정한 사랑이 꽃피는 것이다.

 진정한 사랑을 하게 되면 자신의 행동을 성찰하면서 그 결과를 상대와 함께 나누고 자신의 행동을 개선시켜나가려는 의지가 생긴다. 웰우드는 이렇게 말한다. "영혼으로 연결된 커플은 어떤 이야기든 허심탄회하게 함께 나누고, 가장 깊은 차원에서 서로 교류하려고 한다." 이처럼 깊이 있고 통찰력 넘치는 대화는 서로에게 완전히 솔직하고 마음을 열어놓아야만 가능하다. 그런데 많은 사람들이 어릴 때 가정에서 부모들이 서로 깊이 있는 대화를 나누는 모습을 거의 보지 못했다. TV나 영화에서도 이런 광경을 보는 것은 쉽지 않다. 게다가 남성들은 어릴 때부터 줄곧 자기감정을 억누르도록 교육받기 때문에 여성들이 이런 남성들과 대화를 나누기는 쉽지 않다. 사랑을 하고 싶지만 방법을 모른다고 여기는 남성들은 우선 자기 느낌을 말로 표현하는 것부터 시도해야 한다. 솔직하고 진실하게 말하는 법을 배워야 한다. 솔직하게, 온전히 자기 자신을 드러내려면 용기가 필요하다. 진정한 사랑을 하면 이런 용기가 생긴다.

그게 두렵다고 뒤로 물러서면 사랑을 알 수 있는 기회를 영원히 잡지 못한다. "사랑은 두려움을 없애준다"는 말이 있지 않은가. 우리는 평생을 살면서 여러 사람과 '마음과 마음이 연결'되는 사랑을 경험한다. 하지만 '영혼과 영혼이 연결'되는 진정한 사랑은 경험해 보지도 못한 채 무덤으로 가는 경우가 대부분이다. 그런데도 많은 사람들은 이것이 슬픈 일인지조차 모른다. 그래서 진정한 사랑이 찾아오면 대부분은 다른 길로 도망가 버린다. 진정한 사랑은 자기 안에 있는 거부하거나 감추고 싶은 부분을 환하게 비추고 드러내어서 아무런 수치심 없이 자신을 명료하게 바라보도록 하기 때문에, 입으로는 사랑을 알고 싶다고 말하는 사람들도 막상 진정한 사랑이 손짓하면 그런 자신을 직시하는 것이 두려워 멀리 도피해버리는 것이다.

하지만 아무리 진정한 사랑을 외면하고 기피하며, 진정한 사랑이 갖는 신비한 힘을 부정하려고 해도, 진정한 사랑은 존재한다. 겉으로는 그런 사랑 따위는 이제 기대하지 않는다고 말하는 사람도 실제로는 마음 깊이 그런 사랑을 갈구한다. 그렇지만 그런 사랑을 할 수 있는 준비가 되어 있는 사람은 흔치 않다. 진정한 사랑은 우리 마음이 그 사랑을 맞을 준비가 되어 있을 때만 찾아온다. 몇 년 전에 나는 아파서 병원에 간 적이 있는데, 그때 의사는 조직 검사에서 양성반응이 나오면 오래 살지 못할 거라고 말했다. 그 말을 듣자 나는 다른 암환자들처럼 두려움에 사로잡혔다. 나는 병실에 누워 내가 아직 죽을 준비가 되어 있지 않다고, 진정한 사랑을 경험해보기 전에는 결코 죽을 수 없다고 생각했다. 그 이후 나는 마음을 더욱 활짝 열고 진정한 사랑을 받아들일 준비를 했다. 그러자 진정한 사랑이 찾아왔다.

그러나 그 관계는 영원히 지속되지 못했고, 나는 그런 현실 앞에서 매우 힘들어 했다. 우리 문화는 파트너와 진정으로 로맨틱한 사랑을 하게 되면 그 사랑은 영원히 계속된다는 믿음을 주입시킨다. 그렇지만 이런 관계는 양쪽 모두 그 사랑에 충실하고 헌신할 때에만 오랫동안 지속될 수 있다. 실제로는 진정한 사랑이 주는 무게를 감당할 수 있는 사람이 흔치 않다. 마음에 깊은 상처가 있는 사람이 자신의 상처를 치유하려는 의지를 갖지 못하면 사랑을 유지하고 키워나가기 힘들다. 그런 사람은 결국 사랑으로부터 도망간다. 특히 대부분의 남성들은 기존에 해오던 방식대로 자신의 감정을 숨기고 표현하지 않으면서도 여성에게 사랑을 받을 수 있기를 기대한다. 그것은 진정한 사랑으로부터 멀어지는 길이고, 사랑 대신에 권력을 택하는 것이다. 진정한 사랑을 알고 지켜가기 위해서는 권력을 향한 의지를 꺾을 수 있어야 한다.

그런데 일단 진정한 사랑을 알게 되면 깊은 교감과 유대를 나누었던 파트너가 떠나가더라도 사랑의 힘을 통해 자기 자신을 계속 변화시킬 수 있게 된다. 토머스 머튼이 말한 것처럼 "우리는 사랑 속에서 참된 자신을 발견하게 된다." 하지만 대부분의 사람들은 참된 자기를 받아들이고 포용할 준비가 되어 있지 않다. 왜냐하면 진정한 자기를 발견하게 되면 이미 익숙해진 친밀한 세계로부터 소원해지는 느낌이 들기 때문이다. 실제로 자기 치유 프로그램을 받다 보면 한동안은 주위로부터 고립되고 외롭다는 감정에 빠지게 된다. 그렇지만 흑인 시인 마야 안젤루Maya Angelou가 말했듯이, 자신의 영혼이 성장하는 데 도움이 되지 않는 사람들과 교류하기보다는 차라리 고독을 선택하는 것이 낫다. 그녀는 이렇게 말한다. "바빌론 같은 향락과 악덕의 도시에서는 아무도 외롭지 않은 법이다." 진정한 사랑을 받아들이기를 두려워하는 사람은 자신을 결핍과 불만족한 상황에 내버려둘지언정, 고독과 외로움에 처하는 위험은 무릅쓰지 않으려고 한다.

그러나 충만하고 깊은 사랑을 하기 위해서는 이 정도 위험은 감수하겠다는 의지가 있어야 한다. 그래야 자기 자신을 완전히 변화시킬 수 있다. 다시 머튼의 말을 들어보자. "사랑은 파트너를 향한 당신의 생각과 행동에만 영향을 미치지 않는다. 사랑은 당신의 삶 전체를 변모시킨다. 이런 의미에서 진정한 사랑은 '개인의 혁명'과 같다. 사랑은 당신의 생각과 욕망, 행동을 모두 하나의 경험 속에 녹여내면서 '과거의 당신'을 버리고 완전히 '새로운 당신'으로 탈바꿈시키기 때문이다." 리처드 바크Richard Bach는 자전적 러브 스토리인 『환상들Illusions』에서 자신이 어떻게 사랑을 떠났다가 다시 돌아오게 되었는지 쓰고 있다. 그가 다시 사랑을 회복하기 위해 필요했던 것은 '희생'과 '굴복'이었다. 자신은 사랑하고 사랑받고 싶은 욕구가 필요 없는 사람이라는 환상을 버리자 다시 사랑을 찾을 수 있었다는 것이다. 이처럼 우리는 과거의 자신을 '희생'하고 새로운 자신을 향해 '굴복'할 때 사랑을 통해 변모할 수 있다.

로맨틱한 관계에서의 사랑은 다른 어떤 관계에서보다 기쁘고 유쾌하고 축하받는 분위기 속에서 자기 자신을 변화시킬 수 있는 기회를 제공한다. 우리는 '사랑에 빠지지 않은 채', 서로의 영혼이 신비한 힘으로 연결되는 경험을 통해 참된 자아로 돌아갈 수 있다. 다른 사람의 영혼과 굳건하게 연결되어 있다는 사실은 우리에게 대담함과 용기를 북돋워준다. 아무런 두려움 없이 다른 사람의 영혼과 결합하고 연결되려는 의지를 갖고서 사랑에 몸을 맡기고 자신을 헌신하고자 할 때, 그때 비로소 우리는 진정으로 사랑할 수 있고 영혼 깊이 사랑할 수 있게 된다. 또한 그런 사랑은 오랫동안 지속되고, '죽음도 이겨내는' 힘이 있다.

상실
삶과 죽음, 그리고 사랑

진정한 우애는 생명의 한계를 초월한다는 사실을 믿으라. 진정으로 신을 믿고 서로 사랑하는 사람들 사이에는 살아 있을 때는 물론이고 죽어서도 신성한 유대 관계가 존재한다. 이것은 경험을 통해서도 알 수 있다. 당신이 아주 깊이 사랑했던 사람은 죽어서도 당신 안에 살아 있게 된다. 그것은 단지 기억이 아닌 현실적인 존재로서 당신 안에 존재한다.

_헨리 나우웬 Henri Nouwen

죽음에 대한 숭배

사랑은 살아 있다는 느낌을 더욱 강화시킨다. 반대로 사랑이 없는 상태에서 사는 것은 살아도 죽은 것과 다를 바 없다. 자기 안의 모든 것이 침묵하고 정적에 휩싸인 듯하고, 아무런 감동을 느끼지 않게 되는 것이다. 이처럼 죽은 듯이 살아가는 것을 정신분석학에서는 "영혼 살해Soul Murder"라고 부른다. 성경에도 "사랑을 모르는 사람은 죽은 듯이 고요하다"라는 말이 나온다. 이처럼 사랑이 결여된 지배의 문화는 사람들을 죽음의 상태로 내몬다. 폭력에 경도되고, 힘센 자가 약한 자를 괴롭히고, 권력자가 권력이 없는 자를 착취하는 현재의 우리 문화는 죽음을 부를 수밖에 없다. 또한 우리 문화는 죽음을 강하게 숭배하면서 사랑으로 가는 길을 막고 있다. 임종을 앞둔 에리히 프롬은 절친한 친구에게 "왜 우리 인류는 바이오필리아biophilia보다 네크로필리아necrophilia가 강한 것일까?"라고 물었다. 왜 삶을 사랑하기보다 죽음을 더 사랑하느냐는 것이었다. '네크로필리아'는 원래 '시체 애착증'을 뜻하는 범죄심리학 용어이지만, 에리히 프롬은 사랑을 통해 삶에 의미를 부여하지 못하는 현대 문명을 설명하기 위해서 이 말을 끌어왔다.

사랑과 달리 죽음은 우리 모두가 언젠가는 맞닥뜨려야 하는 것이다. 우리는 다른 사람의 죽음을 목격하기도 하지만, 결국은 자기 자신의 죽음을 목도하게 된다. 물론 생명이 꺼져가는 아주 짧은 순간이겠지만 말이다. 우리는 사랑 없이 살아가는 것이 얼마나 고통스러운 일인지에 대해서는 드러내놓고 말하는 걸 꺼려하면서도 죽음에 대해서는 엄청난 관심을 쏟으며 두려움과 공포, 근심과 걱정에 사로잡힌다. TV에서 매일 죽음의 장엄한 광경을 보여주듯이, 죽음에 대한 숭배는 죽음에 대한 공포를 누그러뜨리고, 죽음을 극복하며, 죽음으로부터 편해지는 한 방법일 수 있다. 토머스 머튼은 현대 문화에서의 죽음의 숭배 현상에 관해 이렇게 설명한다. "정신분석학은 현대인들의 마음에 죽음을 소망death wish하는 감정이 있다는 사실을 밝혀냈다. 현대 세계는 너무 풍요로워진 나머지 죽음을 사랑하는 데 깊이 중독되어버렸다는 것이다. (……) 그런 사회에서는 사람들이 겉으로나 공식적으로는 '인간적인 가치'를 내세우지만, 실제로는 산 것과 죽은 것, 인간과 돈, 인간과 권력, 인간과 폭탄 사이에 하나를 골라야 하는 상황이 오면 후자인 '죽음' 쪽으로 기울게 된다. 왜냐하면 이 풍요로운 사회에서는 죽음이 삶의 목적이자 존재 이유이기 때문이다." 우리 문화가 죽음에 강박적으로 매달리는 것은 결국 사랑의 기술에 쏟아야 할 에너지를 빼앗는 결과를 빚는다.

그런데 죽음을 숭배하는 것은 — 숭배하는 주체가 남성이든 여성이든 상관없이 — 가부장적 사고의 핵심 요소라는 점을 기억해야 한다. 어떤 신학자들은 우리 사회가 죽음을 중심에 놓게 된 것은 종교가 실패했기 때문이라고 설명한다. 매튜 폭스Matthew Fox는 『원복Original Blessing』에서 이렇게 말했다. "서양 문명은 삶을 사랑하기보다 죽음을 사랑하는 쪽으로 발전해왔기 때문에 서양의 종교도 창조보다는 구원을, 삶의 환희보다는 원죄를, 우주적인 깨달음과 인식보다는 개인의 성찰을 더 선호해왔다." 여태까지 종교적인 가르침과 실천의 뼈대를 형성해온 것은 가부장적인 사고와 관점이라고 할 수 있다. 그런데 최근 이런 전통적인 가르침에서 벗어나 삶을 긍정하고, 창조성에 기반한 종교적인 영성을 가르치려는 움직임이 일고 있다. 폭스는 이것을 '비아 포지티바the via positiva', 즉 '긍정의 길'이라고 부른다. "창조의 힘에 확고하게 뿌리를 내리지 않으면 결국 우리는 지루하고 폭력적인 인간이 될 수밖에 없다. 죽음과 죽음이 가진 힘과 죽음의 땅을 사랑하는 네크로필리아가 될 것이다." 이러한 죽음에 대한 숭배에서 벗어나기 위해서는 가부장제에 도전하고 평화를 창조하며, 정의를 위해 싸우고 사랑의 윤리를 받아들여야 한다.

그런데 역설적인 것은 우리의 마음 밑바닥에 깔린 죽음의 공포를 이겨내기 위한 전략으로 선택한 '죽음에 대한 숭배'가 결국에는 우리에게 아무런 위안이 되지 못한다는 점이다. 오히려 사람들에게 더 깊은 불안감만 심어주고 있다. 우리가 TV에서 의미 없는 죽음의 광경들과 무차별적인 폭력과 잔인한 장면들을 더 많이 볼수록 일상에서 더 많은 두려움에 사로잡히게 되는 것이다. 이를테면 우리는 낯선 사람을 사랑으로 맞아들이지 못한다. 왜냐하면 낯선 사람에 대해 두려움을 느끼게 됐기 때문이다. 우리는 낯선 사람을 마치 우리의 목숨을 원하는 죽음의 사자使者라도 되는 것처럼 바라본다. 이런 근거 없는 두려움은 어찌 보면 '광인madness의 행동'이라 할 수 있다. '광인'이란 현실과의 접촉 능력을 상실한 사람이다. 사실 우리는 살아가면서 낯선 사람보다는 가깝고 잘 아는 사람에게 상처를 받는 경우가 훨씬 더 많다. 그런데도 모르는 사람이나 익숙하지 않은 사람들에게 더 경계심을 품고 두려워하는 것이다. 그런 공포감이 심해지면 낯선 사람이라면 아예 불신하고 근처에 오지도 못하게 하면서, 안전에 대한 강박증에 빠지게 된다. 미국에서 '외부인 통제'를 내세우는 거주 지역이 늘어난다는 사실은 미국인들이 안전에 대한 강박증에 얼마나 깊이 빠져 있는지를 보여주는 한 예이다. 출입구에 경비를 세워두고도 모자라 현관문에 빗장을 지르고 정교한 실내 보안 장치로 꽁꽁 단속을 한다. 미국인들이 이처럼 개인 안전을 위해 1년간 치르는 비용만 300억 달러가 넘는다고 한다. 친구들과 함께 이런 거주 지역에 잠깐 머문 적이 있는데 그때 사람들에게 실제로 어떤 위험이 있어서 그렇게 철저하게 문단속을 하느냐고 물어보았더니 "꼭 그렇지는 않다"고 답했다. 그들이 광기에 가까울 정도로 안전에 신경을 쓰는 것은 실제로 위협이 존재하기 때문이 아니라 위험할지도 모른다는 두려움 때문인 것이다.

　우리는 이런 광기를 거의 매일 목격한다. 누구라도 쉬지 않고 이야기를 할 수 있을 정도로 이런 사례는 일상생활에 만연해 있다. 예를 들어 백인 남성이 현관 벨이 울려서 나가 보니 문 앞에 젊은 아시아 남성이 서 있다면, 그 백인 남성은 다짜고짜 총을 쏠 수도 있는 그런 세상에 우리는 살고 있는 것이다. 아시안 남성은 단지 길을 잃어서 주소를 물으려고 했던 것일 뿐 어떤 공격적인 태도나 적대감을 보이지 않는 경우에도 말이다. 그럼에도 백인 남성은 자신의 생명과 재산을 보호하기 위한 정당방위라고 주장할 것이다. 이것은 우리의 광기를 보여주는 일상적인 사례이다. 이 예에서 보듯이 정말 위험한 인물은 아시안 남성이 아니라 백인 우월주의와 자본주의, 가부장제 사고방식에 물든 나머지 더 이상 이성적으로 대응하지 못하는 백인 남성이다.

그 남성은 백인 우월주의의 영향으로 모든 유색인종은 행동이 어떻든 간에 위협적인 존재라고 믿게 되었다. 그는 자본주의 정신을 통해서 어떤 수를 써서라도 자신의 재산을 지켜야 하고 또 지킬 수 있다는 것을 배웠으며, 가부장제로부터는 남자라면 두려운 상황에서도 상대를 과감하게 공격함으로써 이겨내야 한다는 것을 배웠다. 따라서 공격을 하기 전에 상대에게 이런저런 말을 거는 것은 비겁하고 사내답지 않은 행동으로 치부되는 것이다. 그리고 대중매체는 이런 사고를 마치 아무렇지도 않은 듯 애매하게, 심지어는 농담이나 축하 인사라도 하듯이 전달한다. 즉 아무런 비극적인 사건도 없었으며 그 아시안 젊은이의 희생은 우리의 재산을 지키고 백인 가부장제의 명예를 수호하기 위해 불가피했다는 식이다. 신문 독자나 TV 뉴스 시청자들도 백인 남성과 자신을 동일시하면서 백인 남성이 저지른 '실수'에 동정심을 갖는다. 그 '실수'가 무고한 젊은이의 생명을 폭력적으로 빼앗아버렸다는 사실은 가려지고 대신 "나도 저와 같은 위협적인 상황에 처했다면 재산을 지키기 위해 어떤 것도 감수해야 할 것"이라는 생각을 가지도록 사람들을 부추기는 것이다. 이것이 바로 죽음의 숭배가 초래한 우리의 자화상이다.

우리는 TV 화면에서 매일같이 만나는 죽음에 대한 숭배 장면이나, 일상적으로 접하는 죽음의 모습들을 통해서는 분명한 인식과 명징성, 혹은 평화로운 마음으로 죽음을 대면할 수가 없다. 공포심에 뿌리를 두고 있는 죽음에 대한 숭배 현상은 우리가 삶을 풍부하고 제대로 살아나가는 것을 방해한다. 머튼은 이렇게 주장한다. "우리가 죽음이란 어딘가에 숨어서 우리를 기다리고 있는 것이라는 생각에 갇혀 있는 한 죽음은 현실적인 것이 되지 못하고, 삶 또한 비현실적인 것이 된다. 그 결과 삶이 분열된다. 삶에 대한 사랑과 공포가 서로 줄다리기를 하는 것이다. 그래서 죽음은 삶에 대한 공포로서, 삶의 한가운데서 작동하게 된다." 삶을 만끽하기 위해서는 죽음에 대한 공포를 완전히 떨쳐버려야 한다. 그 두려움은 삶을 사랑함으로써만 대처할 수 있다. 미국인들은 오랜 역사를 통해 너무 즐거우면 위험하며, 지나치게 낙천적인 것은 터무니없고 무모한 것으로 생각하는 게 몸에 배어 있다. 이런 금욕적인 태도 때문에 삶을 축복하고, 아이들이나 자기 자신에게 삶을 사랑하는 법을 가르치기가 쉽지 않다.

죽음은 삶의 일부

그런데 사람들은 치명적인 질병에 걸리고 나서야 삶을 사랑하게 되곤 한다. 내 경우에도 죽음 직전까지 가는 병을 앓고 난 뒤에 내 삶에서 사랑이 얼마나 부족했는지 정직하게 되돌아보고 인정할 수 있었다. 죽음에 대해 뛰어난 통찰력을 보여준 이들은 한목소리로 우리에게 사랑하는 법을 배우라고 권고한다. 사랑하는 법을 제대로 배울 때 죽음을 숭배하는 태도를 버리고 삶을 찬미할 수 있게 된다는 것이다. 나는 살아오면서 가장 사랑했던 사람에게 쓴, 하지만 차마 부치지 못한 편지에 이런 말을 적었다. "내 친구는 세상을 떠난 자기 언니의 추모식에서 이렇게 말했습니다. '우리는 언니의 죽음을 통해 언니를 완전하게 사랑할 수 있게 되었습니다'라고요. 우리는 살아생전에 그 사람에게 우리의 모든 것을 아낌없이 주었을 때 ― 즉 서로를 깊이 이해하고 죽음도 바꿔놓을 수 없고, 빼앗아갈 수도 없는 진정한 사랑을 했을 때 ― 설사 그 사람이 세상을 떠나더라도 그 사람의 부재를 보다 흔쾌히 받아들이게 되는 것 같습니다. 나는 어떤 일말의 후회나 결핍감 없이 그 사람의 죽음을 받아들일 수 있는, 사랑하는 사람이 있다는 사실에 매일매일 감사하고 있습니다. 그것이 바로 당신이 나에게 준 선물입니다. 나는 그것을 소중히 마음속에 간직하고 있습니다. 세상 어떤 것도 그것의 가치를 훼손할 수 없습니다. 그것은 영원히 나에게 귀중한 것으로 남을 것입니다." 사랑이란 이런 것이다. 사랑은 우리가 삶을 충실하게 살아가도록 하고, 행복하게 죽을 수 있도록 해준다. 그렇기 때문에 사랑으로 살면 죽음은 삶의 끝이 아니라 삶의 일부가 된다.

엘리자베스 퀴블러 로스는 사후에 출간된 자서전 『생의 수레바퀴』에서 자신이 어떻게 아무런 두려움 없이 죽음을 받아들일 수 있었는지, 그 깨달음의 과정에 대해 이야기하고 있다. "내가 치명적인 질병에 걸려 죽음에 대한 공부를 막 시작했을 때 나의 가장 훌륭한 교사는 병원에서 청소부로 일하고 있던 흑인 여자였다. 그녀의 이름은 지금 기억하지 못한다. (……) 내가 그녀에게 관심을 갖게 된 것은 그녀가 중병을 앓는 환자들에게 미친 영향 때문이었다. 그녀가 환자들 곁에 머물다 떠나면 환자들의 태도에 눈에 띄는 변화가 나타났다. 나는 그 비결이 무엇인지 궁금했다. 호기심에 사로잡힌 나는 고등학교도 나오지 않았으나 대단한 비밀을 감추고 있는 이 여성을 말 그대로 몰래 관찰했다." 결국 로스가 알아낸 사실은 이랬다. 그 흑인 여성은 죽음과 친구가 되어야 하며 죽음이 우리 삶의 안내자가 되게 해야 한다는 것, 죽음을 두려움 없이 맞아야 한다는 사실을 깨닫고 있었다는 것이다. 일찍이 사랑하는 사람을 여의는 등 살아오면서 많은 난관을 겪었지만 현명하게 이겨냈던 그녀는 중병을 앓는 환자들을 볼 때마다 아무런 두려움이나 거리낌 없이 죽음에 대해 터놓고 얘기했다. 이 '무명의 천사'는 로스에게도 인생의 가장 값진 교훈을 들려주었다. "죽음은 나에게 낯설지 않아요. 죽음은 아주 오래된 친구 같아요." 죽음과 친구가 되려면 용기가 필요하다. 그리고 그 용기는 사랑을 통해서만 얻을 수 있다.

죽음에 대한 우리의 집단적인 두려움은 우리 마음을 불편하게 하는 마음의 질병이다. 이것은 사랑만이 치유할 수 있다. 대개의 사람들은 절망 속에서 죽음을 맞이한다. 자신들이 원하는 대로 삶을 살지 못했다는 사실을 뒤늦게 깨닫게 되기 때문이다. '참된 자신'을 발견하지도 못했고 마음이 이끄는 대로 사랑을 해보지도 못했다는 자책감에 시달리는 것이다. 이런 사람들은 죽음에 직면해서야 여태껏 살아오면서 해보지 않았던 일, 즉 자기 자신을 사랑하게 된다. 그제야 자기 자신을 있는 그대로 받아들이고 아무런 조건 없이 사랑하면서, 자기애의 핵심에 다가가게 되는 것이다. 마리 드 엔젤Marie De Hennezel은 『친밀한 죽음Intimate Death』의 서문에서 죽음을 눈앞에 둔 사람들이 얼마나 자기 자신을 실현하기 위해 애쓰는지 묘사하고 있다. "완전한 고독에 빠진 그 순간, 몸이 무한한 세계의 끝자락에 걸려 있는 그 순간에 완전히 별개의 시간이 흐르기 시작한다. 그 시간은 우리의 통념으로는 이해할 수 없는 시간이다. 그 짧은 며칠 동안 어떤 특별한 일이 일어난다. 절망과 고통이 극에 달하고, 엄청난 크기의 죽음의 그림자가 생명을 압도해오는 그 상황에서 처음으로 자기 자신과 온전히 마주하며 자신의 진실을 목도하게 된다. 온전히 자기 자신에게 충실한 자유로운 존재를 발견하게 되는 것이다." 임종의 자리에서 깨닫게 되는 이 사랑의 힘은 환희의 순간이기도 하다. 그런데 만약 우리가 이 사랑의 힘을 임종에 임박해서가 아니라 매일의 삶에서 느낄 수 있다면 얼마나 행복하겠는가.

   순간순간 사랑으로 살아가면 죽음이 주는 위협에 시달릴 필요가 없다. 마음과 정신이 깨달음과 명석함으로 채워지면 죽음을 현실로 받아들이게 되고 삶을 더 풍부하고 충실하게 살아갈 수 있다. 그런 사람에게는 죽음이 삶과 항상 함께한다. 사실 우리 모두는 죽음이 낯설지 않다. 인간이 태어나면서 최초로 머무는 엄마의 자궁도 사실은 무덤이라고 할 수 있다. 그곳은 삶이 도래하기를 기다리는 무덤이다. 엄마의 자궁에서 나올 때의 그 최초의 경험은 죽음에서 삶으로 부활하는 순간이고, 어둠에서 빛으로 나오는 순간이기도 하다. 그래서 우리는 갓난아기가 자궁에서 나오는 모습을 볼 때 기적이 현현하는 곳에 있다는 느낌을 갖게 되는 것이다.

하지만 오래지 않아 우리는 죽음에서 삶으로 전이되었던 그 마법의 순간을 잊게 된다. 그리고 죽음은 우리가 극구 피해야 할 과정이 되어버린다. 그런데 갈수록 죽음으로부터 도망치기가 점점 더 어려워진다. 평균 수명이 과거보다 길어졌지만, 우리를 둘러싼 죽음의 위협도 이전보다 훨씬 더 커졌기 때문이다. 이러저런 질병에 걸려 유명을 달리하는 사랑하는 사람과 친구와 친지들이 적지 않고, 그중에는 한창 나이에 세상을 떠나는 이들도 많다. 이처럼 죽음의 그림자가 항시적으로 우리 곁에서 떠돌고 있음에도 불구하고 우리 문화는 이런 사실을 부정한다. 그래서 사람들은 죽음에 대한 정확한 인식이 자신들의 삶을 올바르게 인도할 수 있다는 사실을 받아들이지 못한다.

내가 어릴 때 어머니는 우리에게 죽음의 가능성에 대해 편하게 말씀하셨다. 우리가 오늘 해야 할 일을 내일로 미루면 어머니는 이렇게 말씀하시곤 했다. "사람은 언제 죽을지 몰라 Life is not promised." 이 말씀을 통해 어머니는 자식들이 아무런 후회 없이 충실하게 살아가도록 일깨워주신 것이다. 친구들이나 낯선 사람들 앞에서 죽음을 화제에 올리면 사람들은 내가 마치 염세주의자나 병적인 정신 상태를 가진 것처럼 대한다. 죽음은 우리 안에 있다. 죽음을 항상 부정적으로 취급하다 보면 죽음에 우리 삶의 매 순간을 고양시키는 힘이 있다는 사실을 놓치고 만다.

슬픔에서 얻는 위안
\

다행히 죽어가는 사람들을 치료하거나 위로해주는 일을 하는 사람들은 우리가 죽음이라는 현실을 어떻게 받아들여야 하는지 많은 가르침을 줄 뿐 아니라 죽음에 관해 이야기하는 것은 결코 터부가 아니라는 것을 보여준다. 사랑하고 싶다거나 사랑받고 싶다는 이야기를 하면 나약하거나 인생에 실패한 사람처럼 취급받기 때문에 좀체 입에 올리지 않듯이, 죽음에 대해서도 마찬가지다. 사람들은 죽음에 대한 자신의 생각을 다른 사람들과 거의 공유하지 않는다. 그 결과 우리는 비통한 감정에 대해서도 제대로 대처를 못하게 되었다. 누군가가 죽어가는 모습을 선택된 소수의 사람만 지켜보게 하듯이, 우리 문화에서는 사랑하는 사람을 잃고 비통해하는 모습도 남에게 보이지 말아야 한다고 생각한다. 그래서 사적인 공간에서 남몰래 자신의 슬픔을 표현할 수밖에 없다. 우리는 어떤 고통에 대해서는 그 고통을 누그러뜨릴 수 있는 즉효약을 내놓는 문화에서 살고 있기 때문에 비통한 심정을 오래토록 간직하는 것은 온당치 못한 행동으로 간주된다. 나는 가끔 우리 주변에 슬픔이 가득한 것을 직감적으로 알고 있는데도 자신의 마음의 고통을 밖으로 드러내지 않는 사람들을 보고 놀라곤 한다. 우리는 슬픔이나 비통함을 오래 간직하는 것은 창피한 일이라는 식으로 교육을 받았다. 그런 사람은 깨끗한 옷에 묻은 얼룩처럼 불완전하고 흠결 있는 사람 취급을 받는다. 슬픔에 매달리고, 슬픔을 공개적으로 드러내는 것은 현대적인 삶과는 맞지 않는다고 여긴다. 한없이 슬픔에 잠겨 있는 사람은 현대인으로서 자격이 없다고 여겨지는 것이다.

하지만 사랑은 부끄러움을 모른다. 사랑을 하면 비통한 감정을 숨기지 않게 되고, 저절로 슬픔을 향해 마음이 움직이게 된다. 설사 끝나지 않을 것 같은 슬픔일지라도 말이다. 사랑을 아느냐 모르느냐에 따라 슬픔을 표현하는 방식도 달라진다. 사랑을 하면 웬만한 두려움은 떨쳐버릴 수 있다. 그래서 사랑하는 사람이 세상을 떠나면 주위의 눈치 따위는 보지 않고 아무런 부끄러움 없이 슬퍼할 수 있다. 상대에 대한 충실함은 사랑을 이루는 주요한 요소이다. 그렇기 때문에 생전에는 물론이고 상대가 세상을 떠났을 때도 유대의 끈을 놓치지 말아야 한다. 사랑하는 사람을 잃었을 때 마음 가는 대로 마음껏 애통해하는 것은 상대에 대한 충실함의 표현이며, 그 사람과 소통하고 유대하는 하나의 방식이다. 그렇지만 우리 문화에서는 슬픔을 마음껏 표현하는 것이 그 사람의 정서에도 긍정적으로 작용한다는 사실을 받아들이지 않기 때문에 사랑하는 사람을 잃고 나서 그 사랑의 열정으로 자신의 애통한 심정을 드러내놓고 표현하기가 쉽지 않다. 우리 문화가 애통함이나 슬픔을 억제하도록 유도하는 것은 그렇게 격정을 있는 대로 다 풀어놨다가는 그것에 사로잡힌 나머지 현실에서 멀어질 거라 두려워하기 때문이다. 그러나 이런 두려움이야말로 잘못된 것이다. 가장 깊은 의미에서 볼 때 슬픔은 마음을 연소시킨다. 즉 우리는 슬픔이라는 뜨거운 열로 마음을 태우고 난 뒤에야 비로소 위안과 해방감을 얻을 수 있다. 반대로 슬픔과 애통함을 억누르면 마음에 아주 무거운 짐을 하나 얹어놓는 것과 다를 바 없기 때문에 결국 정서적인 고통과 육체적인 질병에 시달리게 된다. 이처럼 상실의 고통을 감정적으로 마음껏 해소하지 않고 억누르면 오랜 세월이 흘러도 슬픔에서 헤어나지 못하는 결과를 초래한다.

그러나 사랑은 우리가 애도의 형식을 통해서든 축제의 형식을 통해서든, 죽은 사람을 위해 한껏 비통해하도록 허용한다. 상을 치르는 동안 죽은 사람에 대해 우리가 평소 알고 있었던 사실을 서로 털어놓으면서 그의 삶을 공유하며, 그가 우리에게 남겨놓고 간 것들을 하나하나 거론함으로써 그의 삶에 경의를 표한다. 이처럼 슬픔을 통해 죽은 사람에 대한 사랑을 확인하고 그 사랑을 더 강하게 깨닫게 되기 때문에 슬픔을 드러내는 것을 억눌러서는 안 되는 것이다.

로스는 자신의 찬란했던 삶을 마무리하면서 죽음이란 어떤 실체로 존재하는 것이 아니라, 신체가 또 다른 형태를 띠기 위해 현재를 떠나가는 것이라고 확신했다. 사후 세계나 부활, 윤회를 믿는 사람들처럼 그녀도 죽음을 끝이 아닌 새로운 시작이라고 보았던 것이다. 이와 같은 통찰은 우리에게 많은 깨달음을 주지만, 그렇다고 해서 죽음이 이 지상에서 부여받은 생명을 빼앗아갈 때 우리가 느끼게 되는 비통함이 사라지는 것은 아니다. 이를 극복할 수 있는 유일한 힘은 사랑이다. 우리는 사랑을 통해 죽은 자와 계속해서 가깝게 지낼 수 있다. 따라서 사랑하는 법을 안다는 것은 제대로 죽는 법을 안다는 것과 같다. 시인 엘리자베스 배럿 브라우닝이 "죽음이 우리를 갈라놓을지라도 나는 그대를 더 사랑할 거에요I shall but love thee better after death"라는 소네트를 지었던 것도 죽은 자를 기억하고, 죽은 자와 교류하고 유대를 지속하는 것이 얼마나 중요한 일인지 알았기 때문이다.

'지금 여기'에 살아 있다는 것의 의미

죽은 자를 망각하는 것은 지상에서의 생명이 끝나면 영혼도 죽는다는 생각에 굴복하는 것이다. 성경에는 신의 목소리(여호와)가 이렇게 말하는 장면이 있다. "내가 너희 앞에 생명의 길과 사망의 길을 두었나니, 너희는 생명을 길을 택하라I have set before you life and death, therefore choose life." 몸은 죽어도 영혼은 살아남는다는 생각을 받아들이는 것은 생명의 길을 택하는 한 방법이다. 우리는 망자亡者를 회고하는 의식儀式이나 추모식 등을 통해 혹은 일상적인 의식을 통해 죽은 자의 영혼을 불러낼 수 있다. 가끔 그들이 가르쳐준 지혜를 떠올리면서 우리 인생의 나침반으로 삼는 것도 망자를 기억하는 방법이 될 수 있고, 또는 그들이 생전에 즐겨하던 습관적인 행동을 재연해보는 것도 그들의 영혼과 접촉하는 길이 될 수 있다. 또는 아무리 해도 죽은 자를 향한 그리움과 슬픔이 멈추지 않아 마음이 괴로운 것도 망자에 대한 경의이자, 그들을 우리 곁에 두는 하나의 방법일 수 있다.

그런데 완전한 사랑을 알고자 하는 사람이 거의 없는 우리 문화에서는 망자에 대한 애통함이나 슬픔이 후회감에 밀려나는 경우가 더 많다. 떠난 사람에게 미처 하지 못한 말들, 미처 화해하지 못한 일 때문에 스스로 책망하고 후회하는 것이다. 나는 가끔 누군가에게 내 마음속에 있는 말을 미처 다 하지 못하고 세상을 떠난다면, 혹은 누군가에게 심한 말을 뱉어놓고 미처 화해하지도 못한 채 세상을 떠난다면 과연 내 마음이 편안할 수 있을지 자문해보곤 한다. 그래서 나는 우리가 다시는 만나지 못할 것처럼 사람들을 만나려고 매 순간 노력한다. 이런 습관을 들이면 우리가 말하고 교제하는 방식이 크게 달라진다. 이것은 깨어 있는 정신으로 삶을 살아가는 하나의 방법이 될 수 있다.

에디트 피아프Edith Piaf의 노래 가사에도 있듯이 "후회 없이regret nothing" 살려면 올바르게 살고 올바르게 행동하는 일이 얼마나 가치 있는 것인지 몸소 깨달아야 한다. 죽음은 늘 우리와 함께 존재한다는 사실을 받아들이면 해야 할 일을 뒤로 미루거나, 먼 미래에 남겨두지 않게 된다. 승려인 틱낫한Thich Nhat Hanh은 『삶과의 약속Our Appointment with Life』에서 현재에 충실할 때 참된 자아를 찾을 수 있다고 강조했다. "현재를 산다는 것은 삶과 직접 접촉한다는 것이다. 삶은 현재에만 존재한다. 왜냐하면 '과거는 더 이상 존재하지 않는 것'이며, '미래는 아직 오지 않은 것'이기 때문이다. (……) 우리가 삶과 맺은 약속의 시간은 바로 이 순간이며, 약속 장소는 여기,

바로 이곳이다." 우리 문화는 늘 미래를 위해 계획을 세우도록 사람들을 몰아가기 때문에 "지금, 여기에서 살아가는" 능력을 키우기가 쉽지가 않다.

현재에 충실하게 살고, 또한 죽음은 마지막 숨을 내쉬는 순간에 존재하는 것이 아니라 항상 우리와 함께 있다는 사실을 받아들이게 되면 우리 힘으로는 통제할 수 없는 일들 — 예컨대 일자리를 잃는다거나, 누군가에게 버림을 받는다거나, 절친한 친구나 동료를 잃는다거나 — 때문에 망연자실하지 않게 된다. 틱낫한은 "우리가 찾는 모든 것은 현재에서만 구할 수 있다"면서 "그렇기 때문에 미래에 있는 것을 찾기 위해 현재를 포기하는 것은 실체를 버리고 그림자를 좇는 것과 같다"고 말한다. 하지만 지금, 여기에 충실하다는 것이 미래를 위해 아무런 계획을 세우지 않는다는 뜻은 아니다. 단지 미래를 위한 계획을 세우는 데 너무 많은 에너지를 쏟지 않아야 한다는 의미이다. 또한 일단 계획을 세우고 나면 거기에 지나치게 집착하지 않는다는 뜻이기도 하다. 가끔은 미래를 위한 계획을 세운 후에 그것을 눈에 띄지 않게 한쪽으로 치워놓거나 마음에서 지워버리는 것이 도움이 될 때가 있다.

사랑으로 죽음을 받아들인다는 것은 우리가 미처 예상하지 못한 일들, 우리 힘으로는 도저히 통제할 수 없는 일들을 있는 그대로 수용한다는 뜻이기도 하다. 우리가 그런 일들에 얽매이지 않고 깨끗이 포기할 수 있는 것은 사랑이 가진 힘 덕분이다. 또한 사랑은 우리가 어떤 목표나 계획을 완수할 수 있을지 끊임없이 걱정하고 괴로워하고 안달하지 않도록 도와준다. 죽음은 인간 세상의 계획이라는 것이 무상하다는 사실을 끊임없이 우리에게 일깨워주기 때문이다. 사랑을 알게 되면 세상의 온갖 변화도 편안한 마음으로 받아들이게 된다. 변화를 받아들이지 못하면 우리는 영적으로 성장할 수 없다. 정신적으로 성숙하고 진리에 다가가려고 노력한다는 것은 우리 앞에 놓인 '생명의 길'과 '사망의 길' 가운데, 기꺼이 '생명의 길'을 선택한다는 뜻이다.

Chapter 12

치유
사랑의 힘

신은 우리를 매우 깊숙한 곳에 자리 잡은 와인 저장고로 데려가 자신의 인장印章이 찍힌 마개로 우리를 하나씩 봉해버렸다. 그것은 우리가 사랑하기 때문에 겪어야 하는 고통이다. 사랑의 열정은 그 어떤 고통보다도 가혹하다. 왜냐하면 대개의 고통은 끝이 있지만 사랑은 영원하기 때문이다.

_테사 비엘레키|Tessa Bielecki

스스로를 구원하는 일

＼

　사랑에는 치유하는 힘이 있다. 하지만 과거에 사랑 때문에 상처를 겪어본 사람은 사랑에 그런 힘이 있다는 사실을 받아들이지 못할 것이다. 그렇지만 과거에 어떤 일을 겪었든 간에 사랑에 대해 새롭게 마음의 문을 활짝 연다면 우리는 다시 태어난 것처럼 살아갈 수 있다. 과거를 새로운 눈으로 보고, 과거가 우리 안에서 새로운 방식으로 살아가게 할 수 있다. 더 이상 과거가 자신을 괴롭힐 수 없다는 참신한 통찰력을 가지고서 앞으로 나아갈 수 있게 된다. 반면 과거에 진정한 사랑을 경험해본 사람은 살면서 고통에 맞닥뜨릴 때마다 사랑이 주었던 그 평화로움과 은총의 기억을 떠올리면서 고통을 이겨낼 것이다. 그러한 사랑의 기억을 통해 고통으로 산산조각 난 마음을 다시 하나로 뭉치는 순간, 우리 마음에 치유가 시작되는 것이다.

우리는 흔히 과거에 겪었던 고통은 우리를 평생 따라다니면서 깊은 상처를 남기게 될 것이라고 생각한다. 하지만 꼭 그렇지만은 않다. 그런 고통의 기억이 삶에 반드시 부정적으로 작용하는 것은 아니라는 말이다. 우리가 그 고통의 기억에 어떻게 대처하느냐에 따라 좋은 쪽으로도, 나쁜 쪽으로도 작용할 수 있는 것이다. 제임스 볼드윈James Baldwin은 에세이집 『다음에는 불을The Fire Next Time』에서 이렇게 쓰고 있다. "나는 고통을 감상적으로 다루고 싶은 생각은 없다. 하지만 고통받아보지 않은 사람은 영적으로 성장할 수 없고, 참된 자아를 발견할 수도 없다고 자신 있게 말할 수 있다." 여기서 '영적으로 성장한다'는 것은 살면서 어떤 일을 만나든 회피하거나 포기하지 않고 끝까지 책임을 진다는 뜻이다. 따라서 나는 영적으로 성장하기 위해서는 치유의 힘을 가진 사랑을 받아들여야 한다고 믿는다.

사실 우리의 마음과 정신에는 원래 치유의 힘이 내재되어 있다. 우리에게는 늘 정신을 새롭게 하고 영혼을 제자리로 되돌려놓는 능력이 있다는 말이다. 그런데 반드시 고통이라는 관문을 통과해야만 성장하는 것일까. 꼭 그렇지는 않을 거라고 생각한다. 나는 어린 시절에 불필요한 상처나 고통을 입은 적이 없고, 사랑의 부재 때문에 괴로워한 적도 없다고 말하는 사람을 만나면 매우 고맙고 기쁘기 그지없다. 그런 사람을 만나면 인생을 더 깊게 보기 위해 반드시 끔찍한 고통을 겪어야 하고 폭력이나 학대에 시달려야만 하는 건 아니라는 생각을 굳히게 된다. 어린 시절에 그런 일을 겪지 않더라도 우리는 살아가면서 많은 고통의 가능성에 노출될 수밖에 없다. 갑작스럽게 중병에 걸린다거나 사랑했던 사람을 일찍 여의는 일처럼 말이다. 그런 고통은 우리의 의지와 상관없이 찾아오며, 거기에서 벗어날 수 없을 때도 많다. 삶에 고통이 찾아왔다고 해서 반드시 우리 삶이 잘못되었다는 의미는 아니다. 모든 가정이 비정상적이지도 않다. 그리고 전체적인 자기회복을 위해 자신이 성장한 기능장애 가정의 문제점을 계속해서 표현하는 것도 중요하지만, 그에 못지않게 그런 기능장애 가정을 경험하지 않았다는 사실에 대해 자축하는 것 역시 매우 중요하다.

우리가 사랑이 충만한 가정을 상상하지 못한다면, 가정이란 결국 서로 상처를 주는 곳이라는 고정관념에서 벗어날 수 없다. 사랑이 충만한 정상적인 가정이라 할지라도 가족 구성원들 간의 다툼이나 갈등이 존재하며, 행복하지 않은 순간들도 있다. 다만 기능장애 가정과 다른 점은 가족 구성원들이 위기를 해결하는 방법이다. 건강한 가정은 갈등을 해결하기 위해 서로 어떤 강요나 강제, 창피나 모욕을 주고받지 않을 뿐 아니라 당연히 폭력도 쓰지 않는다. 서로 마음을 열고 사랑으로 문제에 접근하는 것이다. 우리 문화가 사랑을 향해 나아가려면 이런 건강한 가족의 모습이 대중매체에 좀더 자주 등장해야 한다. 그래야 모든 계층에서 그런 가정을 본받으려고 하는 사람들이 늘어날 것이다. 또한 폭력과 학대로 얼룩진 가족 이야기보다는 사랑으로 결합된 가족 이야기에 더 자주 귀를 기울이게 될 것이다. 그러면 우리의 집단의식에 행복한 가정이란 어떤 것인지 뚜렷한 이미지로 자리 잡게 될 것이다.

존 브래드쇼는 『가족: 자기 발견을 위한 혁명적인 방법The Family: A

Revolutionary Way of Self-Discovery』에서 이렇게 말한다. "정상적이고 건강한 가족이란 모든 구성원들이 자기를 온전하게 드러낼 수 있고, 그들 사이의 관계도 완전히 원만한 상태를 가리킨다. 그들은 한 인간으로서 자신이 가진 모든 힘과 능력을 그 어떤 구애나 거리낌 없이 발휘할 수 있다. 그래서 서로 협력하고 서로의 개성을 존중하며, 개인의 욕구와 가족 전체의 욕구가 접점을 찾을 수 있도록 노력한다. 이처럼 정상적인 가정은 구성원들이 인간적으로 성숙할 수 있는 튼튼한 토대가 된다." 정상적이고 건강한 가정에서는 누구나 자긍심을 기를 수 있고, 개인의 자율성과 서로에 대한 의존성이 적절하게 균형을 이루게 되는 것이다.

학자들이 가족의 유형을 '정상적functional' 혹은 '기능장애적dysfunctional'이라고 나누기 훨씬 이전부터, 어린 시절에 깊은 상처와 고통을 받고 자란 이들은 이처럼 두 종류의 가정이 있다는 사실을 직감적으로 알고 있었다. 또한 그들이 어릴 때 입은 상처와 고통은 자라서 가정을 떠난 뒤에도 좀처럼 사라지지 않았다. 성인이 되어서도 어린 시절의 트라우마에서 벗어나지 못한 이들은 자기 파괴적이거나 혹은 반대로 자기과시적인 행동을 보인다. 고통을 위로받거나 고통에서 해방되는 과정을 거치지 못한 것이다. 그들은 어린 시절의 상처는 치유될 수 없고, 한 번 산산조각 나버린 마음은 다시 결합될 수 없다고 믿었기 때문에 상처를 치유하려는 생각조차 하지 못했다. 단지 가끔씩 자기감정을 폭발시킴으로써 자신을 다스릴 뿐이었다. 하지만 이런 대처는 일시적인 위로에 지나지 않았다. 그런 다음에는 대개 우울증이나 극심한 슬픔이 다시 찾아오기 때문이다. 스스로 어떻게 헤쳐 나와야 하는지 모른 채 누군가가 자신을 구원해주기만을 마음속으로 갈망할 뿐이었다. 탈출구를 찾지 못한 이들은 결국 자기 삶을 위험에 빠트리는 데 흥미를 느끼고 거기에 중독되어 버린다. 하지만 이런 중독이 그들의 영혼에 좋게 작용할 리 없다. 다른 모든 중독과 마찬가지로 자신을 구하고 과거의 상처에서 회복되기 위해서는 중독에서 벗어나 행복을 찾는 길밖에 없다.

나 역시 살아오면서 한동안은 억압된 감정을 분출하는 데 몰두했다. 그러다 운 좋게도 '사랑의 길'에 접어들 수 있었고, 그 후 내 삶은 놀라울 정도로 빨리 회복되기 시작했다. 소녀 시절 교회에 다닐 때 항상 이런 말을 들었다. 자신을 구원할 수 있는 것은 오직 자기 자신뿐이며, 어느 누구도 대신해줄 수 없다는 것이다. 우리는 스스로를 구원해야 했다. 토니 케이드 밤바라Toni Cade Bambara의 소설 『소금 먹는 사람들The Salt Eaters』에는 어느 젊은 여성이 자살을 시도하자 나이 많고 현명한 여성 치유사들이 그녀에게 이렇게 말하는 장면이 나온다. "무엇보다 스스로에게 확신을 가지세요. 자신이 치유될 수 있다는 믿음을 갖는 게 중요하답니다. 자신을 온전히 믿는다는 건 결코 사소한 일이 아닙니다. 행복하게 사는 데 아주 중요한 요소랍니다." 자기 힘으로 스스로를 구원하겠다고 결심하는 것은 결코 다른 사람의 도움이나 지원을 거부한다는 뜻이 아니다. 단지 자신의 행복에 스스로 책임을 진다는 뜻이다. 자기 자신이 입은 상처와 산산조각 난 마음을 있는 그대로 받아들이고 고백하고, 거기에서 벗어나기 위해 스스로 노력한다는 뜻이다. 이렇게 마음을 열면 다른 사람의 도움을 받아 치유의 길에 들어설 수 있다.

서로를 구원하는 일

누구나 사랑에 대해 잘 알기를 바란다. 그러나 우리는 참된 사랑은 각자가 홀로 찾아야 하는 것처럼 생각하는 경향이 있다. 우리 문화 전체가 그런 생각에 젖어 있는 것은 말할 것도 없고 뉴에이지 관련 책자에서도 '개인'의 노력을 지나치게 강조한다. 사람들은 내가 사랑하는 파트너를 찾고 싶다고 말하면, 다른 사람은 필요 없는데 뭘 그리 애타게 찾느냐고 구박하곤 했다. 그들은 나에게 마음의 빈 구석을 채우기 위해 꼭 반려자를 찾아야 하는 것은 아니라며, 내 스스로, 내 안에서 충만함을 찾으라고 말했다. 물론 다른 사람과 사랑하는 관계로 맺어지지 않더라도 누구나 자기 안에서 내적 만족과 충만함을 얻을 수 있는 것은 사실이다. 하지만 다른 사람과의 교감을 통해 충만함을 얻는 것도 그에 못지않게 중요하다. 아니, 정확히 말하면 다른 사람과의 사랑으로 맺어진 교류나 유대감이 없는 삶은 아무리 내적으로 충족되고 자기애가 강해도 완전한 충만감에 이르지 못한다고 할 수 있다.

전 세계 모든 사람들은 다른 사람(들)과 친밀한 관계를 맺으면서 하루하루를 살아가고 있다. 그들은 함께 씻고 먹고 마시고 자고, 역경에 맞서고, 기쁨과 슬픔을 나눈다. 그 누구에게도 의존하지 않은 채 살아갈 수 있는 사람은 지배의 문화 — 특권을 가진 극소수의 사람이 대다수 사람들보다 더 많은 재화를 소유하는 사회 — 에서만 존재할 수 있다. 그럼에도 극단적인 개인주의를 숭배하는 경향이 우리 사회에 널리 퍼져 있다. 그 결과 나르시시즘이라는 건강하지 못한 문화가 만연하게 되었다.

서양인들이 가난한 나라들을 여행할 때마다 매우 놀라는 것은 물질적으로 그토록 궁핍하면서도 사람들이 서로 돕고 인정이 넘치는 삶을 살고 있다는 점이다. 그러고 보면 개인주의가 풍미하는 풍요로운 서양 사회에서 추앙받는 영적 스승들 가운데 가난한 나라 출신들이 많다는 사실도 우연은 아니다. 이런 가난한 나라의 문화에서는 개인적 이익보다는 집단의 성취를 앞세우고, 개인의 독자적인 생활보다는 상호 의존하는 생활방식에 더 높은 가치를 부여한다.

물론 상호 의존이 중요하긴 하지만 다른 사람에게 지나치게 의존하는 것은 옳지 않다. 예를 들어 개인의 자기 회복을 돕는 프로그램에서 특히 각종 '중독증'에 걸린 사람들은 자신의 치료를 돕는 사람에게 완전히 의존함으로써 오히려 제대로 된 치유의 길로 들어서지 못하는 경우가 있다. 이런 병리적 현상을 '동반 의존증codependency'이라는 용어로 부르기도 한다. 그렇지만 긍정적인 의미에서의 '상호 의존interdepedency'은 우리가 추구해나가야 할 덕목이다. 이런 정신을 가장 잘 실천하는 사례로 국제금주동맹Alcoholics Anonymous(알코올 중독자들이 스스로 또는 알코올 중독에서 벗어난 다른 사람들의 도움을 받아 맑은 정신을 회복하고자 결성한 자발적인 단체. 1935년 미국에서 결성되어 현재 90여 개 국가에 3만 개가 넘는 모임이 있고 회원이 1백만 명이 넘는다. 미국인과 캐나다인이 많다. - 옮긴이)을 들 수 있다. 모임에 참석하는 사람들은 이곳이 알코올중독을 치료하는 데 긍정적인 작용을 하는 공동체라는 사실을 발견하고 자기치유에 적극적으로 나서게 된다. 이 공동체에 참가하는 사람들 중에는 생애 처음으로 다른 사람들에게 인정과 관심, 보살핌을 받으면서 스스로 자기 삶에 책임을 져야 한다고 느끼는 이들이 많다. 이것이야말로 바로 사랑의 핵심이 아니던가. 물론 혼자서 고독하게 자신을 치유할 수도 있다. 하지만 그렇게 해서 치유되는 경우는 극히 드물다. 치유는 다른 사람과의 교류와 유대 속에서 더 원활하게 이루어질 수 있는 것이다.

내면의 신에게 말 걸기

대부분의 사람들은 마음이 맞는 이들과의 교류와 유대를 통해 치유의 공간을 확보할 수 있다. 반면에 어떤 이들은 '신성한 정신'과의 교감을 통해 자신을 치유하고 회복하기도 한다. 아빌라의 성녀 테레사가 대표적이다. 그녀는 '신성한 정신'과의 만남을 통해 새로운 인식에 도달하고 마음의 평안과 위로를 얻었다. 그녀는 이런 글을 남겼다. "자신의 '영원한 신Eternal Father'을 만나 대화를 나누고 그 속에서 환희를 느끼기 위해 반드시 천국에 갈 필요는 없다. 또한 그 신을 만나게 해달라고 울부짖을 필요도 없다. 그는 늘 우리 곁에 존재하기 때문에 아무리 작은 소리로 소곤거려도 우리가 하는 말을 충분히 알아들으신다. (……) 단지 우리에게 필요한 것은 스스로 고독 속에 침잠해서 자기 안에 존재하는 그 신을 찾아 최대한 겸손하게 그에게 말을 거는 것이다." 이처럼 내면의 신을 향해 겸손하게 말을 거는 것, 이것이 바로 기도이다. 기도는 고백을 통해 자신을 치유하는 과정이다. 우리는 기도를 통해 영혼의 위안을 얻는다. 그런데

이 당연한 사실을 많은 사람들이 잊어버린 바람에 이를 알리기 위한 책들이 쓰이고 있다는 것은 그만큼 우리 시대가 정신적인 위기를 겪고 있다는 반증이라 하겠다. 모든 전통 종교들은 기도나 찬송을 통해서 신성한 존재와 접촉하게 되면 마음의 위안을 얻을 수 있다는 것을 잘 알고 있다. 나도 매일 기도를 통해 내 정신을 깨어 있게 한다. 매일의 기도는 내 영혼의 힘을 기르는 운동과 같다. 기도를 통해 신성한 존재와 교감함으로써 나는 인간이 가진 사고와 의지의 한계를 깨닫는다. 한계도 없고 경계도 없는 신성한 존재를 만나는 것은 내 믿음을 더욱 강하게 하고 내 정신을 더욱 견고하게 만드는 일종의 훈련이다.

기도는 또한 사적인 고백의 공간이기도 하다. "고백은 영혼에 좋다"라는 격언은 진실이다. 우리는 기도를 통해 자신이 지은 죄와 잘못을 스스로 증언하게 된다. 이렇게 자신이 저지른 죄와 잘못을 외면하지 않고 직시함으로써 자기 행동에 책임을 지는 인간이 될 수 있다. 다니엘 베리건Daniel Berrigan과 틱낫한은 『뗏목은 버팀목이 아니다The Raft Is Not the Shore』에서 "허상으로 세워진 다리를 없애는 방법은 실제로 다리를 건설하는 것이다"라고 말했다. '신성한 정신'과의 교감을 통해 스스로 책임을 지고 자신에게 충실하게 됨으로써, 마음을 열고 다른 사람들을 사랑할 수 있게 되는 것이다.

사랑을 통해 치유를 하겠다고 결심하는 것은 변화를 받아들이겠다는 것이며, 이 변화는 마음의 안정과 평화를 가져와 마침내 '내면의 혁명'을 이루게 된다. 하지만 그 과정이 쉬운 것은 아니다. 기다림의 시간이 필요한 것이다. 성경에서 "구하는 자는 기다릴 줄 알아야 한다"라고 한 것도 기다림이 우리를 강하게 만들어주기 때문이다. 마음을 비우고 기다릴 줄 알게 되면 초조함이나 갈등을 겪지 않으면서 자기 안에서 변화가 일어나게 할 수 있다. 신념을 가지고 한 걸음 더 앞으로 나갈 수 있게 된다. 불교에서는 이처럼 집착을 버리고 마음을 비울 수 있어야 '연민'의 공간으로 들어갈 수 있다고 말한다. 즉 자기 자신뿐 아니라 다른 사람들에 대해 '공감'하게 되는 것이다. 우리는 '연민'을 통해 다른 사람에게 봉사할 수 있게 되고, 봉사에 깃들어 있는 치유의 힘도 믿게 된다.

사랑을 실천한다는 것은 남에게 봉사하는 것이다. 그것은 우리의 영적 성장을 위해 필요하다. 자신의 내면을 성찰하고 명상하고 치료사와 대화하는 것이 자기 치유에서 핵심적인 것은 사실이다. 하지만 그것만이 자신을 치유하는 유일한 방법은 아니다. 다른 사람을 위해 봉사하는 것도 어떤 치료법 못지않게 마음을 다스리는 효과적인 방법이다. 그런데 진정한 봉사가 되기 위해서는 자신의 에고를 버려야 한다. 그래야만 다른 사람들의 욕구와 필요를 제대로 읽어내고 그들이 원하는 것을 충실하게 채워줄 수 있다. 연민의 정이 많을수록 다른 사람을 향해 자신을 더 넓게 확장시킬 수 있고, 나아가 자신도 치유할 수 있게 된다.

완전한 연민의 상태에 이르기 위해서는 용서하는 마음과, 다른 사람을 있는 그대로 인정하는 마음을 갖춰야 한다. 자신의 에고에 사로잡혀 다른 사람을 용서하고 인정하지 못하면 치유의 길에 이르지 못한다. 연민이란 다른 사람에 대해 아무런 판단을 하지 않으면서 그 사람에게 공감하고 감정이입을 한다는 뜻이다. 다른 사람을

'판단'하게 되면 자신을 점점 더 소외시키게 된다. 또한 판단은 다른 사람을 용서하지 못하게 만든다. 용서하는 마음이 부족하면 수치심 때문에 허우적대게 된다. 타인에 의해서든 자신에 의해서든 수치심을 맛보게 되면 무시당한다는 생각에 마음이 갈기갈기 찢어진다. 실제로 우리는 이런 경우를 많이 겪고 있다. 수치심은 자신을 파괴하고 약하게 만들고 온전한 치유의 길을 가로막는다. 하지만 제대로 용서를 베풀 줄 알면 수치심을 떨쳐버릴 수 있다. 수치심에 빠지면 자신이 가치 없는 존재로 느껴지고, 사람들 사이의 관계도 갈라지게 된다. 하지만 연민과 용서의 정신을 되찾게 되면 다른 사람들과 다시 결합될 수 있다.

우리는 용서를 통해 소외감을 이겨낼 수 있을 뿐 아니라 서로를 있는 그대로 긍정할 수 있게 된다. 등에 떠밀려서가 아니라 자신이 주도적으로 용서할 때 진정한 화해가 이뤄질 수 있다. 연민과 용서에는 자기 자신뿐 아니라 다른 사람의 마음도 바꾸는 힘이 있다. 연민과 용서를 통해 자기 안에 있는 모든 마음의 찌꺼기와 쓰레기를 내다버리고, 대신 다른 사람을 자기 자신처럼 바라볼 수 있는 청정한 마음을 되찾을 수 있다. 카사르지안은 『용서』에서 이렇게 설명한다. "용서는 아무리 작은 것일지라도 대단히 중대한 결과를 낳는다. 그것은 자기 자신은 물론이고 다른 사람들의 인간성을 신뢰하게 만든다. 그래서 사람들 사이에 비관적이거나 패배적인 생각보다는 낙관주의와 희망의 정신을 불어넣는다. 또한 인간이란 이기적이고 파괴적이고 사악한 존재가 아니라 서로 사랑하면서 창조하는 능력을 가진 존재라는 것을 믿게 만든다."

마음과 정신이 청정해지면 우리를 둘러싼 감각 세계를 직접적이면서도 심원한 기쁨 속에 맞이할 수 있고 삶의 환희도 알게 된다. 제임스 볼드윈은 「십자가 아래에서Down at the Cross」라는 제목의 에세이에서 이렇게 말한다. "감각적이 된다는 것은 생명의 역동성과 삶 자체를 존중하고 향유한다는 뜻이다. 그것은 사랑하는 일에서부터 성만찬the breaking of bread에 이르기까지 인간이 하는 모든 일에 참여한다는 것을 의미한다." 시인 에이드리언 리치Adrienne Rich는 『거기에는 무엇이 있는가? 시와 정치에 관한 노트들What Is Found There? Notebooks on Poetry and Politics』에서 현대인들이 감각을 상실해가는 현상을 우려하면서 이렇게 말했다. "감각적으로 활성화된다는 것은 삶을 살아가는 데 핵심적인 요소다. 그것은 아주 간단하고 단순한 것인데도 점점 소멸해가고 있다." 현대인들이 감각의 세계로부터 소외되는 까닭은 지나치게 탐닉하고, 너무 많은 것을 취하기 때문이다. 단순하게 사는 것이 치유의 한 방법인 것은 이 때문이다. 삶을 단순화하면, 즉 잡다한 욕망과 잡다한 사물들, 정신없이 분주하기만 한 생활 리듬을 버리면 잃어버린 우리의 감각 능력을 되찾을 수 있다. 한없이 무뎌져버린 우리의 감각을 일깨우고 신체가 깨어나면 사랑이 죽음보다 더 큰 힘을 발휘하는 세계가 우리 앞에 펼쳐진다. 그것은 죽음에서 깨어나는 일종의 부활이라고 할 수 있다.

사랑은 어떤 두려움도 모른다

＼

　사랑에는 구원의 힘이 있다. 우리 사회가 온통 사랑의 부재 속에 놓여 있지만, 그 어떤 것도 사랑에 대한 우리의 갈망, 사랑에 대한 우리의 강렬한 염원을 막지는 못했다. 이것은 우리가 막연하게나마 사랑에 구원의 힘이 있다는 점을 알고 있다는 뜻이다. 아무리 사랑의 부재가 만연해 있어도 우리의 마음은 원래 상태로 되돌려놓고 싶어 하는 것이다. 사랑이 가진 이 구원의 힘은 우리로 하여금 치유의 가능성으로 눈을 돌리게 만든다. 우리는 왜 마음이 이렇게 작동하는지 그 원리는 알지 못한다. 모든 신비한 것들이 그렇듯이, 삶이 아무리 힘들고 박탈감과 절망에 시달릴지라도 우리가 결국 사랑으로 눈을 돌리게 만든다. 우리가 희망을 버리지 못하는 까닭은 바로 이 신비로운 힘 때문일 것이다. 희망이 없다면 사랑으로 돌아갈 수가 없다. 고립감을 깨고 다른 사람들을 향해 마음의 창을 활짝 열면 희망이 우리를 더 앞으로 나아가도록 도와줄 것이다. 이것이야말로 긍정적인 사고이다. 긍정적으로 된다는 것, 희망을 잃지 않고 살아간다는 것은 우리의 정신을 늘 새롭게 만든다. 사랑의 가능성을 믿게 되면 희망은 자연스럽게 생겨난다.

　나는 현대인들이 남녀노소 가릴 것 없이 희망 대신에 냉소주의에 빠져 있는 사태를 보며 사랑에 관해 생각하고, 사랑에 대한 글을 쓰기로 결심했다. 냉소주의는 사랑의 가장 큰 적이다. 냉소주의는 의혹과 절망에서 싹튼다. 또한 의혹은 두려움과 공포로 인해 더욱 강해진다. 공포는 사랑의 방해물이다. 우리가 "사랑에는 두려움이 없으니"라는 성경 구절을 마음 깊이 새긴다면 용기를 가지고 생각하고 행동할 수 있게 된다. 우리는 성경의 이 구절을 통해 "완전한 사랑은 두려움을 쫓아낸다"는 것을 알고 마음의 평화를 찾을 수 있다. 앞에서도 이야기했듯이 아무리 두려워도 완전한 사랑을 경험하면 그 두려움은 눈 녹듯 사라질 수밖에 없다. 완전한 사랑은 이처럼 두려움이나 공포 따위는 쉽게 극복하는 마법과 같은 강력한 힘을 갖고 있다. 두려움은 사람들을 분리시키고 서로 낯설게 만들지만 완전한 사랑을 통해 다시 하나로 뭉쳐질 수 있다. 이처럼 완전한 사랑에는 우리를 구원하는 힘이 있다. 즉 연금술에 이용되는 뜨거운 불길처럼, 완전한 사랑은 불순한 것들을 모두 태워버리고, 영혼을 자유롭게 만든다.

성경에서 사랑으로 두려움을 내쫓으라고 강조하는 까닭은 "두려움에 고통이 내재되어 있기 때문"이다. 실제로 우리는 두려움에 쫓기면 얼마나 힘들고 고통스러운지를 잘 알고 있다. 사랑의 실천에는 치유의 힘이 있어 우리를 평화로운 상태에서 지낼 수 있게 해준다. 또한 우리의 내면을 변화시키는 힘도 가지고 있다. 다시 말하지만 우리가 서로 사랑을 주고받으면 두려움이 들어설 곳은 없다. "사랑은 어떤 두려움도 모른다"는 사실을 믿고, 그렇게 살아간다면 고통과 괴로움이 사라지고, 사랑의 낙원으로 좀더 깊이 들어갈 수 있는 힘을 얻게 된다. 온전히 사랑에 의탁하면 건강한 영혼을 회복할 수 있다는 사실을 받아들일 때 우리는 사랑 속에서 완전해질 수 있다.

하지만 우리 사회는 아직도 사랑에는 우리를 변화시키는 힘이 있다는 사실을 받아들이지 못하고 있다. 왜냐하면 고통과 괴로움은 피할 수 있는 것이 아니라 우리가 필연적으로 겪어야 하는 삶의 조건이라고 오해하고 있기 때문이다. 이러한 생각은 현대사회에 퍼져 있는 온갖 비극적인 삶의 모습들 때문에 더욱 강화되고 있다. 파괴로 얼룩진 세계에서는 공포감이 만연할 수밖에 없다. 그러나 사랑을 되찾는다면 더 이상 우리 마음이 두려움과 공포에 사로잡힐 까닭이 없다. 더 많은 힘과 권력을 갖고자 하는 욕망은 강한 두려움과 공포심 때문에 생긴다. 권력은 권력을 쥔 자로 하여금 자신이 공포와 두려움을 정복했다는 환상을 심어주고, 사랑 따위는 필요 없다고 믿게 만들지만, 그건 착각일 뿐이다.

사랑으로 돌아가기 위해서는, 완전한 사랑을 이해하기 위해서는 권력을 쥐려는 의지를 버려야 한다. "완전한 사랑은 두려움을 쫓아낸다"는 성경 구절이 우리 시대에 그토록 예언적이고 혁명적으로 들리는 까닭은 바로 이 때문이다. 권력에 대한 집착을 버리지 못하는 한 우리는 결코 사랑의 참뜻을 알 수 없다. 자신이 약하다는 느낌 때문에 두려움과 공포가 생기는 한, 우리는 결코 사랑의 참뜻을 알 수 없다. 사랑이 없는 것이야말로 고통스러운 것이다.

우리 문화가 사랑에서 멀어지고, 사랑에 치유의 힘이 있다는 사실을 외면하고 그것을 당연시하는 한 우리의 고통은 점점 더 심해질 것이다. 반면 사랑에 대한 갈망과 염원도 점점 더 강해질 것이다. 사랑이 결핍되어 있다는 것은 그만큼 사랑이 피어날 가능성이 크다는 뜻이다. 사랑에 대한 갈망과 염원을 간직하고 있는 한 우리는 사랑을 하나의 선물로서, 하나의 희망으로서, 또한 지상의 낙원으로서 받아들일 수 있다.

Chapter 13

운명
천사들이 사랑을 말할 때

사랑이야말로 인간에게 주어진 참된 운명이다. 인간은 혼자서는 결코 삶의 의미를 발견할 수 없다. 다른 사람들과 더불어야만 그렇게 할 수 있다.

_토머스 머튼Thomas Merton

낙원에 대한 갈망

＼

　어린 시절 외롭고 슬플 때는 성스러운 신의 사랑divine love에서 위로를 받곤 했다. 내 마음을 하느님과 천사들에게 털어놓을 수 있다는 사실은 나에게 위안을 주고 외로움을 덜어주었다. 누구에게도 이해받지 못한 채 영혼이 힘들고 괴로운 밤에 그들이 내 곁을 지켜주었다. 그들은 내 눈물과 아픈 마음에 가만히 귀 기울여주었다. 비록 그들을 볼 수는 없었지만 그들이 내 곁에 있다는 건 알 수 있었다. 나는 그들이 내 귀에 사랑을 믿으라고 말하는 걸 들었고, 모든 게 잘될 테니 걱정하지 말라고 하는 소리를 들었다. 그들은 달콤하면서도 신비로운 신의 언어로 내 마음에 이야기를 했다.

　천사들은 우리를 내려다본다. 그들은 우리가 살아가는 동안 내내 돌보고 보호하고 이끌어주는 수호자들guardian spirit이다. 그들은 때때로 인간의 모습을 띠기도 하지만 대부분은 '순수한 정신'으로 존재한다. 우리 눈으로 볼 수도, 상상할 수도 없지만 영원히 존재하는 것이다. 우리가 천사에 열광한다는 사실은 우리 문화에 아직도 종교적인 열정이 살아 있음을 보여주는 징후라고 할 수 있다. 영화나 책은 물론이고 수첩이나 달력, 커튼이나 벽지 등등 온갖 곳에 천사의 이미지가 사용되고, 캐릭터로 등장하고 있다. 우리는 천사를 순수함의 화신으로 받아들인다. 천사들의 모습에는 어떤 죄의식이나 수치심도 찾아볼 없다. 날개 달린 토실토실한 아기 얼굴을 하든, 콥트교(이집트에서 유래한 기독교의 일파)에서처럼 가무잡잡하고 둥근 얼굴을 하든 천사는 항상 신의 말씀을 전하는 메신저다. 우리의 마음을 위로하고 편안하게 해줄 소식을 가지고 오는 존재, 그것이 천사에 대한 우리의 이미지이다.

천사를 향한 이런 열광은 낙원에서 살고 싶다는 우리의 갈망을 표현한다. 즉 서로가 강하게 연결되어 있고 악한 감정 없이 함께 어울리던 시절, 모든 사람이 순진무구하던 시절로 돌아가려는 열망을 드러낸다. 천사에 대한 이미지들이 대부분 행복감과 환희로 환해진 어린아이 얼굴을 하고 있지만, 신과 인간을 연결하는 메신저인 천사는 인간이 겪는 삶의 무게와 삶의 희로애락도 함께 짊어지고 있다. 그들이 어린아이 같은 순진무구한 얼굴을 하고 있는 것은 인간도 어린아이처럼 선한 상태로 돌아가서 다시 태어날 때 삶이 행복하고 환희에 가득 차게 된다는 사실을 일깨운다.

우리는 천사들이 아무런 근심걱정 없이 아주 재빠른 동작으로 천국과 지상을 오르내린다고 생각한다. 그들은 역동적으로 존재하며 그들이 가지고 있는 인식도 항상 변화한다. 정적인 존재가 아니라는 말이다. 그들은 항상 변화하면서 우리의 거짓된 자아를 꿰뚫어본다. 영적인 통찰력과 직관, 지혜의 정수를 가진 천사들은 우리 인간들에게 지혜와 책임감을 겸비하게 되면 충만한 삶을 살 수 있음을 시사해준다. 그들은 우리를 돌보고 우리와 함께 존재하면서 우리의 영혼이 행복하도록 지켜준다. 천사에게 마음이 끌린다는 것은 내면 깊은 곳에서 영적인 성장을 꾀하고 싶은 열망이 대단히 크다는 사실을 보여준다. 다시 말해 '사랑'으로 돌아가고 싶다는 집단적인 열망의 표시인 것이다.

싸울 것인가, 도피할 것인가

내가 천사에 관한 이야기를 처음 접한 것은 어릴 때 교회에서였다. 천사들은 하나님의 메신저로서 우리 인간이 어려울 때 기댈 수 있는 뛰어난 상담자라는 사실을 종교를 통해 배웠다. 그들은 우리가 영적으로 성장하도록 돕는 존재였다. 인간의 영혼을 무조건적으로 사랑하는 천사들은 우리가 아무런 두려움 없이 현실에 대처할 수 있도록 우리 곁에서 돕고 있다는 사실도 배웠다. 어른이 되어서도 생생하게 기억하고 있는 천사에 관한 이야기는 야곱이 고향으로 돌아가는 길에 천사를 만난 사건이다.(창세기에 등장하는 내용으로 '야곱과 천사의 대결[씨름]'을 말한다. 이것을 주제로 한 미술과 문학 작품 등도 많다. - 옮긴이) 야곱은 영웅은 아니었지만 사랑을 향한 뜨거운 열정을 가진 남자였다. 젊은 시절 가족과의 갈등으로 집을 떠난 그는 황야를 거쳐 친척들이 사는 땅으로 들어갔다. 그는 그곳에서 영혼의 동반자인 라헬을 만난다. 야곱은 라헬에게 사랑을 느끼지만 두 사람은 수많은 곡절과 힘겨운 투쟁, 고통을 함께 겪은 후에야 결합할 수 있게 된다.

라헬을 향한 야곱의 사랑은 말할 수 없을 정도로 깊어서, 그는 라헬을 위해 7년 동안 봉사했으면서도 그 긴 시간을 겨우 며칠처럼 느낄 정도였다. 존 샌포드John Sanford는 야곱의 이야기를 다룬 『하나님과 대결했던 남자The Man Who Wrestled with God』에서 이렇게 말한다. "야곱이 깊은 사랑에 빠질 수 있었던 까닭은 황야를 떠돌 때 영적으로 크게 성장했기 때문이다. 이전까지는 그의 삶에 유일한 여성이 어머니였다. 남자는 어머니가 가장 중요한 여성으로 남아 있는 한 심리적으로 결코 제대로 된 남성으로 자라날 수 없다. 어머니에 대한 애착에서 벗어날 때 남성으로서의 에로스, 즉 다른 여성을 사랑하고 관계를 맺을 수 있는 능력이 발현된다. 그 단계를 거치지 못하면 여전히 어린아이처럼 응석받이에다 의존적인 남자로 남게 된다." 여기서 샌포드가 말하는 '의존'은 '상호 의존'과는 다른 부정적인 의미로, 건강한 애착과는 거리가 멀다. 어머니와 건강한 애착 관계를 형성하는 남자는 의존과 자율성 사이에 균형을 취함으로써, 어머니가 아닌 다른 여성과의 애정 관계로 확장시킬 줄 알게 된다. 사실 대부분의 여성들은 자기 어머니를 진정으로 사랑할 줄 아는 남자가 자기 어머니에게 모든 것을 의존하는 남자보다 친구로나 연인으로나 삶의 동반자로 더 낫다는 걸 잘 알고 있다. 자기 자신과 다른 사람의 자율성과 주체성을 인정하지 못하는 한 진정한 사랑은 태어날 수 없다. 따라서 어릴 때 제대로 사랑하는 법을 배운 남자만이 건강한 개성과 정신적인 독립심을 견지한다. 야곱은 라헬을 위해 노동을 하는 과정에서 몇 차례 잘못된 선택을 하고 어려운 결정도 하지만, 그런 과정을 통해 영적으로 더욱 성장하고 성숙해진다. 그래서 두 사람이 결혼하게 되었을 때 야곱은 진정한 사랑을 할 줄 아는 남자로 거듭나 있었던 것이다.

영혼의 동반자를 만났다고 해서 자기를 완전히 실현하고자 하는 야곱의 여정이 끝난 것은 아니었다. 그는 하나님께 고향으로 돌아가라는 메시지를 받고 황야를 가로질러 다시 길을 떠나야 했다. 뛰어난 영적 지도자들이 우리에게 늘 강조하듯이 자기를 실현하고 영적인 성장을 이루기 위해서는 도전과 난관으로 가득 찬 험난한 길을 통과해야 한다. 그것은 정말 힘든 가시밭길이다. 많은 사람들은 영혼의 동반자를 만나면 삶의 고난이 끝날 것이라고 믿지만 사실은 그렇지 않다. 사랑의 힘은 삶의 고통과 어려움을 이겨낼 수 있는 방법을 제시해주는 데 있다. 그리고 그것을 극복하는 과정에서 우리는 한 단계 더 성장하게 된다. 야곱은 사랑을 얻기 위해 일하고 오랜 기다림의 시간을 견뎌내면서 내면이 강한 인간으로 거듭났다. 그리고 그 강인한 정신력을 가지고서 고향으로 돌아가는 긴 여행에 나선 것이다.

조상들이 있는 고향으로 돌아가라는 하나님의 목소리를 들은 야곱은 자신의 영혼을 이끌어줄 안내자를 찾았다. 이미 사랑하는 법을 배운 그는 자기 내면에서 우러나오는 목소리를 안내자로 삼았다. 내면의 목소리가 가리키는 대로 행동으로 옮겼다. 형 에서Esau와의 갈등으로 집을 떠났던 야곱은 귀향길이 두려울 수밖에 없었다. 형이 자신을 어떻게 받아들일지 알 수 없었기 때문이다. 그러나 야곱의 마음이 평화를 얻고 정신적으로 완전히 성숙하기 위해서는 과거의 자신과 정면으로 마주하고, 형과 화해하는 길밖에 없었다. 고향으로 돌아가는 긴 여정 내내 야곱은 신과 대화를 나누었다. 끊임없이 기도하고 명상에 잠겼다. 그러던 어느 날 홀로 강을 따라 칠흑같은 밤길을 걷고 있는데 정체를 알 수 없는 이가 나타나 야곱을 덮쳤고 둘은 격렬한 싸움을 벌였다. 다음날 동이 튼 다음 알고 보니 야곱이 싸웠던 이는 바로 천사였던 것이다.

천사를 만나기 전까지 야곱은 두려움과 자기 안의 악마, 자신의 환영과 싸웠고, 평화와 안정을 간절히 바랐다. 심리적으로 볼 때 그는 태초의 어둠 속 잠에서 아직 완전히 깨어나지 못한 상태였다. 자궁 속에 있는 어린아이가 세상에 나오기 위해 몸부림치는 상태와도 같았다. 그럴 때 나타난 천사는 야곱의 목숨을 노린 적이 아니었다. 야곱으로 하여금 투쟁과 고통 속에 기쁨이 있다는 것을 깨닫도록 도와준 안내자였다. 그래서 천사와의 격렬한 다툼이 끝난 후 야곱의 두려움은 눈 녹듯이 사라지고 대신 마음의 고요와 평화가 찾아왔다. 잭 콘필드와 크리스티나 펠드먼Christina Feldman도 『영혼의 양식: 정신과 마음을 살찌우는 이야기들Soul Food: Stories to Nourish the Spirit and the Heart』에서 투쟁 속에서 오히려 마음의 평정을 찾을 수 있다고 강조했다. "우리는 평화가 도전이나 고난의 정반대 개념이 아니라는 사실을 깨달아야 한다. 그것은 빛이 어둠의 정반대 개념이 아닌 것과 같다. 어둠이 없으면 빛도 존재할 수 없듯이 도전과 고난이 없으면 평화도 존재할 수 없다. 평화는 우리가 어떠한 선입견이나 판단, 거부감 없이 온 마음을 열어 고난과 도전을 받아들일 때 생겨난다. 이런 과정을 통해 자기 자신뿐 아니라 이 세계를 치유할 수 있는 능력이 우리에게 있다는 사실을 발견하게 된다." 야곱이 깊은 어둠에서 빛으로 나올 수 있었던 것은 자신을 덮친 적에 맞서 힘껏 싸웠기 때문이다. 그렇게 전력을 다해 싸운 결과 상대는 자신의 적이 아니라 자신을 도운 천사라는 것을 깨닫게 되었던 것이다.

　동이 텄을 때 야곱은 천사를 그냥 보내지 않고 끝까지 붙잡아 자신을 축복해달라고 부탁했다. 이에 응해 천사는 결국 축복을 내려주었다. 여기서 중요한 것은 야곱이 자기 안의 두려움에서 벗어나 은총을 받을 마음의 준비를 갖추었을 때 천사의 축복이 내려졌다는 점이다. 존 샌포드는 이렇게 말한다. "야곱이 천사를 그냥 보내지 않고 축복을 내려줄 때까지 잡고 놓아주지 않았다는 것은, 자신의 경험이 어떤 의미를 갖는지 알 때까지 그 경험에서 물러서지 않았다는 의미다. 야곱이 정신적으로 위대한 인물인 것은 바로 이 때문이다. 정신적으로나 심리적으로 아무리 힘겹고 두려운 상황에서도 그것의 의미를 발견할 때까지 결코 물러서지 않는 사람은 바로 야곱과 같은 경험을 하고 있다고 할 수 있다. 그렇게 치열하게 싸우는 사람은 결국 영혼의 암흑 상태에서 벗어나 새롭게 태어나게 된다. 반면 정신의 투쟁에서 꽁무니를 빼고 도피하는 사람은 자기 자신을 변화시킬 수 있는 기회를 영영 놓치고 만다." 여기서 다시 확인해야 할 것은 천사가 야곱에게 내린 축복이 상처의 형태를 띠고 있다는 점이다.(성경에 따르면 야곱이 천사를 붙잡고 놓아 주지 않으며 계속 축복을 내려달라고 간청하자 천사는 이를 뿌리치기 위해 야곱의 환도뼈, 즉 대퇴골을 내리친다. 이에 야곱의 뼈가 어긋나게 되는데 그럼에도 불구하고 고통을 무릅쓰며 천사를 놓아주지 않자 마침내 천사가 야곱에게 축복을 내리게 된다. 본문에서 '상처'란 바로 야곱이 천사로부터 대퇴골 뼈가 어긋나는 고통을 당한 것을 가리킨다. - 옮긴이)

어린 시절의 상처와 대면하기

\

상처는 수치스러운 것이 아니며, 오히려 영적인 성장과 깨달음을 얻는 데 필수적이다. 어릴 때 나는 어린이용으로 나온 커다란 성경책에 실린 〈야곱과 천사의 대결〉 이야기를 몇 번이나 되풀이해서 읽었다. 그런데 그때마다 상처가 축복이 될 수 있다는 사실이 좀체 납득이 되지 않았다. 어린 내가 생각할 때, 상처란 항상 부정적이고 나쁜 것이었기 때문이다. 자신을 보호하지 못하고 다른 사람에게 상처를 입는다는 것은 부끄럽고 수치스러운 일이었다. 거센 카우프만Gershen Kaufman과 레프 라파엘Lev Raphael은 『수치심에서 벗어나기Coming Out of Shame』에서 이렇게 말한다. "수치심은 인간이 경험하는 감정 가운데 가장 혼란스러운 감정이다. 수치심을 느끼게 되면 자신이 원래의 자기로부터 완전히 분리된 기분이 들기 때문이다. 승부에서 지거나 일에서 실패하거나 다른 사람에게 거절을 당했을 때, 보이지 않는 손에 의해서 깊은 상처를 입게 되는 게 바로 수치심이다. 그 순간 자기 자신과의 연결의 끈이 끊어지는 것같이 느껴지는 동시에 원래의 자기 자신으로 되돌아가고자 하는 열망에 사로잡히게 된다. 이처럼 수치심은 자신을 다른 사람들로부터 소외시키기도 하지만 자기 내부에도 분열이 일어나게 한다. 그러면서 동시에 원래의 자기 자신으로 돌아가고자 간절히 원하기 되기 때문에 수치심은 굉장히 혼란스러운 감정인 것이다." 자신의 상처에 대해 수치심을 가지게 되면 그 상처를 치유하려는 의지도 사라진다. 치유는커녕 자신에게 상처가 있다는 사실을 부인하거나 억누르려고 애쓴다. 우리 문화는 개인의 죄책감에 대해서는 많은 관심을 기울이지만 수치심에 대해서는 별로 주목하지 않는다. 그러나 수치심에 대해 많은 주의를 기울여야 한다. 스스로 수치심을 느끼는 한 자신이 사랑받을 가치가 있는 존재라는 점을 받아들일 수 없기 때문이다.

 자신의 상처에 대해 느끼는 수치심은 대개 어린 시절에 그 뿌리를 두고 있다. 우리는 어릴 때부터 자신의 상처나 고통을 떠벌리기보다는 침묵하는 것이 미덕이라고 배웠다. 정신분석학자 앨리스 밀러는 『망각된 진실: 어린 시절에 받은 모욕을 직시하기 Banished Knowledge: Facing Childhood Injuries』에서 이렇게 말한다. "우리 문화에서는 자신의 고통을 진지하게 대하지 않고, 대수롭지 않게 여기며, 심지어 그것을 비웃을 줄 알아야 바람직한 태도라고 생각한다. 사람들은 이런 태도를 미덕으로 추어올리며, (한때 내가 그랬듯이) 어린 시절 받은 상처와 자신의 운명에 대해 예민하게 받아들이지 않는 것을 자랑스러워하기까지 한다." 그런데 자기 안에 감춰진 수치심을 깨려는 용기와, 살아오면서 받은 상처를 기꺼이 털어놓으려는 용기를 가진 사람들이 늘어나자 이에 대해 비열하게 반응하는 문화가 만들어졌다. 즉 그들이 털어놓는 상처 이야기를 조롱하는 분위기가 형성된 것이다. 자신이 어떻게 그런 상처를 입게 되고 어떻게 피해자가 되었는지 밝히려는 사람들을 비웃는 것은 그들에 대한 모욕이자, 심리적인 테러라고 할 수 있다. 누군가를 모욕하는 것은 그 사람의 심장을 찢는 행위와 다름없다.

자신의 상처를 치유하고 진정한 행복을 찾으려면 자신이 피해자라는 입장을 과시하듯 내세워서도 안 되고, 단지 다른 사람들을 비난할 목적으로 자신의 상처를 이용해서도 안 된다. 오직 자신을 치유하고 참된 자신을 되찾기 위한 목적으로 자신의 수치심과 고통을 드러내야 한다. 다른 사람을 비난하기 위해서 자기 상처를 고백해서는 안 되는 것이다. 그러나 자신에게 상처를 준 사람들, 자신을 고통에 빠뜨린 사람들, 그리고 그런 상황을 수수방관하며 지켜보았던 사람들에게 책임을 묻고 엄정한 해명을 요구할 수는 있다. 그런 식으로 자신의 상처와 건설적으로 대면할 수 있을 때 상처는 치유된다.

야곱과 천사의 대결이야말로 바로 치유에 관한 이야기라고 할 수 있다. 왜냐하면 야곱은 아주 순수한 상태에서 자신의 상처와 대면하기 때문이다. 그는 천사를 화나게 하지도 않았으며, 천사와 적대적인 갈등 관계를 조성하지도 않았다. 물론 그는 자신의 상처에 책임이 없을 뿐 아니라 비난받을 이유도 없다. 대신 그는 자신의 상처를 하나의 축복으로 받아들이고 자기 행동에 책임을 짐으로써 상처를 치유할 수 있었다.

우리는 때때로 상처를 입는다. 게다가 사랑을 받아야 할 자리에서 오히려 상처를 입는 경우가 많다. 어린 시절에 받은 상처는 어른이 되고 노년이 되어서도 계속 남아 있다. 하지만 야곱과 천사의 대결 이야기에서 알 수 있듯이 상처를 피하지 않고 온전히 받아들일 때 치유될 수 있다. 야곱은 자신에게 상처가 있다는 사실을 인정했다. 콘필드와 펠드먼은 살아가면서 고통과 예기치 않은 곡절을 겪을 때 구원을 발견하게 된다고 말한다. "마음을 열고 명징한 정신으로 우리 삶의 어두운 부분을 직시할 때, 그 어두운 부분을 이해하며 치유하려고 노력하게 된다. 이렇게 되기 위해서는 더 깊은 차원에서 느낄 수 있어야 하고, 육체의 눈이 아니라 마음과 정신의 눈을 더욱 크게 떠야 한다." 야곱은 천사와 대결하면서 정신이 고양되는 깨달음을 얻었다. 그는 대결을 피하지 않음으로써 집으로 돌아가는 긴 여행을 견딜 용기를 얻었다. 또한 가족과의 갈등도 기피하기보다는 정면으로 대면함으로써 가족과 화해하려는 용기를 가지게 되었다. 갈등으로부터 도피했다면 가족들 사이에 소외와 불화가 더 깊어졌을 텐데, 정면으로 부딪쳤기 때문에 서로 화해하고 상생할 수 있었던 것이다.

사랑은 인간의 숙명이다

우리는 집단적인 용기를 발휘해서, 미국 사회에 만연한 사랑의 부재 현상이 하나의 '상처'라는 점을 받아들여야 한다. 이 상처가 어찌나 깊은지 우리의 살을 파고들고, 영혼에 깊은 고뇌를 남기고 있다는 사실을 인정할 때 변화를 향해 나아갈 수 있고, 변화를 위해 서로 협력할 수 있다. 이처럼 상처를 인정한다는 것은 하나의 축복이다. 그래야 상처를 치유하고 영혼을 돌볼 수 있기 때문이다. 이것은 곧 사랑을 받아들일 준비를 하는 것과도 같다.

천사들은 사랑과 행복으로 이어지는 여행을 어떻게 해야 하는지에 대해 우리에게 많은 가르침을 준다. 그들은 때로는 인간의 형상을 하고서, 또 때로는 순수한 정신의 형태로 우리에게 다가와서 우리를 이끌고 가르치고 보살핀다. 앨리스 밀러는 인간들 중에서도 이처럼 천사와 같은 힘을 발휘하는 개인들이 있다면서 그들을 '문명의 수호자'라고 불렀다. 밀러는 특히 기능장애적인 환경에서 자란 상처 입은 아이들에게 희망과 사랑을 주고 삶의 안내자가 되어주는 이들이야말로 '문명의 수호자'라고 했다. 문제가 많은 가정이나 사랑이 부족한 가정에서 어린 시절을 보낸 사람들은 그런 환경에서도 자신들을 이해해주고 보살펴주고 새로운 길을 찾을 수 있도록 도와준 사람들을 성인이 되어서도 잊지 않고 기억한다. 힐러리 클린턴은 자신의 어머니 이야기를 하면서, "어머니의 어린 시절은 비참했지만, 주변에서 도와준 사람들 덕분에 시련을 견디고 삶을 헤쳐 나올 수 있었다"고 말했다. 나는 어릴 때부터 좋아하는 작가들의 작품 속에서 내 삶의 '천사들'을 발견해왔다. 이들의 작품을 통해 복잡다단한 삶의 속살을 깨닫게 되었고, 인간에 대한 연민과 다른 사람들을 용서하고 받아들이는 법을 배웠다. 아일랜드 출신의 저널리스트인 누알라 오파올렌Nuala O'Faolain은 『당신은 특별한 사람입니까?Are you Somebody?』라는 제목의 회고록에서 책이 개인의 삶에 얼마나 큰 영향을 미치는지에 대해 쓰면서 이렇게 말했다. "만약 삶에서 가치 있는 일을 발견하지 못했다면, 독서를 해보세요. 분명 그것이 얼마나 가치 있는지를 깨닫게 될 것입니다."

나는 10대 때 라이너 마리아 릴케의 자전적인 글을 읽고나서 내 자신이 크게 변화하는 느낌을 받았다. 나는 당시 내 자신이 아무런 쓸모도 가치도 없는, 세상의 아웃사이더라는 생각에 사로잡혀 있었다. 그런데 릴케의 글을 읽고는 아웃사이더라는 존재야말로 창조성과 새로운 가능성이 열리는 공간이라는 사실을 알게 되었다. 나는 소녀 시절의 기억을 담은 『흑인으로 태어나Born Black』의 마지막 장에 이렇게 적었었다. "릴케는 황량하던 내 영혼에 의미를 불어넣어주었다. 릴케의 책을 통해 나는 새로운 세계로 뛰어들었으며 거기서 내 자신을 새롭게 발견했다. 그는 살면서 마주치는 끔찍한 일들은 사실 우리에게 도움을 달라고 손을 내미는 것과 같기 때문에 외면하지 말아야 한다고 말했다. 나는 릴케의 『젊은 시인에게 보내는 편지』를 읽고 또 읽었다. 당시 나는 익사 직전이었고, 그 책은 나를 안전하게 해변으로 데려다주는 뗏목 역할을 했다." 나는 릴케의 책을 피정 갔을 때 선물로 받았었다. 그때 근처 대학에서 봉직하고 있는 신부님 한 분을 만났는데, 설교가 아주 뛰어났다. 그는 한눈에 내 절망의 깊이를 알아보았는지 릴케의 책을 주면서 나를 위로해주었다. 10대였던 그 무렵, 나는 더 이상 살아갈 자신이 없었고 밤낮을 가리지 않고 자살 충동에 시달렸다. 나를 짓누르고 있는 걷잡을 수 없는 비탄과 슬픔에서 벗어나는 길은 죽음밖에 없다고 믿고 있었다.

피정에서 여러 사람들의 간증을 들으면서 내 슬픔은 더욱 깊어졌다. 다른 사람들은 모두 저토록 '신성한 정신'을 만나 영혼의 고양을 맛보고 있는데 왜 나만 이토록 외로움에 떨고 있어야 하는지 알 수 없었다. 바닥없는 심연을 향해 한없이 추락하고 있었지만 어디에서도 구조의 손길을 느낄 수 없었다. 그때 B 신부님을 만난 것이다. 그가 나에게서 무엇을 보았는지, 왜 나를 불러 상담을 하자고 했는지 물어보지는 않았다. 그는 단지 사랑으로 내 영혼을 따뜻하게 어루만져주었다. 그러자 어쩐지 내가 선택받은 느낌, 사랑받고 있다는 느낌이 들었다. 지상의 많은 천사들처럼 그 신부님은 지혜로 나를 치유해주었고, 나에게 삶의 앞길을 환히 밝혀주었다. 그 후 그를 다시는 만나지 못했다. 하지만 한 번도 그의 존재를 잊어본 적이 없다. 또한 그가 나에게 준 교훈, 즉 다른 사람에게 사랑과 연민을 아낌없이 주어야 한다는 것 역시 한시도 잊어본 적이 없다.

나는 그 신부님을 통해 천사의 영혼과 힘을 가진 이들이 우리 곁에 존재한다는 사실을 믿게 되었다. 그것은 인간의 지성이나 의지로는 결코 설명할 수 없는 신비한 경험이었다. 사실 우리 모두는 일상생활에서 어떤 식으로든 이런 신비한 경험을 하게 된다. 특별히 영적인 인간만이 그런 경험을 하는 것은 아니다. 예컨대 어떻게 거기에 가게 되었는지 전혀 기억나지 않지만, 그때 그 자리에 있었기 때문에 좋은 운을 받게 된 경우 같은 것이 그런 경험에 속한다. 또는 여태까지 살아온 길을 되돌아보면 말로는 설명할 수 없는 어떤 보이지 않는 '정신'이 우리를 그 길로 들어서게 하고 이끌어왔다는 것을 직관적으로 느낄 때가 있다. 그 보이지 않는 '정신'이 천사의 존재를 나타내는 것이라고 나는 생각한다.

어릴 때 나는 밤마다 다락방 침대에 누워 '신성한 정신'과 사랑의 본질에 관해 끝없이 대화를 나누곤 했다. 그때만 해도 앞으로 내가 나만의 고독한 공간에서가 아니라 사람들 앞에서 공개적으로 사랑에 관해 말하게 되리라고는, 그런 용기를 내게 되리라고는 전혀 상상하지 못했다. 당시의 나는 홀로 강가를 거닐던 야곱처럼, 칠흑같이 어두운 밤에 홀로 내 방에서 사랑의 형이상학을 붙잡고 씨름하고, 사랑의 신비를 캐기 위해 고군분투했다. 그 씨름은 나의 깨달음이 무르익어 사랑에 관한 내 나름의 새로운 비전을 얻을 때까지 계속되었다. 생각해보면 나는 그때부터 지금까지 계속해서 엄격하게 정신을 단련시켜온 셈이다. 그 훈련을 통해 나는 마음의 문을 여는 법을 배웠고, 아무런 두려움 없이 천사들과 대면해서 이야기를 나눌 수 있게 되었으며, 열렬히 사랑의 길을 추구하는 사람이 될 수 있었다.

우리는 두려움이 사랑을 아는 데 얼마나 방해가 되는지 제대로 이해해야 한다. 우리가 그토록 사랑을 갈망하면서도 막상 그 앞에서 꽁무니를 빼는 까닭은 사랑의 진실을 믿고, 그 사랑을 삶의 지침으로 삼았다가 나중에 뒤통수를 맞지 않을까 하는 두려움 때문이다. 물론 사랑을 하다 배신을 당할 수도 있다. 그러나 사랑에는 설사 배신을 당하더라도 좌절하지 않고 용기 있게 맞서게 하는 힘이 있다. 그렇게 우리의 영혼을 새롭게 무장시켜 다시 사랑할 수 있게 만들어준다. 자신의 운명이 힘겹고 가혹하다고 사랑을 포기해서는 안 된다. 오히려 그럴수록 사랑을 선택해야 천사들이 우리 마음에 속삭이는 목소리를 들을 수 있고, 그것은 곧 희망의 목소리라는 사실을 알게 된다. 천사들이 사랑에 관해 말할 때, 그들이 하고자 하는 말은 바로 이것이다. "인간은 사랑을 통해서만 지상의 낙원에 들어갈 수 있다. 그 낙원은 인간의 원래 고향이며, 따라서 사랑이야말로 인간에게 주어진 숙명이다."

옮긴이의 말

'화성에서 온 남자, 금성에서 온 여자'는 없다

이미 차고도 넘치는데, 사랑에 관해 더 이상 무엇을 덧붙일 수 있단 말인가.

『올 어바웃 러브All about love』라는 제목을 보는 순간 과한 욕심에 사로잡혀 이것도 저것도 다 놓치는 알맹이 없는 책이거나, 어설픈 '통합'을 시도하면서 이미 나온 이야기들을 맥없이 되풀이하는 책일 거라고 짐작했다. 그렇지 않은가? '사랑'을 어떻게 '모든' 것이라는 테두리로 감쌀 수 있단 말인가. 사랑은 그토록 오랜 세월, 지상의 인간들을 휘어잡고서 기쁨과 슬픔, 희열과 고통, 설렘과 번민 등 인간에게 가능한 모든 감정들과 부딪히게 하지만, 희뿌연 연기와 같아서 실체를 붙잡는다는 것은 불가능하지 않은가. '정염情炎'이라는 말에서 알 수 있듯이 사랑은 뜨거운 불꽃과 같아, 우리는 고작 그 날름거리는 불길에 농락당할 수밖에 없지 않은가. 우리가 사랑을 '인식'하는 길은 그 불길을 잡을 때, 다시 말해 차갑고 냉담한 마음으로 정염의 불길을 재로 만들고 나서 숯으로 변한 불길을 '분석'할 때뿐이지 않은가. 하지만 그렇게 분석을 끝마쳤을 때는 이미 사랑의 본질은 우리 곁에서 사라져버린 상태인 것이다. 그러니 우리는 사랑을 '알면서' 동시에 사랑을 '할 수는' 없는, 양자역학에서의 불확정성의 원리와 같은 상황에 있다. 사랑에 관해 우리가 말할 수 있는 것은 없고, 우리는 그저 사랑을 느끼고 행할 뿐이며, 거기에 필연적으로 따르는 고통은 인내할 수밖에 없다.

필자는 그런 믿음 속에서 별다른 기대감 없이 페이지들을 훌렁훌렁 넘겨갔다. 그런데, 그게 아니었다. 나는, 우리 모두는 사랑에 무지했다. 사랑에 대한 '교육'을 받지 못한 사랑의 문맹자였다.

미국에 사는 흑인 여성으로서 어릴 때부터 차별과 무시를 경험하고, 사랑했던 남자로부터 이별을 '당하고서' 실연의 상처로 오래 고통받은 적이 있고, 사회운동으로 사회를 바꾸고자 하면서도 정작 사랑의 정신은 결핍되어 있던 동료들을 보며 가슴 아파하기도 했고, 죽음에 이를 수 있는 질병을 겪으면서 단 한 번이라도 제대로 사랑을 알고서 이 세상을 하직하고 싶다는 열망에 사로잡혔던 벨 훅스. 그녀가 이 모든 경험들을 녹여서 풀어낸 이 책은 감히 '사랑의 교과서'라고 불러도 손색없을 만큼 우리가 가졌던 사랑에 관한 편협하고 왜곡된 생각들을 들춰내면서 죽비처럼 우리의 영혼을 일깨운다.

표현이 과장되었다고 생각하는가. 책을 꼼꼼히 다 읽고서 이 역자 후기를 읽는 독자라면 이런 표현이 결코 과하다고 손가락질하지 않을 것이라고 믿는다. 정말이지 사랑에 관심을 가진 모든 사람들에게 권하고 싶다고 생각할 것이다. (그런데 사랑에 관심을 갖지 않는 이가 과연 얼마나 되는가. 공공연히 '사랑 따위 필요 없다'고 강조하는 사람일수록 대체로 그 반대인 경우가 얼마나 많은가.)

　우리는 사랑은 가르칠 수도, 배울 수도 없는 것이라고 막연하게 생각하는 경향이 있다. 성에 관한 '교육'이나, 부부 관계를 개선할 수 있는 '트레이닝(훈련)'의 필요성은 인정하면서도 사랑을 교육한다는 생각은 좀체 하지 못한다. 우리 사회가 어릴 때부터 사랑을 교육한다면 이 세상이 지금과 얼마나 크게 달라질 수 있겠는가. 이것이 벨 훅스가 이 책에서 그리고 있는 비전이다. 에리히 프롬의 『사랑의 기술』과 정신의학자 스캇 펙의 『아직도 가야 할 길』에서 많은 영감을 얻은 그녀는 사랑에 대한 교육은 사랑에 대한 '정의'를 제대로 세우는 것에서부터 시작되어야 한다고 강조한다. 그녀가 보는 사랑의 정의는 바로 다음과 같은 것이다.

> 사랑이란 자기 자신과 다른 사람의 영적인 성장spiritual growth을 위해 자아를 확장하고자 하는 의지이다. (……) 진정한 사랑은 돌봄과 헌신, 상대에 대한 신뢰와 인정, 상대에 대한 책임감과 존중 등이 모두 결합된 것이다.

　너무 뻔한가. 너무 추상적이어서 하나마나 한 소리 같은가. 옳은 말이긴 한데 현실에서는 실천하기 힘든 공허한 메아리 같은가.
　그럴지도 모른다. 하지만 '정의'라는 것에는 원래 그런 특성이 있다. 나아갈 길을 가리키는 표지판 같은 것이기 때문이다. 중요한 것은 지판이 가리키는 대로 구체적으로 한 걸음을 떼는 것이다. 더욱

이 문제는 우리에게는 그동안 '사랑에 관한 정의'조차 변변한 게 없었다는 점이다. 그래서 상대(자식이든, 애인이든, 부부든)에게 무조건적인 애정을 쏟는 것을 사랑으로 착각하거나, 사랑이란 저절로 생기는 것이기 때문에 '의지' 따위는 필요 없다고 생각하거나, 상대에게 깊이 빠져서 감정적으로 헤어 나오지 못하는 것이 사랑이라고 잘못 믿고 있는 것이다. 그리고 이런 오해에 기초한 '사랑의 행위'는 당사자와 상대 모두에게 일생 지울 수 없는 상처를 주며, 결국에는 사랑을 냉소하고 조롱하고 더 이상 사랑을 찾지 않는 지경에 이르게 된다. 그래서 훅스는 우리가 사랑의 정의를 제대로 배우고 익혀야 한다고 누차 반복해서 강조한다.

> 만약 내가 좀더 일찍 사랑의 분명한 정의를 알았더라면 사랑을 할 줄 아는 인간이 되기 위해 그토록 먼 길을 돌지 않아도 됐을 것이다. 좀더 일찍 다른 사람들과 사랑의 의미를 공유할 수 있었더라면 우리 사회에 사랑을 창조하는 데 좀더 많은 기여를 할 수 있었을 것이다.

벨 훅스는 사랑은 우리가 흔히 생각하듯 '마음과 마음의 연결'이 아니라 '영혼과 영혼의 연결'이라고 생각한다. '마음과 마음의 연결'은 단지 상대를 있는 그대로 인정하는 것이다. 물론 이것도 소중하고 바람직한 태도이다. 하지만 진정한 사랑이 되려면 '영혼과 영혼이 연결'되어야 한다. 그래야 상대를 있는 그대로 인정하는 것에서 나아가 상대의 잠재력과 가능성을 발견하고, 그것을 사랑하도록 돕는다. '영혼과 영혼의 연결'은 상대의 외양 뒤에 숨겨진 본질적인 아름다움에 공명함으로써 보다 깊은 차원으로 이어지고, 서로에게 연금술적인 변화를 일으킬 수 있는 촉매로 작용한다는 것이다. 반면 누군가와 '마음과 마음이 연결'되는 것은 그다지 크게 어려운 일은 아니다. 살면서 특별한 '느낌'이 오는 사람을 만나는 경우는 드물지 않고 그런 느낌이 발전해 사랑의 길로 들어서기도 한다. 하지만 이것은 '영혼과 영혼의 연결'과는 다르다. '영혼과 영혼의 연결'에는 용기가 필요하다.

보통 사람들은 자신이 좋아하는 사람을 만나면 자신의 가장 좋은 모습만을 보여주려고 하고, 심지어는 상대의 눈길을 끌기 위해 상대가 좋아할 만한 거짓된 자아를 꾸며내기도 한다. 그러나 시간이 흐르면서 더 이상 '가짜 자기'를 지속하기가 힘들어 가면을 벗으면 상대는 깊은 실망감에 빠지게 된다. 자신이 사랑했던 사랑이 여태까지 알았던 그 사람이 아니어서 낯설게 되고, 사람을 잘못 보았다는 생각 때문에 마음에 깊은 상처를 입고 가슴이 찢어지는 듯한 고통을 당하게 되는 것이다. 그들은 상대의 참된 모습이 아니라 자신들이 보고 싶었던 것만을 보아왔던 것이다.

그러나 진정한 사랑은 다르다. 진정한 사랑을 하면 상대의 진짜 본모습을 보게 된다. 그런 관계를 맺으면 처음에는 두렵고 불안하다. 왜냐하면 자신을 숨길 곳이 아무 데도 없기 때문이다. 자신이 적나라하게 다 드러난다고 느끼기 때문이다. 하지만 이런 사랑이 서로를 영적으로 성장시키고 서로를 더 나은 방향으로 성숙시키고 변화시키고 있다고 느끼게 되면서 기쁨과 환희에 젖게 된다.

훅스는 『화성에서 온 남자, 금성에서 온 여자』 같은 책이 가진 한계도 비판한다. 그녀는 이런 유의 책이 호소력이 있다는 사실은 인정한다(훅스 자신도 이런 책을 자주 읽는다고 고백한다). 하지만 이런 책은 사랑이란 여성과 남성에게 서로 다른 의미를 띤다고 주장한다. 남성과 여성이 사용하는 '사랑의 언어'가 전혀 다르기 때문에 사랑에 관해 서로 소통이 되지 않는 것은 당연하며, 그런 현실을 받아들여야 한다는 것이다. 그래서 사람들이 진정한 사랑을 찾도록 격려하기보다는 사랑이 결핍된 현실을 그냥 인정하고 적응하라고 충고한다. 예컨대 『화성에서 온 남자, 금성에서 온 여자』는 남자들이 솔직하게 감정을 털어놓지 못하는 것은 자신만의 동굴 속으로 들어가고자 하는 남성만의 특성이기 때문에 이런 남자들을 방해하는 여성이 잘못되었다는 입장을 보인다. 그러니 여성은 남성의 그런 특질들을 군말 없이 받아들여야 한다는 잘못된 처방을 내리게 된다는 것이다.

훅스는 또한 음양의 조화니, 남성과 여성의 완전한 일체화니 하면서 신비감을 불러일으키는 책들도 경계해야 한다고 말한다. 이들도 결국 전통적인 남녀 차별주의를 그럴듯하게 포장한 것에 지나지 않는다는 것이다. 어떻게 포장하든 남녀 차별주의적 사고에 집착하는 한 사랑을 제대로 이해하는 것은 불가능하고, 결국 남녀 사이의 갈등을 초래해 서로에게 피해를 줄 수밖에 없다고 보는 것이다.

이 책의 탁월한 점은 이처럼 사랑을 개인들 간의 '일 대 일' 관계로만 국한시키지 않는다는 데 있다. 훅스는 진정한 사랑을 회복하기 위해서는 사랑의 '정의'를 교육하고 익히며, 영혼과 영혼이 만나는 관계를 형성하도록 노력해야 하지만, 개인을 둘러싼 사회 환경과 제도, 즉 현재의 가부장제와 물질만능주의 풍토 등을 함께 개선하지 않으면 우리가 사는 세상이 온전히 사랑으로 채워질 수 없다고 믿는다. 사랑은 일 대 일의 관계일 뿐 아니라 '일 대 다多' '다 대 다'의 관계이기도 하다는 것이다. 훅스는 에리히 프롬의 말을 빌려 이렇게 말한다.

> 사랑은 몇몇 예외적인 인간만이 실천할 수 있는 것이 아니라 사회 전체에 필요한 현상이라는 것을 믿어야 한다. (……) 용기와 신념을 키우고, 자신의 말과 행동에 책임지는 연습을 꾸준히 한다면 우리 모두 변화를 불러오는 사랑의 힘에 대한 믿음을 다시 갖게 될 것이다.

이 책에는 말 그대로, 사랑에 관한 주옥같은 말들이 수없이 등장한다. 아마 빨간 밑줄을 긋자면 책 전체가 붉은색을 띠게 될 정도일 것이다. 그 말들은 말 자체의 아름다움으로 끝나지 않고 읽는 이의 마음을 움직이고 실천하게끔, 어떤 알 수 없는 곳을 강하게 두드린다. 아마 독자 여러분도 필자와 비슷한 경험을 했으리라고 믿는다. 그럼에도 아직도 마음 한편에서 '과연, 그럴까?', '그게 가능할까?' 하는 의혹과 불신이 일고 있다면 다음 문장을 다시 한 번 소리 내 읽어보는 것은 어떨지.

> 지금 사랑의 힘 따위는 믿지 않는 냉소주의에 깊이 빠져 있는 사람이라면 일단은 무조건 사랑을 믿어야 한다. 그래야 사랑의 길에 들어설 수 있는 첫걸음을 내딛게 된다. (……) 사랑의 결핍으로 초래된 극심

한 공허감은 사랑하고 사랑받는 법을 새롭게 배울 때 완전히 채워질 수 있다. 우리는 사랑이 중력처럼 실재하는 힘이며, 매 순간 사랑 속에서 살아가는 것이 결코 환상이 아니라, 지극히 자연스러운 상태라는 사실을 진심으로 믿어야 한다.

여행을 할 때 원하는 목적지로 가기 위해서는 스케줄을 짜고 지나칠 곳을 지도에 표시해야 하듯이, 사랑을 향해 떠나는 여행에서도 우리를 안내해줄 지도가 필요하다. 그리고 그 출발점은 우리가 사랑을 이야기할 때 그것이 의미하는 바가 무엇인지를 정확히 아는 것이다.

_벨 훅스

All about Love

초판 1쇄 발행 | 2012년 10월 8일
초판 16쇄 발행 | 2025년 6월 20일

지은이 | 벨 훅스
옮긴이 | 이영기

발행인 | 홍은정

주　소 | 경기도 파주시 심학산로12, 4층 401호
전　화 | 031-839-6800
팩　스 | 031-839-6828

발행처 | ㈜한올엠앤씨
등　록 | 2011년 5월 14일
이메일 | booksonwed@gmail.com

* 책읽는수요일, 비즈니스맵, 라이프맵, 생각연구소, 지식갤러리, 스타일북스는
  ㈜한올엠앤씨의 브랜드입니다.